André Rolland de Renéville

Rimbaud le Voyant

Nouvelle édition intégrale établie
et annotée par Patrick Krémer

© Le Grand Souffle Editions, 2004
58, rue Michel-Ange -- 75016 Paris
www.legrandsouffle.com
ISBN : 2-9520760-1-4
Conception graphique : Lucia Diris (letraitvivant@free.fr)

SOMMAIRE

Avant-propos de l'éditeur   5
Note sur l'édition   13

Première partie
Mise au point   17
La Révolte
I   25

Deuxième partie
L'élaboration d'une méthode
II   43
III   61

Troisième partie
La carrière prophétique
IV   83
V   105
VI   109
VII   119

Quatrième partie
Le renoncement
VIII   135
IX   139
X   145
XI   157

Cinquième partie
Notes justificatives et complémentaires   167

Sixième partie

Annexe I
Préface à l'édition de 1947   171
Introduction aux Œuvres complètes   177
Avertissement à la réédition de 1965   187
Extrait de Rimbaud et ses témoins   189

Annexe II
Rimbaud le Voyant et la critique   205
Chronologie   219
Bibliographie   225
Notes   231
Index   309

Avant-Propos de l'éditeur

Une vocation éditoriale n'est pas un commerce de livres. Elle engage ceux qui s'y consacrent au plus profond de leur esprit et de leur vie même.

Le Grand Souffle inaugure avec les essais d'André Rolland de Renéville — et singulièrement avec *Rimbaud le Voyant* qui met en jeu la question nue de la poésie à travers la plus brûlante et énigmatique comète de notre langue —, son intention de tirer de l'oubli certains écrits, certaines forces susceptibles de bouleverser les grilles d'interprétation du Vivant dans la littérature et les arts. Bouleversement qui ne doit rien à la provocation, à la contradiction plaisante ou sempiternelle du débat d'opinions, mais vise directement la question essentielle du Sens, dont l'art véritable est le plus insistant miroir à l'intérieur même de la destinée humaine. La question du Sens n'est-elle pas l'enjeu de chaque instant de nos vies ? N'est-ce pas d'être sans réponse, sans possibilité d'intelligence réelle en paroles et en actes devant l'imprévisible de la vie innombrable qui nous tient démunis, errants, prisonniers de la souffrance ? N'est-ce pas enfin de la souffrance qu'il s'agit, dès qu'il s'agit de nous dans la profondeur, la quête et le quotidien de nous-mêmes ? Le Grand Souffle n'aura son site nulle part ailleurs : à même le roc et le feu questionnant de la souffrance humaine – pour une conscience et une décollation.

Nous sommes partis à la recherche de Renéville, de son œuvre enterrée depuis des décennies. Un an de voyage pour remuer le désert, découvrir les arcanes, perforer l'inertie, franchir les cadenas, cueillir le fruit. Oui, toutes les traces qui tendent à dévoiler l'Homme, à le retourner sur lui-même, à laisser jaillir de son cri sa lumière, sa vraie naissance, son danger de révélation, font l'objet de conflits de territoires psychiques et vitaux, cachés sous l'alibi de l'oubli, le droit de propriété, la préséance et le bien-fondé de l'autorité intellectuelle, de luttes de pouvoir en fait enracinées dans les individus, dont toutes les guerres du monde ne sont, à grande échelle, que l'image extériorisée et l'inéluctable conséquence. D'où l'enjeu phénoménal et inapparent de la parole de vérité parmi les hommes. D'où le cœur atomique qu'est la poésie, en tant que retournement vers le Sens, au sein de la croûte terrestre.

Renéville était pénétré de cette certitude, proprement spirituelle, c'est-à-dire réelle, du pouvoir de la parole. Pouvoir au double sens que médita si profondément son ami et poète du Grand Jeu, René Daumal : pouvoir de fascination des mots qui trament de toutes parts le mental humain, et donc, simultanément, des moindres aux plus spectaculaires événements, toute la manifestation de son monde de souffrance ; pouvoir, à rebours, de délivrance des mots, lorsque soudain ils creusent leur propre magie et traquent, à s'y dissoudre, la source intérieure. Un tel retour par pénétration est le sens même de la parole poétique. En Rimbaud, le poète est aussi prophète, si prophète ne s'entend pas comme une imagerie du miracle mais comme celui qui, dans l'asphyxie d'une détresse inaudible aux hommes, est l'annonce, le son en marche d'un inconnu de lumière. Rimbaud le Voyant : ou celui dont le cœur reflue jusqu'à l'œil d'où il bat et sonne.

Nous voici donc résolument ailleurs qu'en domaine convenu de critique littéraire. Renéville était « pénétré », il ne faisait pas « profession ». Et cela déjà change tout. La critique littéraire, qu'elle soit celle des universitaires ou des journalistes spécialisés, ou même des écrivains, pose — et souvent impose — un discours extérieur à la poésie. Elle écrit « sur » Rimbaud. On imagine très peu combien d'étudiants lisent tous les ouvrages parus à propos d'un poète sans avoir plus que parcouru, ou lu « parce qu'il le faut », l'œuvre… ou, pour tenter de faire entendre l'absurdité du fait : sans avoir rencontré la déflagration du poème ! Cette culture inculquée à la jeunesse – surtout concernant Rimbaud dont l'âme a une fois pour toutes illuminé l'âge adolescent – toute cette culture est le sceau de l'étouffement du feu, l'occultation de l'accès à soi et la grimace de la mort.

Renéville vibre autrement : dans le clair souci de conduire à Rimbaud Voyant, d'ouvrir au centre de ses visions, et — que ce mot ne fasse pas cyniquement sourire, car il est cela qui se cherche partout au fond de notre douleur —, non par ambition ou volonté de reconnaissance mondaine, mais par une sorte d'amour. Là est la clef qui l'introduit dans la confidence de l'expérience rimbaldienne — et lui seul jusqu'ici en dehors des poètes, qui n'ont pas parlé « de Rimbaud » mais, voix venues pour le même retour, ont mêlé la violence de son aurore à l'appel de leur propre jour.

Renéville est le seul à décrypter, à laisser émerger plutôt, le sens ésotérique et métaphysique, la parole inspirée de la Source universelle dont les *Poésies*, la *Saison* et les *Illuminations* sont l'écho continu autant que les fulgurantes empreintes. Et c'est là tout le reproche qu'on lui fait, l'incessant couplet de déni qu'on lui assène, le couperet nerveux et dédaigneux qui s'acharne à porter sa tête en tombe. Si, à la première édition de son livre, on peut éprouver quelque recul devant les comparaisons parfois un peu « forcées », ou trop abruptement établies entre la poétique de Rimbaud et telles références à l'antique spiritualité hindoue, pythagoricienne ou kabbalistique ; si, par la même « maladresse », apparaît une sorte d'insistance à rappeler, sans preuves évidentes, les lectures « étranges » de Rimbaud à la bibliothèque de Charleville ; l'honnêteté voudrait qu'on tienne compte : premièrement, de la haute novation que Renéville était en train d'introduire à une époque où les « études » rimbaldiennes pataugeaient dans la misère des biographies et des commentaires épidermiques – que l'irruption d'une telle flamme (Rimbaud) ne pouvait encore qu'aveugler ; deuxièmement, de la force en effet qu'il a fallu à Renéville pour opérer cette percée, aussi nettement que possible, parmi ces fanfaronnades ; troisièmement, de la qualité de son autocritique, telle qu'elle figure dans la *préface à l'édition de 1947* reproduite ici en annexe, où il va jusqu'à citer ces lignes de René Daumal pour nuancer notablement sa propre thèse : « Que Rimbaud ait lu des livres de kabbale et de magie, cela n'a, dans le livre de Renéville, qu'un intérêt documentaire, émouvant il est vrai, mais non de critique. Je préférerais peut-être que ce soit faux, et ne vienne pas faire croire à certains que Rimbaud aurait « appris » ses révélations dans les livres ».

Enfin et premièrement, le discernement exigerait qu'on voie le fondement de cette perpétuelle sentence prononcée jusqu'ici contre lui : Renéville assume des mots : ésotérisme, métaphysique, Mystères…, et un Sens (retour à l'Unité ou à l'Un), devant lesquels se dressent les paravents maçonnés de la norme sociale conditionnée par les sorciers du langage, projections eux-mêmes de la peur pétrifiée de … vivre, mourir ? (où est la vie, où est la mort, que disent ces mots ?)… la souffrance est dans tous les mots, la souffrance : l'ignorance, le manque du Sens…, par delà toute signification, cette « chose » qui est aussi tout autre chose, la double face, noire et radieuse, du feu d'une unique question en mouvement dont l'intelligence entière nous échappe... Est-ce donc si scandaleux, avec Renéville, de rappeler qu'« en tout est une unique chose », un-mystère-sans-nom, quand la pensée élémentaire suffit, par remontée successive, certes vertigineuse, sinon à être ce mystère (infiniment loin s'en faut !), du moins à le concevoir ? Qu'on fasse en effet l'effort, à propos de n'importe quoi — une fleur, un os, un bâton de merde (pour évoquer le maître zen...), une cellule, un atome – de se demander : une fleur, de quoi est-ce fait ? de pétales. Un pétale, de quoi est-ce fait ? de membranes. Une membrane, de quoi... de cellules. Une cellule ? d'atomes. Un atome... et ainsi de suite, à propos de n'importe quoi... jusqu'à quoi ?... Tout, sous d'innombrables formes, est fait du même Un. Un : quoi ? Puis, que fait d'autre la science moderne, depuis Einstein, que tenter de saisir, par l'intellect et la technique, ce « fond sans fond » qui par essence se cache et ne se peut saisir ? Autrement dit, la science (mais elle porte le nom rassurant — pourquoi ? ! — de « science ») fait de l'occultisme sans le savoir ! Il faut donc être borné ou malhonnête avec soi pour rejeter toute approche intérieure de la poésie. Ou ne pas soupçonner ce qui signe son unique raison d'être.

Rimbaud, après Baudelaire qui « a vécu encore dans un milieu trop artiste » (*Lettre du Voyant*), a fini de faire le jeu, de nourrir l'illusion de toute culture littéraire. Par lui, le Poète retourne pleinement à l'abîme solaire où les voix secrètes de l'avenir attendent d'être parlées. L'avenir même est ésotérique et le poète est son prophète. Ce cœur éternel de l'avenir est la marque la plus intime de l'intuition voyante de Rimbaud et de sa forme créatrice. De là, par un intouchable fracas, le saut qu'il imprime dans la conscience du temps, ouvrant au verbe un horizon qui embrasse d'avance toute la poésie moderne et à la vie une perspective que lui-même ne pouvait pas rejoindre. Sa trajectoire ne s'origine pas, comme le trouve ici Renéville, dans une tentative d'atteindre à une mystique ou un universalisme statique, tels que les Traditions d'Occident et d'Orient qu'il invoque en ont montré la voie ; elle ne se résout pas dans une ascèse ayant pour cible un absolu immobile où « la vie et la perfection sont des valeurs inconciliables ». Son mode vibratoire, indiqué dès ce vers inouï du *Bateau ivre* : « Million d'oiseaux d'or, ô future Vigueur ! » et constamment répercuté dans la langue des *Illuminations* qui, dans le poème *Génie*, formule elle-même sa teneur visionnaire : « la terrible célérité de la perfection des formes et de l'action », son mode vibratoire est tout autre ; il appartient à la venue d'une Lumière d'or, à un Feu alchimique non encore révélés sur terre, dont Rimbaud ne pouvait humainement soutenir l'intensité.

L'amour qu'il nomme, qu'il prévoit, l'amour si central à sa soif essentielle et au déploiement de sa parole, ne relève pas d'un messianisme chrétien. Renéville l'a bien souligné, mais en « déportant », pour ainsi dire, cette aspiration sur les sagesses traditionnelles de la Grèce et de l'Inde. Or, si ces anciennes Traditions ne furent certainement pas étrangères à Rimbaud, s'il s'est nourri de leurs hauteurs (Renéville ne « projette » pas les citations qu'il emprunte au poète !), « l'amour est à réinventer » ; et, « mesure parfaite et réinventée, raison merveilleuse et imprévue », il ne peut l'être que du plus vaste et autre avenir de lui-même. Cette surtension de la mesure à venir, Rimbaud la maintient jusqu'à la rupture finale, à travers une langue qui ne cédera rien du désir de se reconduire à l'éclair primordial, à l'unité secrète d'où dérivent, dans les deux sens du terme, les monts séparés du poète, du mystique et du philosophe, enfin au vrai nom du verbe où vision, idée, forme sont tout un. Un tel verbe fulgura en Grèce dans la parole d'Héraclite et, en Inde, d'un plus haut amont du futur, dans le cri d'or des voyants védiques. Rimbaud n'en sut probablement rien. Mais, enfant de cet âge nocturne, homme qui devait mourir infirme sans avoir trouvé nul salut, loin des cimes spirituelles du vieux monde, il fut poétiquement le lieu réinitié d'une vision pulvérisant le vieux monde ; énigme brûlée, béante, rapidement refermée sur le mystère du nouvel amour : « posséder la vérité dans une âme et un corps ».

Nathanaël Flamant

Note sur l'édition

Cette édition de *Rimbaud le Voyant* se veut complète en ce sens que, non contente de reposer sur la première édition de l'ouvrage en 1929, elle mentionne en notes toutes les variantes subies par le texte au fil du temps : par rapport au manuscrit autographe, aux extraits parus en revue, ainsi qu'à l'édition revue de 1947. En outre, elle comprend d'importantes annexes permettant de mieux appréhender l'ouvrage et sa thématique : la préface de 1947, l'introduction aux *Œuvres complètes* de Rimbaud dans la Pléiade (1946), un important extrait de *Rimbaud et ses témoins*, manuscrit inédit dans lequel Rolland de Renéville tente de démonter la thèse d'Henri de Bouillane de Lacoste portant sur la datation des *Illuminations*, ainsi qu'un large choix d'articles de presse ou extraits d'ouvrages consacrés à *Rimbaud le Voyant*.

Deux manuscrits autographes de *Rimbaud le Voyant* existent : l'un est conservé dans les archives de M. Ion Gheorghiu, l'autre à la Bibliothèque littéraire Jacques Doucet[1]. Le premier comporte d'innombrables corrections, le second très peu : l'on peut donc raisonnablement en déduire que le second représente le dernier état du texte avant impression[2]. Lequel fallait-il utiliser dans la présente édition ? L'intérêt d'en revenir au manuscrit autographe réside principalement dans le fait que le lecteur peut ainsi se retrouver, d'une certaine manière, au plus proche du feu créateur. J'ai donc opté pour le premier manuscrit[3].

Rimbaud le Voyant comporte de très nombreuses citations de Rimbaud, y compris l'intégralité de la lettre dite du Voyant. Il est quelque peu surprenant de constater qu'en 1929, Renéville utilise largement l'édition fautive de Paterne Berrichon parue au Mercure de France en 1912[4], alors qu'il aurait pu accéder aux *Poésies complètes* parues chez Crès en 1925, édition, il est vrai, bien plus confidentielle. Il est encore plus surprenant que lors de la réédition de son ouvrage en 1947 à La Colombe[5], il ne corrige aucune citation alors même qu'il a, l'année précédente, édité, en collaboration avec Jules Mouquet, les *Œuvres complètes* dans La Pléiade, première édition fiable de Rimbaud. Fallait-il, dès lors, reproduire les erreurs des deux éditions précédentes ? Considérant que le commentaire fait par Renéville aussi bien des citations que de la lettre du Voyant n'était en aucune manière tributaire du texte utilisé, j'ai opté, comme l'a fait en 1985 Daniel Habrekorn, directeur des éditions Thot, pour la restitution de ces citations et de la lettre selon les dernières éditions.

Les citations des autres textes sont, comme souvent chez Renéville, approximatives : je les ai restituées dans leur forme première. S'agissant de textes traduits, je donne, la plupart du temps, en notes les traductions les plus récentes.

Je tiens à remercier tout particulièrement M. Ion Gheorghiu, l'héritier d'André Rolland de Renéville, pour l'aide qu'il m'a apportée dans l'établissement de cette édition en mettant à ma disposition tous les éléments nécessaires.

Patrick Krémer

Conventions typographiques

Œuvres d'André Rolland de Renéville :

Ms : Manuscrit autographe (archives de M. Ion Gheorghiu)
Éd. 1947 : *Rimbaud le Voyant*, La Colombe, 1947.
Thot : *Rimbaud le Voyant*, Thot, 1985.

Œuvres de Rimbaud :

OC1 : *Œuvres complètes*, éd. A. Rolland de Renéville et Jules Mouquet, Paris, Gallimard, La Pléiade, 1946.
OC2 : *Œuvres complètes*, éd. Antoine Adam, Paris, Gallimard, La Pléiade, 1972.
OC3 : *Œuvres complètes*, éd. Louis Forestier, Paris, Robert Laffont, coll. « Bouquins », 2002.

Divers :

DTR : *Delahaye témoin de Rimbaud*, textes réunis par F. Eigeldinger et A. Gendre, Neuchâtel, À la Baconnière, 1974.
GJ : *Le Grand Jeu*, réédition anastasique, Paris, J.-M. Place, 1977.
NRF : *La Nouvelle Revue française*.
CdS : *Les Cahiers du Sud*.

Mise au point[6]

> *Notre pâle raison nous cache l'infini.*
> RIMBAUD

L'amateur de poèmes qui parvient à l'œuvre de Rimbaud, après avoir traversé jusqu'à elle les grandes vagues de poésie qui naissent du fond des âges, se sent saisi d'une sorte d'horreur sacrée devant cette trombe suprême, qui roule sur la terre, avant de lancer dans l'invisible ceux qui osent s'y abandonner[7]. Il hésite, un moment, aux lisières du prodige. Il comprend que deux attitudes lui sont proposées. Ou bien s'éloigner, la main sur les yeux, et jurer à tous ceux qui l'interrogeront qu'il n'a rien vu, et que cela n'existe pas. Ou bien contrôler une dernière fois ses forces actuelles, et les excuses des autres, puis se laisser happer d'un coup par cette fusée terrible qui garde pour elle toutes ses étoiles.

Admettons qu'il soit digne, et suivons-le d'un œil curieux autant que grave.

Le voici parvenu au moment que j'ai dit : il interroge sa raison, et se tourne vers les lâches. La première tente de le rassurer en lui rappelant les lueurs annonciatrices qui sillonnent le passé. Les autres lui tendent des procès-verbaux d'huissier, ou les pages arrachées d'un catéchisme en loques.

Soumettons-nous avec lui à ces nécessaires contrôles.

Des âges les plus lointains à la présente époque, la poésie varie en même temps que se modifie le rôle du Poète — ou plutôt elle perd sa place et la reprend, chaque fois que l'on discute ou vénère la mission de son auteur.

(Quoi de plus influençable qu'un inspiré ?)

Les anciens ne souriaient pas des Poètes. Ils ne les admiraient pas seulement : ils les respectaient pour ce qu'ils sentaient en eux de divin. La Poésie et l'art divinatoire s'interpénétraient au point que les Pythies s'exprimaient en formules rythmées[8], et que les Poètes passaient pour entretenir avec les divinités un commerce ineffable. Ils étaient dans la Cité à côté des augures. Leur rôle était de transposer les rythmes du Monde afin que les citoyens puissent y plier leurs gestes, et qu'il règne désormais une harmonie supérieure entre les mouvements humains et l'immanence des dieux. Ceux-ci, séduits par des grâces si parentes des leurs, ne dédaignaient pas de venir aimer les belles mortelles, qui ne se distinguaient plus des déesses que par un défaut de perfection très propice à l'amour[9].

La Poésie mourut avec le paganisme. Les Poètes, reniés par leurs auditeurs, perdirent eux-mêmes foi dans leur pouvoir d'incantation[10]. Le vers ne subsista plus qu'à l'état d'instrument mnémotechnique. On écrivit en vers, uniquement afin de pouvoir les retenir, de grandes légendes dont le sens secret était depuis longtemps perdu[11].

Quelques esprits tentèrent de ressusciter l'ancienne magie, mais ils eurent à peine le temps de s'élever au-dessus des formes les plus pauvres de l'amour que la réaction du XVIIe siècle vint briser leur élan, et appeler sur leurs œuvres une nuit momentanée.

Racine est le seul poète qu'on puisse citer comme tel dans un siècle raisonnable.

Mais il considéra la Poésie en tant que moyen d'expression et non de découverte. Il employait son intelligence à l'agencement de ses poèmes. *Il ne lui restait plus ensuite qu'à faire des vers.*

Il limita ses dons, et emprisonna ses pensées dans une sorte de cercle idéal, dont il s'appliquait ensuite à remplir les purs contours. Il atteignait ainsi la perfection relative au but qu'il se proposait. Il s'inquiétait de se connaître, et non pas de connaître le Monde. La fin de la Poésie échappait à ce grand artiste. Si nous lui retirions ses grâces, il ne resterait de ses confidences qu'une psychologie sans variété et des histoires puisées aux sources de la tradition. Nulle trace de révélation métaphysique dans cette littérature.

Jusqu'au mouvement romantique, la Poésie a encore un grand siècle à dormir[12].

Cependant, un travail inouï se fait dans les esprits. Les limitations sont repoussées. Dans les ruines et les cimetières, d'inquiétantes vibrations sont perçues. Le mot « inspiration » passe dans le langage. L'homme, soudain placé devant l'infini de son âme, se laisse étouffer par le flux des sentiments trop longtemps contenus, et qui l'empêchent de la connaître sans bornes[13]. Ces mouvements impurs devront être épuisés avant que l'intuition ne survienne. Ce sont les lies, les facilités, qui, d'abord, remontent à la surface de l'âme.

Pourtant le jour se fait peu à peu. Les sources de l'ancien rite[14] sont lentement redécouvertes. Baudelaire publie ce livre où l'on trouve :

> *La Nature est un temple où de vivants piliers*
> *Laissent parfois sortir de confuses paroles ;*
> *L'homme y passe à travers des forêts de symboles*
> *Qui l'observent avec des regards familiers.*
>
> *Comme de longs échos qui de loin se confondent*
> *Dans une ténébreuse et profonde unité,*
> *Vaste comme la nuit et comme la clarté,*
> *Les parfums, les couleurs et les sons se répondent.*
>
> *Il est des parfums frais, comme des chairs d'enfants,*
> *Doux comme les hautbois, verts comme les prairies,*
> *— Et d'autres, corrompus, riches et triomphants,*
>
> *Ayant l'expansion des choses infinies,*
> *Comme l'ambre, le musc, le benjoin et l'encens,*
> *Qui chantent les transports de l'esprit et des sens*[15].

La terre est d'un coup entr'ouverte, et la poésie remonte au ciel.

Et maintenant pourquoi les miracles ne recommenceraient-ils plus ?

L'Humanité, après avoir refoulé pendant des siècles son pouvoir poétique, se libère d'un seul coup de cette contention monstrueuse en laissant surgir Arthur Rimbaud[16].

L'amateur de poèmes s'entoure encore de quelques précautions. Il demande des comptes à ceux qui viennent de recevoir le message. Il sait qu'entre Rimbaud et lui de grands mystères s'élèvent.

Voici ceux qui s'avancent pour lui répondre :

D'une part, un groupe composé d'un poète symboliste, d'une dévote[17] et d'un ambassadeur, qui conspirent pour émasculer le géant et l'habiller en enfant de chœur[18].

D'autre part, un magistrat à qui nous devons un gros livre où il est, paraît-il, prouvé que l'œuvre de Rimbaud est un *refus de Dieu* et que Verlaine et Rimbaud ont fait l'amour. Cet auteur n'hésite pas à écrire sur la bande qui recouvre son ouvrage : *Tout hardiment et très délicatement, ce livre analyse une œuvre stupéfiante de précocité, de mysticisme, d'érotisme, d'obscénité et de génie. Il tire au clair la scabreuse, mais inévitable question des rapports de Verlaine et de Rimbaud*[19].

Pour quel public spécial écrit donc ce pauvre homme ? Est-il même certain qu'il arrive à écouler très bien ses petites histoires ?

J'admets qu'il peut les offrir sous la robe...

Mais quand les Poètes[20] auront établi la dictature de l'esprit, de pareils écœurements ne nous seront plus infligés. Magistrat, bigote, ambassadeur, nous construirons un asile avec vos livres, et nous vous y clôturerons[21]. Enfin, nous placerons près de vous des gardes chargés d'empêcher que le sommeil vous prenne jamais. Et bientôt vous sécherez sur place[22], car même vous, ne pouvez vivre sans cette plongée quotidienne dans le royaume d'où Rimbaud a daigné descendre pour nous consoler[23].

La Révolte

I

Je suis celui qui souffre et qui s'est révolté.

RIMBAUD

Rimbaud vécut son enfance dans une ville étouffée par les brumes de la Meuse et les fumées des fonderies. Il errait par les quartiers noirs où, à des heures fixes, les ouvriers qui reviennent du labeur font mouvoir sur le crépuscule leurs groupes lourds et lents comme des machines. Il côtoyait un séminaire, une caserne, un palais de justice. Il se heurtait aux bêtes de ces tanières [24].

Alors, le cœur ravagé de pitié et de dégoût, il regagnait sa maison.

Cette médiocrité et cette rigueur qui l'accablaient dans les rues de Charleville, il les retrouvait au logis, comme concrétisées sous les traits de sa mère, femme volontaire et bornée. Catéchisme, baccalauréat, tels étaient pour Mme Rimbaud les deux pôles d'une vie noble. Elle prétendait imposer son idéal à ses enfants. À cette fin, les méthodes brutales lui semblaient les meilleures [25]. Que l'on se représente d'autre part cet enfant tout secoué d'un impérieux génie, qui devait, à dix-huit ans, écrire l'œuvre la plus révélatrice de toutes les littératures [26], et l'on comprendra de quels heurts durent se meurtrir cette mère étroite et butée, et cet adolescent qui portait en lui une âme si violente qu'elle semblait par erreur arrachée à un monde trop pur et parmi nous affreusement exilée !

À huit ans, Arthur se révolte déjà de toute son âme contre l'éducation qu'il reçoit. Cet esprit, dont la précocité monstrueuse se manifeste aux autres hommes comme une sorte d'*avertissement* qu'ils ne comprennent pas, est déjà tout saisi de répulsion devant la destinée qu'on lui impose[27].

Peu à peu, l'écolier génial cherche à s'évader de l'existence quotidienne par la découverte d'un monde obscur, dont il pressent la réalité. Les choses ne lui semblent pas limitées aux bornes que nous avons coutume de leur assigner. Il leur perçoit de mystérieux prolongements. Et parfois, le soir, dans le petit jardin qui s'étend derrière la maison, il reste là,

> *Gisant au pied d'un mur, enterré dans la marne*
> *Et pour des visions écrasant son œil darne*[28],

Il est permis de dire que les moindres gestes d'un enfant dessinent à l'avance les courbes exactes où s'inscrira sa personnalité. Cette manière, que nous voyons chez Rimbaud enfant, d'abolir par la pensée les apparences du monde pour découvrir une réalité subjective, sera celle qui bientôt lui imposera l'immense révision des valeurs que nous allons lui voir accomplir. Sa révolte vis-à-vis des contraintes scolaires et familiales fut le point de départ de réactions autrement violentes. À peine adolescent, il fut saisi d'une sorte de fureur destructrice qui l'amena à s'interroger sur les institutions et les sentiments que la société lui proposait. Il éprouvait un souci de pureté qui devait bientôt lui faire préférer un néant absolu à la médiocrité des constructions humaines[29].

La religion a-t-elle la clef du ciel ?

Le despotisme auquel se plient toutes les nations correspond-il à un ordre nécessaire ? Enfin les femmes, dispensatrices de l'Amour, ont-elles dans l'esprit une harmonie correspondant à celle de leurs gestes ?

Rimbaud sort dans la rue : des pauvres, des marchands, des notaires. Les premiers, sans révolte, se laissent accabler par les autres. Une église est là. Sa forme aiguë et pure, comme dégagée de la matière, est-elle vraiment la maison d'or où l'intérêt et la sottise deviennent amour et oraison ?

Il entre : de la porte à l'autel, d'un bas-côté à l'autre, des monnaies tombent et sonnent dans les plateaux d'étain :

> *— Il est un Dieu, qui rit aux nappes damassées*
> *Des autels, à l'encens, aux grands calices d'or ;*
> *Qui dans le bercement des hosannah s'endort,*
>
> *Et se réveille, quand des mères, ramassées*
> *Dans l'angoisse, et pleurant sous leur vieux bonnet noir*
> *Lui donnent un gros sou lié dans leur mouchoir[30] !*

Baignés d'ombres et de musique, *Les Pauvres à l'église* se détendent et formulent leurs naïves demandes au Dieu indifférent[31] :

> *Et tous, bavant la foi mendiante et stupide,*
> *Récitent la complainte infinie à Jésus*
> *Qui rêve en haut, jauni par le vitrail livide,*
> *Loin des maigres mauvais et des méchants pansus,*

Ainsi donc le catholicisme n'est qu'une religion d'esclaves que les mauvais riches ont su employer pour étouffer dans la gorge des révoltés le cri terrible qui commençait à y sourdre[32]!

Christ ! ô Christ, éternel voleur des énergies[33] : c'est à cette lâche passivité qu'aboutit ton amour !

Rimbaud sort, et sur un mur, il écrit :

MORT À DIEU[34]

*

Puisque là tout est pourriture[35], Arthur va chercher ailleurs la vérité dont il pressent l'existence, une force exceptionnelle l'envahit et le brûle. Au collège qu'il méprise, il stupéfie les cuistres par son aisance dédaigneuse. Dans les rues où passent les bourgeois vaniteux et méchants, il marche, les cheveux comme une torche sombre, le visage contracté. Prêtres, professeurs et marchands suscitent en lui par contraste un orgueil inouï, et un dégoût plein de pitié. Il s'arrache à leur emprise et à celle de sa mère en partant des jours entiers à travers les forêts ardennaises. Il marche, et dans son cœur battent tous les rythmes du monde. La nature est sa femme, et il se couche sur la terre à la chair sourde et brune.

Ces départs brefs et tumultueux présagent les randonnées qu'il fera bientôt de Charleville à Paris, et de Paris à travers les contrées ardentes et mystérieuses. Cette soif de liberté physique montera en lui par à-coups, après des périodes de tranquillité apparente. Elle se développera parallèlement à son intense besoin de pureté spirituelle.

I / La Révolte

Après avoir rejeté le catholicisme pour la limitation qu'il impose à l'esprit[36], Rimbaud ne pouvait que poursuivre de sa haine toute autre dictature. Il trouva l'écho de ses aspirations républicaines dans les opinions de M. Izambard, qui sut être pour lui un peu plus qu'un professeur, et par moments même un ami. Celui-ci, malgré les reproches de Mme Rimbaud, n'hésita guère à pourvoir son élève d'ouvrages interdits dont se nourrissait le beau feu du poète[37]. Il l'initiait aux systèmes de Louis Blanc, de Babeuf[38]. Rimbaud s'exaltait à ces lectures. Elles suscitaient en lui de magnifiques résonances.

Mais, contraste hideux avec l'enthousiasme révolutionnaire du génial enfant, la dictature impériale pesait alors sur la France. Elle ne tarda pas à précipiter le pays dans les désastres de 1870. L'antimilitarisme du poète fut insupportablement meurtri par l'ardeur funeste et ridicule qui secouait ses compatriotes. Il n'y avait pas un épicier, pas un professeur qui ne se coiffât d'un képi, et ne s'allât poster sur les remparts, un chassepot à la main[39].

Le 25 août 1870 il écrit à Izambard : *C'est effrayant, les épiciers retraités qui revêtent l'uniforme ! C'est épatant, comme ça a du chien, les notaires, les vitriers, les percepteurs, les menuisiers, et tous les ventres, qui, chassepot au cœur, font du patrouillotisme aux portes de Mézières ; ma patrie se lève !... Moi, j'aime mieux la voir assise ; ne remuez pas les bottes ! c'est mon principe*[40].

Enfin, quatre jours après cette lettre, au cours d'une promenade sur les bords de la Meuse, en compagnie de sa mère et de ses sœurs, Rimbaud, sous le prétexte d'aller chercher un ouvrage oublié, revint chez lui : il mit sous son bras les livres que lui avaient valus ses nombreux succès universitaires, et les porta chez un bouquiniste. Avec les quelques francs qu'il retira de ce marché, le poète prit le train pour Paris. Il s'était enfui sans prévenir, *comme mille anges blancs qui se séparent sur la route*[41].

Arrivé à Paris le 29 août, Rimbaud fut appréhendé à la descente du train, pour n'avoir pas un sou et devoir treize francs de chemin de fer. Son cas fut aggravé du fait qu'on trouva sur lui un carnet rempli d'illisibles griffonnages — ses poèmes. La police inquiète le fit interner à Mazas. C'est à la fin de septembre seulement que Rimbaud fut renvoyé chez lui, après enquête, et avec l'appui de M. Izambard[42].

Ce premier mouvement de révolte en présageait bien d'autres. Rimbaud ne devait plus pouvoir rester dans la même ville au milieu des mêmes gens. Et comme un fauve qui ne peut crever le toit de sa cage, mais qui a la possibilité de s'y déplacer, il doit renoncer à quitter le monde, mais non à le parcourir rageusement.

Le 7 octobre, il abandonne encore Charleville et se dirige à pied vers Charleroi. Il cherche à collaborer au journal de la ville. Éconduit par le directeur, M. des Essarts[43], Rimbaud, démuni de ressources, va s'installer à Douai, chez M. Izambard. Il se console en rimant des anathèmes contre Napoléon III. Au début de novembre, Mme Rimbaud fait ramener son fils par les gendarmes[44].

Le poète dut consentir à rester quelques mois dans sa ville natale. Ses biographes rapportent qu'il passa ses journées à la Bibliothèque de Charleville, où il se fit apporter par le bibliothécaire, maugréant et scandalisé, des livres d'occultisme, de magie et de kabbale[45]. Bien qu'ils ne citent ce fait qu'assez légèrement, j'y attache l'importance la plus grande. Ces lectures m'apparaissent l'aboutissement nécessaire de ses tendances. Il devait y trouver un système pour les soutenir et les organiser [46].

La libération de l'homme que Rimbaud poursuivait dans sa lutte contre les conventions essentielles à nos formes d'existence devait aboutir à l'attaque de ces formes mêmes. Il s'acheminait logiquement au procès de la civilisation occidentale [47]. Les études mystérieuses qu'il entreprit trouvèrent dans sa mémoire des correspondances imprévues. La fréquentation des textes de Platon et de Lucrèce avait [48] préparé son esprit à une révélation qui, de l'Orient à travers les philosophies de la Grèce antique, se dégrade jusqu'à nous sous les formes que le Moyen Âge lui imposa. Le détachement du sensible qu'elle enseigne, afin que devienne possible la remontée à l'idée pure dont les choses ne sont que des aspects, ne pouvait que flatter le goût destructeur de Rimbaud, en même temps qu'elle lui assignait une fin grandiose. Parti à la poursuite du néant, le poète allait connaître la vraie nature de l'absolu. Il se sentait entraîné vers une union infinie [49], et peu à peu comprenait que sa fureur n'était qu'un élan d'amour [50]:

> *Ô ! L'Homme a relevé sa tête libre et fière !*
> *Et le rayon soudain de la beauté première*
> *Fait palpiter le dieu dans l'autel de la chair !*
> *Heureux du bien présent, pâle du mal souffert,*
> *L'Homme veut tout sonder, — et savoir ! La Pensée,*
> *La cavale longtemps, si longtemps oppressée*
> *S'élance de son front ! Elle saura Pourquoi !...*
> *Qu'elle bondisse libre, et l'Homme aura la Foi !*
> *— Pourquoi l'azur muet et l'espace insondable ?*
> *Pourquoi les astres d'or fourmillant comme un sable ?*
> *Si l'on montait toujours, que verrait-on là-haut ?*

Un Pasteur mène-t-il cet immense troupeau
De mondes cheminant dans l'horreur de l'espace ?
— Et tous ces mondes-là, que l'éther vaste embrasse,
Vibrent-ils aux accents d'une éternelle voix ?
— Et l'Homme, peut-il voir ? peut-il dire : Je crois ?
La voix de la pensée est-elle plus qu'un rêve ?
— Si l'homme naît si tôt, si la vie est si brève,
D'où vient-il ? Sombre-t-il dans l'Océan profond
Des Germes, des Fœtus, des Embryons, au fond
De l'immense Creuset d'où la Mère-Nature
Le ressuscitera, vivante créature,
Pour aimer dans la rose, et croître dans les blés ?...

Nous ne pouvons savoir ! — Nous sommes accablés
D'un manteau d'ignorance et d'étroites chimères !
Singes d'hommes tombés de la vulve des mères,
Notre pâle raison nous cache l'infini !
Nous voulons regarder : — le Doute nous punit !
Le doute, morne oiseau, nous frappe de son aile...
— Et l'horizon s'enfuit d'une fuite éternelle !...

Le grand ciel est ouvert ! les mystères sont morts
Devant l'Homme, debout, qui croise ses bras forts
Dans l'immense splendeur de la riche nature !
Il chante... et le bois chante, et le fleuve murmure
Un chant plein de bonheur qui monte vers le jour !...
— C'est la Rédemption ! c'est l'amour ! c'est l'amour[51] *!...*

L'univers est un acte de volupté. Les choses sont formées par l'union d'atomes contraires qui constituent en se liant la matière du monde[52]. Les réalités les plus dissemblables enlacent de secrets rameaux[53].

La fonction du poète est de révéler l'unité du monde. Il doit s'en acquitter à l'aide d'images, c'est-à-dire en dévoilant les correspondances étroites qui existent entre deux réalités apparemment distinctes. Plus leur écart sera considérable, et plus les images du poète seront révélatrices de l'unité universelle.

Dans le feu de cette découverte, Rimbaud compose d'abord le *Sonnet des Voyelles*, où il indique des rapports singuliers entre les sons et les couleurs, et détaille une manifestation de la loi d'unité.

Enfin, puisque l'amour tend à la réalisation de cette unité, en effaçant les limitations individuelles, et en faisant à la fois communier les êtres entre eux, et l'humanité avec l'univers, Rimbaud veut exprimer que l'humanité et les éléments concourent à cette énergie que symbolise Vénus l'Éternelle. Et il écrit ce *Quatrain* dont le titre pourrait être *Naissance de Vénus* :

> *L'étoile a pleuré rose au cœur de tes oreilles,*
> *L'infini roulé blanc de ta nuque à tes reins*
> *La mer a perlé rousse à tes mammes vermeilles*
> *Et l'Homme saigné noir à ton flanc souverain*[54].

Ainsi donc Vénus est créée par son étoile (elle apparaît rose dans le chœur des astres) par l'infini du ciel et de la mer, et par l'homme qui a su creuser en elle le mystérieux défaut par où s'accomplira la loi impérieuse[55].

Rimbaud, parvenu à ces convictions, sent éclater définitivement le cadre étroit du Catholicisme[56]. S'il y voyait déjà une doctrine de faiblesse (*Les Premières communions, Les Pauvres à l'église*) prêchée par des prêtres dont souvent l'intérêt pécuniaire semble primer les autres préoccupations[57] (*Le Mal*), il y découvre aujourd'hui la cause principale de l'ignorance où le monde occidental est confiné. En effet, la notion d'unité disparaissant[58], toute connaissance devait par là même s'obscurcir : l'intuition cédait la place à l'analyse. Et sans doute l'Église dénonce-t-elle comme suspects les mystiques, lorsque, dans son sein même, ils osent parler d'union avec Dieu et de passivité devant lui[59]. Elle vint, en effet, poser le principe de l'individualisme, et celui d'une éternelle dualité entre Dieu et l'homme.

Lorsque Rimbaud aura reconstruit peu à peu le système métaphysique dont nous effleurerons quelques aspects, il restera dominé par lui sa vie durant, et n'écrira plus une ligne, ne fera plus un geste qui ne s'y rapportent de manière directe.

Il le complètera sans cesse, et s'y adaptera de plus en plus. Les phases de son œuvre correspondent aux phases de son évolution vis-à-vis de ce système : révolte et découverte de la vérité, enfin période de travail mystique, dont nous connaîtrons plus tard l'aboutissement[60].

Les connaissances qu'il venait d'acquérir soutinrent son élan révolutionnaire.

Comme il parcourait avec son ami Delahaye le square de Charleville, dévasté pour les besoins de la défense : *Il est des destructions nécessaires, s'exclamait-il. Il est d'autres vieux arbres qu'il faut couper, il est d'autres ombrages séculaires dont nous perdrons l'aimable coutume... Cette société elle-même. On y passera les haches, les pioches, les rouleaux niveleurs. «Toute vallée sera comblée, toute colline abaissée, les chemins tortueux deviendront droits et les raboteux seront aplanis.» On rasera les fortunes et l'on abattra les orgueils individuels. Un homme ne pourra plus dire : « Je suis plus puissant, plus riche. » On remplacera l'envie amère et l'admiration stupide par la paisible concorde, l'égalité, le travail de tous pour tous*[61].

On retrouve ici l'idée capitale de Rimbaud : l'amour qui égalise et qui unit. Le poète était entretenu dans ses idées et ses études par deux personnages qu'il fréquentait : le professeur Deverrière[62] et le fonctionnaire Bretagne[63]. Je parlerai bientôt de ce dernier.

Enfin, au mois de février 1871 : nouveau départ. Rimbaud vend sa montre en argent et prend le train pour Paris. Il va trouver le caricaturiste André Gill, célèbre pour ses opinions avancées. Nouvelle déception : celui-ci le met à la porte avec douceur et fermeté. Rimbaud, affamé et presque nu, doit revenir à Charleville par ses propres moyens[64].

Arrivé là, il ne se décourage point[65]. Les circonstances sont mauvaises. Il attendra.

Et lorsque, deux mois après, la Commune éclate, Rimbaud secoué d'une joie terrible reprend le chemin de la capitale. Il y parvient en six jours de marche, et s'enrôle dans l'armée révolutionnaire. Mais il ne devait pas assister aux sublimes déchaînements qu'il escomptait. À la caserne de Babylone, le poète vit dans une atmosphère de grosses plaisanteries, au milieu des orgies de vin et de tabac. Les communards sont décidément français comme les autres. Ils font, en l'honneur de Rimbaud, une collecte que ce dernier leur restitue en tournée de vin rouge[66]. Tandis que pour lui-même il chante :

> *Mon triste cœur bave à la poupe,*
> *Mon cœur est plein de caporal :*

Ils y lancent des jets de soupe,
Mon triste cœur bave à la poupe
Sous les quolibets de la troupe
Qui pousse un rire général,
Mon triste cœur bave à la poupe :
Mon cœur est plein de caporal[67] *!*

Á la fin de mai, les troupes versaillaises entrent à Paris. La Commune est vaincue. Rimbaud réussit à échapper aux armées régulières. Il revient rageusement par les routes ardennaises. Et ces élans, ces fureurs qui ne purent s'extérioriser en gestes, il les fait passer dans ses vers comme *un milliard de tonnerres*[68], pris par magie aux rets de ses poèmes[69].

Paris se repeuple[70] : la Ville est à nouveau envahie par le dégorgement des lâches. Mais le poète ne se laisse point abattre. Il sait qu'un jour l'intérêt, l'égoïsme et la stupidité seront vaincus par l'amour. Et il crie à la Ville ces vers si violents qu'il semble que les mots vont éclater sous le souffle qui les traverse[71], ces vers qu'on ne peut dire sans les crier, sans les rythmer de tout son corps !

Après la Commune, les expériences politiques de Rimbaud s'arrêtent. De retour à Charleville, il résume ses aspirations dans un *Projet de constitution communiste* qui ne nous est point parvenu[72]. Car si la vie actuelle lui paraît inacceptable, il conserve en son cœur l'idéal puisé aux philosophies antiques, le désir d'unir les hommes et de les faire communier dans l'amour. Toute sa métaphysique sera désormais construite autour de cette conviction : l'Univers est un acte d'amour, et c'est par l'amour que nous en pénétrerons la structure[73]. Ses idées politiques elles-mêmes dérivent de cette foi. Mais l'enfant philosophe distingue encore mal la forme que devra prendre cet amour, ou plutôt s'il doit accepter toutes les formes de l'amour pour parvenir au but qu'il s'est assigné : *Cette fois, c'est la Femme que j'ai vue dans la ville, et à qui j'ai parlé et qui me parle*[74].

L'entretien essentiel entre la Femme et le Poète pourra-t-il aboutir à une autre conclusion que celle-ci : *Je n'aime pas les femmes. L'amour est à réinventer, on le sait. Elles ne peuvent plus que vouloir une position assurée. La position gagnée, cœur et beauté sont mis de côté : il ne reste que froid dédain, l'aliment du mariage, aujourd'hui*[75].

Tous les biographes de Rimbaud ont conté une mince aventure qui lui advint à cette époque : rendez-vous qui finit par une incompréhension fatale de la part de son partenaire féminin[76]. C'est alors que le poète lança cet anathème tragique : *Les Sœurs de charité*.

Je souligne le vers :
Tout notre embrassement n'est qu'une question : dans lequel Rimbaud exprime clairement le but de son expérience : savoir si la Femme nous conduira aux pures cimes de l'amour, et si elle est désignée pour diriger nos

> *... Rêves ou Promenades*
> *Immenses, à travers les nuits de Vérité,*

Hélas ! le Poète comprend que la Femme n'est point un guide, mais au contraire une compagne infiniment faible qu'il faut aider :

> *C'est toi qui pends à nous, porteuse de mamelles,*
> *Nous te berçons, charmante et grave Passion.*

L'espoir qu'il aurait pu mettre en la Femme est donc soudainement aboli pour Rimbaud. Ainsi devant la religion, devant les systèmes sociaux tels qu'ils sévissent, devant l'amour des femmes, le poète se sent soulevé d'un immense mépris. *Assez de ces noirs grotesques dont fermentent les souliers*[77], *de ces clubs d'épiciers retraités*[78] *et de ce troupeau roux des tordeuses de hanches*[79]. Il sent que les pouvoirs humains ne sont pas limités à leurs actuelles possibilités. L'homme fait partie de la Nature, et doit posséder les puissances qu'il y pressent[80] ; Rimbaud sait que les esprits de tous les temps qui se sont simplement tournés vers elle, parvinrent à une connaissance mystérieuse et profonde[81]. Ils ont en effet connu que tous ses éléments obéissent à une loi qui leur donne la cohésion et l'unité[82]. *Or, l'amour de Dieu est le fond de tout amour, comme la pensée de Dieu est le fond de toute pensée.* Laissons-nous donc conduire par l'instinct qui nous guide, et nous parviendrons à Dieu[83].

L'expérience a démontré que le sensible, point de départ nécessaire, fait ensuite office de poids mort pour l'idée.

Il apparaît essentiel de mourir aux choses visibles pour remonter aux invisibles. À ce moment, l'esprit peut revenir de l'Idée au sensible, et saisir la création dans sa raison profonde[84].

Cet effort de dépouillement a été poursuivi par les mystiques de tous les temps. Les Orientaux l'ont pratiqué jusqu'aux limites du possible. Et la somme de connaissances ainsi acquises n'est parvenue en Occident qu'à travers les systèmes philosophiques de la Grèce antique, et sous la forme d'une science, dite occulte, pour cette raison que la science officielle préfère laisser dans l'ombre cette sœur aînée trop hardie, mais dont elle adopte lentement toutes les conclusions.

Lorsque cette mort au sensible est accomplie, le rôle de l'amour se précise. L'homme sait que son esprit n'est qu'un reflet de l'Esprit universel[85]. Il doit donc aimer les autres comme lui-même puisque le phénomène de l'individualisme n'est qu'un état temporaire et véritablement illusoire, qui permet à l'homme de se réaliser et en quelque sorte de recréer Dieu. Les phases de l'évolution spirituelle de l'Humanité apparaissent bien nettes : dépouillement des illusions du monde physique qui nous obligent à l'individualisme, compréhension de l'unité universelle, et réalisation de cette unité par l'amour.

Rimbaud, tout possédé de cette science à la fois retrouvée par sa prodigieuse intuition et par les lectures qu'il faisait à la Bibliothèque de Charleville[86], était encore entretenu dans ce courant d'idées par son ami Bretagne, dont Ernest Delahaye nous dit qu'il *était un artiste, presque un mystique, jugeant, comme Rimbaud, la religion chrétienne trop terre à terre, anticlérical pour cette raison (chose curieuse, qui n'est pas rare), et croyant à l'occultisme, à la télépathie, à la magie*[87].

Le grand poète prend à ce moment conscience totale de ses convictions. Il les résume dans la très importante *Lettre du Voyant* adressée à Demeny[88], le 15 mai 1871. Cette lettre constitue véritablement la clef qui permet de pénétrer son œuvre et de suivre le processus de sa pensée. Il n'est pas, grâce à elle, de problème qui reste sans réponse. Les œuvres que Rimbaud produira désormais seront toutes élaborées d'après un système métaphysique déterminé. Impossible de les en séparer sous peine d'incompréhension.

Le Bateau ivre, composé par le poète à l'intention des littérateurs parisiens qu'il va bientôt rencontrer, présente déjà les caractères d'un symbole prophétique. Le départ de Rimbaud à travers le monde et le retour en Europe qu'il accomplit à la fin de son existence, sont tout entiers contenus dans ces strophes. Rimbaud se prédira ainsi tout au long de son œuvre. Il se produit un glissement de son esprit, du plan poétique au plan mystique. Ses poèmes vont devenir des *révélations pures*.

L'élaboration d'une méthode

II

> *Honneur aux Voyants supérieurs ;*
> *aux Supérieurs Voyants, honneur !*
> MUNDAKA UPANISHAD

Toutes les grandes œuvres sont les effets d'une méthode ; il suffit de les étudier pour en induire la méthode elle-même. Ce soin nous est considérablement facilité lorsque l'auteur a pris la peine de nous découvrir, en partie, son point de départ. C'est ce qu'a fait Rimbaud dans la *lettre du Voyant*.

Toutefois, cette discipline dépend elle-même d'un système que le poète n'a point exposé d'un bout à l'autre. Il est essentiel de le découvrir si l'on veut en suivre les rayonnements, plutôt que de se laisser aveugler, et de fermer ensuite les paupières pour tenter de *se reconnaître*. Telle fut, jusqu'à présent, l'attitude des critiques devant l'œuvre de Rimbaud : ils en parlent les yeux fermés.

Je donnerai ici même la *Lettre du Voyant* dans son entier. Sa beauté et son importance m'y engagent. Aussi bien on ne la trouve à l'état complet dans nul ouvrage, depuis que la *Nouvelle Revue Française* l'a publiée [89]. Cette *Lettre* est en quelque sorte à la base du présent travail. Ce qui ne signifie pas qu'il n'eût pu être effectué sans elle : mille détails justifieront, j'espère, mes intentions.

Le lecteur y trouvera deux parties assez distinctes : un exposé de critique littéraire où Rimbaud cherche, en suivant l'ordre chronologique, les poètes qui dans le cours des âges ont réellement mérité cette appellation (j'en ai déjà effectué plus haut une sorte de démarquage ou, si l'on veut, d'explication prématurée [90]) ; cet exposé lui-même encadre une pétition de principes dans laquelle le poète révèle sa méthode de connaissance : se faire Voyant.

Avant tout, il conviendra de se pencher sur le système que supposent les affirmations de Rimbaud. Ses convictions littéraires, sa méthode, son œuvre et ses attitudes en recevront assez de lumière pour que l'on comprenne quels rigoureux rapports les ont liées.

Avant de passer à ces justifications, la méthode de connaissance employée par le poète retiendra tous nos soins [91].

Au cours de la *Lettre du Voyant*, Rimbaud recopie des poèmes qui ne sont point du tout conçus avec la méthode qu'il expose. C'est qu'il y a, entre l'inconscient et le conscient, un défaut de vitesse qui fait que les acquisitions du premier sont depuis longtemps parfaites, alors que le second commence seulement à se les formuler.

Charleville, 15 mai 1871 [92]

J'ai résolu de vous donner une heure de littérature nouvelle ; je commence tout de suite par un psaume d'actualité :

Chant de guerre parisien

— *Voici de la prose sur l'avenir de la poésie* — *Toute poésie antique aboutit à la poésie grecque. Vie harmonieuse.* — *De la Grèce au mouvement romantique,* — *moyen âge,* — *il y a des lettrés, des versificateurs. D'Ennius à Theroldus, de Theroldus à Casimir Delavigne, tout est prose rimée, un jeu, avachissement et gloire d'innombrables générations idiotes : Racine est le pur, le fort, le grand.* — *On eût soufflé sur ses rimes, brouillé ses hémistiches, que le Divin Sot serait aujourd'hui aussi ignoré que le premier venu auteur d'Origines.* — *Après Racine, le jeu moisit. Il a duré deux mille ans.*

Ni plaisanterie, ni paradoxe. La raison m'inspire plus de certitudes sur le sujet que n'aurait jamais eu de colères un Jeune-France. Du reste, libre aux nouveaux ! *d'exécrer les ancêtres : on est chez soi et l'on a le temps.*

On n'a jamais bien jugé le romantisme. Qui l'aurait jugé ? Les critiques !! Les romantiques, qui prouvent si bien que la chanson est si peu souvent l'œuvre : c'est-à-dire la pensée chantée — et comprise *du chanteur ?*

Car Je est un autre. Si le cuivre s'éveille clairon, il n'y a rien de sa faute. Cela m'est évident : j'assiste à l'éclosion de ma pensée : je la regarde, je l'écoute : je lance un coup d'archet : la symphonie fait son remuement dans les profondeurs, ou vient d'un bond sur la scène.

Si les vieux imbéciles n'avaient pas trouvé du moi que la signification fausse, nous n'aurions pas à balayer ces millions de squelettes qui, depuis un temps infini, ont accumulé les produits de leur intelligence borgnesse, en s'en clamant les auteurs !

En Grèce, ai-je dit, vers et lyres rythment l'Action. *Après, musique et rimes sont jeux, délassements. L'étude de ce passé charme les curieux : plusieurs s'éjouissent à renouveler ces anti-*

quités : — c'est pour eux. L'intelligence universelle a toujours jeté ses idées, naturellement ; les hommes ramassaient une partie de ces fruits du cerveau : on agissait par, on en écrivait des livres : telle allait la marche, l'homme ne se travaillant pas, n'étant pas encore éveillé, ou pas encore dans la plénitude du grand songe. Des fonctionnaires, des écrivains : auteur, créateur, poète, cet homme n'a jamais existé !

La première étude de l'homme qui veut être poète est sa propre connaissance, entière ; il cherche son âme, il l'inspecte, il la tente, l'apprend. Dès qu'il la sait, il doit la cultiver ; cela semble simple : en tout cerveau s'accomplit un développement naturel ; tant d'égoïstes se proclament auteurs ; il en est bien d'autres qui s'attribuent leur progrès intellectuel ! —Mais il s'agit de faire l'âme monstrueuse : à l'instar des comprachicos [93], quoi ! Imaginez un homme s'implantant et se cultivant des verrues sur le visage.

Je dis qu'il faut être voyant, se faire voyant.

Le Poète se fait voyant par un long, immense et raisonné dérèglement de tous les sens. Toutes les formes d'amour, de souffrance, de folie ; il cherche lui-même, il épuise en lui tous les poisons, pour n'en garder que les quintessences. Ineffable torture où il a besoin de toute la foi, de toute la force surhumaine, où il devient entre tous le grand malade, le grand criminel, le grand maudit, — et le suprême Savant ! — Car il arrive à l'inconnu ! Puisqu'il a cultivé son âme, déjà riche, plus qu'aucun ! Il arrive à l'inconnu, et quand, affolé, il finirait par perdre l'intelligence de ses visions, il les a vues ! Qu'il crève dans son bondissement par les choses inouïes et innommables : viendront d'autres horribles travailleurs ; ils commenceront par les horizons où l'autre s'est affaissé !

— La suite à six minutes —

Ici j'intercale un second psaume hors du texte : veuillez

tendre une oreille complaisante, — et tout le monde sera charmé.
— J'ai l'archet en main, je commence :

MES PETITES AMOUREUSES

Voilà. Et remarquez bien que, si je ne craignais de vous faire débourser plus de 60 c. de port, — moi pauvre effaré qui, depuis sept mois, n'ai pas tenu un seul rond de bronze ! — je vous livrerais encore mes Amants de Paris, *cent hexamètres, Monsieur, et ma* Mort de Paris, *deux cents hexamètres ! — Je reprends :*
Donc le poète est vraiment voleur de feu.
Il est chargé de l'humanité, des animaux *même ; il devra faire sentir, palper, écouter ses inventions ; si ce qu'il rapporte de* là-bas *a forme, il donne forme ; si c'est informe, il donne de l'informe. Trouver une langue ;*
— Du reste, toute parole étant idée, le temps d'un langage universel viendra ! Il faut être académicien, — plus mort qu'un fossile, — pour parfaire un dictionnaire, de quelque langue que ce soit. Des faibles se mettraient à penser *sur la première lettre de l'alphabet, qui pourraient vite ruer dans la folie ! —*
Cette langue sera de l'âme pour l'âme, résumant tout, parfums, sons, couleurs, de la pensée accrochant la pensée et tirant. Le poète définirait la quantité d'inconnu s'éveillant en son temps dans l'âme universelle : il donnerait plus — que la formule de sa pensée, que la notation de sa marche au Progrès ! Énormité devenant norme, absorbée par tous, il serait vraiment un multi-plicateur de progrès !
Cet avenir sera matérialiste, vous le voyez ; — Toujours pleins du Nombre *et de l'*Harmonie, *ces poèmes seront faits pour rester. — Au fond, ce serait encore un peu la Poésie grecque. L'art éternel aurait ses fonctions, comme les poètes sont citoyens. La Poésie ne rythmera plus l'action ; elle* sera en avant.

Ces poètes seront ! Quand sera brisé l'infini servage de la femme, quand elle vivra pour elle et par elle, l'homme, — jusqu'ici abominable, — lui ayant donné son renvoi, elle sera poète, elle aussi ! La femme trouvera de l'inconnu ! Ses mondes d'idées différeront-ils des nôtres ? — Elle trouvera des choses étranges, insondables, repoussantes, délicieuses ; nous les prendrons, nous les comprendrons.

En attendant, demandons aux poètes *du* nouveau, *— idées et formes. Tous les habiles croiraient bientôt avoir satisfait à cette demande. — Ce n'est pas cela !*

Les premiers romantiques ont été voyants *sans trop bien s'en rendre compte : la culture de leurs âmes s'est commencée aux accidents : locomotives abandonnées, mais brûlantes, que prennent quelque temps les rails. — Lamartine est quelquefois voyant, mais étranglé par la forme vieille. — Hugo,* trop cabochard, *a bien du* vu *dans les derniers volumes :* Les Misérables *sont un vrai poème. J'ai* Les Châtiments *sous main ;* Stella[94] *donne à peu près la mesure de la* vue *de Hugo. Trop de Belmontet*[95] *et de Lamennais, de Jehovahs et de colonnes, vieilles énormités crevées.*

Musset est quatorze fois exécrable pour nous, générations douloureuses et prises de visions, — que sa paresse d'ange a insultées ! Ô ! les contes et les proverbes fadasses ! Ô les nuits ! Ô Rolla, ô Namouna, ô la Coupe ! tout est français, c'est-à-dire haïssable au suprême degré ; français, pas parisien ! Encore une œuvre de cet odieux génie qui a inspiré Rabelais, Voltaire, Jean La Fontaine, commenté par M. Taine[96] *! Printanier, l'esprit de Musset ! Charmant, son amour ! En voilà, de la peinture à l'émail, de la poésie solide ! On savourera longtemps la poésie française, mais en France. Tout garçon épicier est en mesure de débobiner une apostrophe Rollaque*[97]*; tout séminariste en porte les cinq cents rimes dans le secret d'un carnet. À quinze ans, ces élans de passion mettent les jeunes en rut ; à seize ans, ils se contentent déjà de les réciter avec cœur ; à dix-huit ans, à dix-sept ans même, tout collé-*

gien qui a le moyen fait le Rolla, écrit un Rolla ! Quelques-uns en meurent peut-être encore. Musset n'a rien su faire : il y avait des visions derrière la gaze des rideaux : il a fermé les yeux. Français, panadif⁹⁸, traîné de l'estaminet au pupitre de collège, le beau mort est mort, et, désormais, ne nous donnons même plus la peine de le réveiller par nos abominations !

Les seconds romantiques sont très voyants *: Th. Gautier, Lec[onte] de Lisle, Th. de Banville. Mais inspecter l'invisible et entendre l'inouï étant autre chose que reprendre l'esprit des choses mortes, Baudelaire est le premier voyant, roi des poètes,* un vrai Dieu. *Encore a-t-il vécu dans un milieu trop artiste ; et la forme si vantée en lui est mesquine : les inventions d'inconnu réclament des formes nouvelles.*

Rompue aux formes vieilles, parmi les innocents, A. Renaud, — a fait son Rolla ; — L. Grandet, — a fait son Rolla ; — Les gallois et les Musset, G. Lafenestre, Coran, Cl. Popelin, Soulary, L. Salles ; Les écoliers, Marc, Aicard, Theuriet ; les morts et les imbéciles, Autran, Barbier, L. Pichat, Lemoyne, les Deschamps, les Desessarts [sic : Des Essarts] *; Les journalistes, L. Cladel, Robert Luzarches, X. de Ricard ; les fantaisistes, C. Mendès; les bohèmes ; les femmes ; les talents, Léon Dierx et Sully-Prudhomme, Coppée, — la nouvelle école, dite parnassienne, a deux voyants, Albert Mérat et Paul Verlaine, un vrai poète. — Voilà⁹⁹. Ainsi je travaille à me rendre* voyant. *— Et finissons par un chant pieux.*

Accroupissements

Vous seriez exécrable de ne pas répondre : vite, car dans huit jours, je serai à Paris, peut-être.

Au revoir. A. Rimbaud.

*¹⁰⁰

Depuis toujours[101], les poètes usent de leur intelligence et de leur sensibilité pour décrire ou suggérer ce qu'ils considèrent comme l'essence d'un système clos. Ils versent des pleurs sur eux-mêmes, attachent des rubans aux gerbes des saisons, et dérobent aux femmes leur bâton de rouge afin de se dessiner sur la poitrine une plaie émouvante et commode. Pour eux, l'art est de polir joliment une phrase, et de tourner avec grâce autour des mystères. L'enthousiasme leur paraît du dernier commun, et ils ne souffrent la passion que dans un cas strictement défini. Tout problème métaphysique leur est une manière de scandale. Ils sont passés à l'état d'amuseurs publics, et semblent s'accommoder fort de cette fonction. On les étonnerait grandement en leur parlant du *pouvoir* de la Poésie, et en leur annonçant qu'il n'y a de Poésie que du général. Ils ne réfléchissent pas que *persona* veut dire masque, et la dissemblance de leurs visages et de leurs réactions est pour eux le meilleur signe que tout individu constitue un univers parfaitement fermé, une *personnalité*. Nul effort de dépouillement chez ces tristes chanteurs.

La conception individualiste du Moi est à la base de l'échec poétique éprouvé depuis deux mille ans par le monde occidental : *Si les vieux imbéciles n'avaient pas trouvé du moi que la signification fausse, nous n'aurions pas à balayer ces millions de squelettes qui, depuis un temps infini, ont accumulé les produits de leur intelligence borgnesse, en s'en clamant les auteurs*[102]*!*

L'effort de révision des valeurs entrepris par Rimbaud devait aboutir à cette conclusion. La Poésie d'une race est son plus pur reflet. Le monde occidental, dominé par une religion et des institutions individualistes, ne pouvait produire qu'une poésie appliquée au sensible, puisque seul le désir de l'unité permet à l'esprit humain d'opérer la synthèse qui le fait remonter à l'idée[103].

II / L'élaboration d'une méthode

Le lecteur peut ici constater à quel point Rimbaud est loin de la religion catholique ; il décèle implicitement son influence dans toutes les démarches de la pensée. Il la dénonce de bonne foi comme responsable de tout piétinement moral. Lorsque, plus tard, le souvenir de sa religion d'enfance lui reviendra par à-coups, sa haine [104] de l'Église se renforcera de chacun de ses combats spirituels aussi terrible que la bataille d'hommes [105].

Par quelle notion du Moi Rimbaud prétend-il donc remplacer l'individualisme de l'Occident ? Souvenons-nous de ses lectures à la bibliothèque de Charleville. La littérature de la Grèce ancienne le fit accéder à la métaphysique de l'Orient [106]. Platon le conduisit à Pythagore, et de ce dernier il remonta jusqu'aux mystères orphiques que l'Orient transmit à la Grèce. C'est dans cette somme qu'il convient de chercher la conception de la personnalité proposée par le poète [107].

Le Védisme et le Brahmanisme enseignent que l'âme humaine n'est qu'une étincelle du feu universel, un reflet de Dieu au cœur de sa masse.

Il n'y a pas dualité entre Dieu et la création, comme l'entend la religion occidentale sous sa forme orthodoxe [108]. Cette dualité ne peut se concevoir puisque si l'on admet que Dieu crée un objet en dehors de lui-même, il perd sa qualité d'Absolu.

De plus, Dieu ne peut après la mort de l'homme lui conserver une conscience finie en contemplation devant l'infini. Et s'il lui dispense une conscience infinie, il le fait son égal. Or, l'infini ne peut s'opposer à l'infini. Dieu ne peut créer son égal sans qu'il ne soit lui-même. L'esprit humain est donc véritablement en Dieu de toute éternité [109].

Jusqu'ici, le problème que crée notre impression actuelle de personnalité reste irrésolu.

Voyons s'il n'est pas quelque moyen de le vaincre.

Dieu parfait est tout amour. Or aimer, c'est prendre conscience d'une dualité. Mais comme toute dualité est par nature interdite à l'absolu, le désir de Dieu ne peut que localiser, tant qu'il dure, des parcelles de sa divinité. Ces parcelles, ou mieux ces âmes, font partie de l'Unité, mais ne sont pas l'Unité même. Elles tendent à revenir s'y confondre, mais leur limitation momentanée au cœur de l'illimité leur impose une série d'expériences, dont le but est la réalisation même de cette Unité [110]. Pour que ces expériences puissent se produire, il faut que les âmes prennent conscience de leur limitation et s'efforcent devant des obstacles. Les incarnations qui résulteront de cette nécessité auront une fréquence et une nature conditionnées par un rapport de cause à effet entre les réactions des âmes et les épreuves qu'engendrent ces réactions. *Le cycle de la renaissance et de la mort provient des seules pensées* : *Ce que l'homme pense, il l'est : voilà l'antique secret* [111]. Si l'homme se croit une individualité, il se réincarne et réalise ainsi sa croyance, aussi longtemps qu'elle se manifeste. Qu'il désire les autres êtres, et le même sort lui advient, puisque le désir suppose une dualité. Au contraire, si l'homme réalise sa véritable essence, il retourne à Dieu. *Comme d'un feu éclatant jaillissent de toutes parts des milliers d'étincelles de nature identique, ainsi les créatures innombrables procèdent de l'Être indestructible et y retournent* [112]. Et de même que les pensées de l'homme existent dans son esprit, les âmes se lèvent en Dieu. Elles ne sont pas lui, mais les reflets internes de sa grandeur.

L'âme humaine est donc réellement [113] omnisciente puisqu'elle baigne en Dieu, mais la plus grande partie de ses pouvoirs est obturée par la matière qui la cerne ; et ce que nous nommons centre de conscience n'est en réalité qu'une lueur infiniment faible émanée de la conscience totale. Le centre de conscience ne réfléchit qu'une opposition entre la restriction de la connaissance humaine et la possibilité d'une science infinie que l'homme pressent et recherche. Cette opposition diffère évidemment d'intensité avec le degré d'évolution atteint par l'âme au cours de ses expériences. Le masque imposé par la matière est particulier à chaque esprit. Autant d'hommes, autant de personnalités.

La vraie conscience ne peut se trouver que par l'oubli de ce que nous nommons ici-bas la conscience [114].

Lorsque, dans la conversation, nous cherchons un nom quelconque sans pouvoir nous le rappeler, ce n'est qu'au moment où nous détournons notre attention de cette recherche que le nom perdu se retrouve. Ce phénomène banal m'apparaît singulièrement révélateur de l'obstacle apporté par la conscience à la découverte de la vérité [115].

C'est que celle-ci se confond avec la notion d'Unité, et que tout acte de conscience, tel que nous l'entendons, est basé sur l'attention. Or, faire attention c'est s'intéresser, et par là même s'individualiser [116]. L'humanité s'est si bien accoutumée à n'appliquer le terme d'intérêt qu'aux seules actions égoïstes, qu'on ne peut qualifier à la fois un homme de charitable et d'intéressé sans énoncer une proposition contradictoire. L'altruisme et l'intérêt individuel sont ennemis sur le plan de l'action. Ce n'est pas sans but que je glisse de l'intérêt psychologique que suppose le phénomène d'attention, à l'intérêt matériel d'où naît la division sociale. Au cours du processus que suit l'esprit pour descendre des réalités psychologiques au monde sensible, il se produit une fusion entre l'intérêt-attention et l'intérêt-action.

Il est évident que l'intérêt renforce en nous le sentiment de l'individuel. Ma personnalité se distingue de la vôtre par les choses auxquelles je m'intéresse. De même mon égoïsme est constitué par l'importance que j'attache à mes intérêts. Personnalité et égoïsme se confondent. Ils s'opposent tous deux à la réalisation de l'unité qui peut seule nous rendre la véritable conscience [117].

Nous avons vu que les esprits existent en Dieu [118]. D'où cette parole d'un philosophe hindou [119] : *Brahman est vrai, le monde est faux ; l'âme de l'homme est Brahman et rien d'autre.*

C'est ce qu'exprime Rimbaud en écrivant : *Je est un autre.* Il eût aussi bien pu écrire : *Je est Dieu en puissance.* Pour remonter à la conscience suprême, il est essentiel de cultiver en soi *l'inattention* et le *désintérêt*, puisque leurs contraires nous procurent le sentiment d'une personnalité à jamais distincte, et nous amènent à confondre avec la Lumière un seul reflet de son éclat. Se désintéresser sur le plan matériel, c'est arriver à l'altruisme. Se désintéresser sur le plan psychologique, c'est parvenir à Dieu.

N'est-il pas révélateur de mettre en regard telle phrase du Bhagavad-Gîta qui concerne la conception du Moi, et les lignes qu'écrivit Rimbaud sur le même sujet [120]?

Je est un autre. Si le cuivre s'éveille clairon, il n'y a rien de sa faute. Cela m'est évident : j'assiste à l'éclosion de ma pensée : je la regarde, je l'écoute : je lance un coup d'archet : la symphonie fait son remuement dans les profondeurs, ou vient d'un bond sur la scène. Si les vieux imbéciles n'avaient pas trouvé du moi que la signification fausse, etc[121].

Celui dont l'esprit est égaré par l'orgueil de ses propres lumières s'imagine que c'est lui-même qui exécute toutes les actions résultant des principes de sa constitution[122].

C'est que la *Lettre du Voyant* est tout entière écrite sous le signe de la grande tradition orientale, qui parvint, à travers les mystères orphiques, jusqu'à la Grèce ancienne. Cette philosophie[123] constitue la trame sur laquelle Rimbaud a tendu ses phrases. En considérer rapidement l'ampleur, c'est en même temps saisir chacune des affirmations du poète.

Les livres sacrés de l'Inde s'accordent tous pour employer sans distinction la notion d'Idée et celle de Parole, lorsqu'ils veulent nous éclairer sur la création du monde. Soit qu'ils nous montrent la Conscience divine penser le monde, et par conséquent le créer, soit que d'après eux la Parole de Dieu ait engendré l'Univers[124]. (De là vient l'importance fondamentale attachée aux mots dans les sciences magiques[125].) Cette création résulte de l'amour infini de Dieu qui, dans son sublime désir de sacrifice, fait naître de l'un la multiplicité. Plus tard, Rimbaud écrira dans les *Illuminations* cette phrase qui résume tout le drame cosmique : *les feux à la pluie du vent de diamants jetée par le cœur terrestre éternellement carbonisé pour nous. — Ô monde*[126] *! —*

Nous nous acheminons donc à la compréhension de ce passage qui fait suite à la conception du Moi dans la lettre qui nous occupe : *Du reste, toute parole étant idée, le temps d'un langage universel viendra ! Il faut être académicien, — plus mort qu'un fossile, — pour parfaire un dictionnaire, de quelque langue que ce soit. Des faibles se mettraient à penser sur la première lettre de l'alphabet, qui pourraient vite ruer dans la folie !* —

La confusion qu'établit Rimbaud entre la Parole et l'Idée résulte directement de la solution que fournit au problème de la matière la métaphysique dont il s'est pénétré[127]. On y trouve que le monde existe parce que Dieu *le pense et le prononce*. Elle dévoile donc entre l'Idée et la Parole une similitude que la simple psychologie vérifie d'ailleurs complètement : la pensée, même silencieuse, s'appuie toujours sur des combinaisons de formes ou de sonorités (ce qui est même chose puisque *les parfums, les couleurs et les sons se répondent*[128]) et, pareillement, une pensée particulière naît de chaque combinaison d'harmonie ou de formes. Il n'y a pas d'idée sans parole, ni de parole sans idée. En poursuivant plus loin l'analogie, on arrive à réaliser que la Vie ne peut se concevoir sans la Matière, non plus que la Matière sans la Vie. L'une et l'autre ont la même source qui est la Pensée divine, manifestée par la Parole. Or, s'il existe une parenté entre les effets d'une même cause, la Vie et la Matière, loin de s'opposer, doivent être les aspects d'une réalité unique.

Les différences que présentent ces aspects sont de même nature que celles que l'on constate entre les notes d'un accord musical : les vibrations rapides engendrent des notes aiguës, et les vibrations lentes des notes graves. La Parole divine a, de même façon, fait naître des plans successifs dans l'Univers. Et si l'on peut classer les sons en deux grandes catégories : les sons aigus et les sons graves, il est également facile de diviser les plans de l'Univers en plan des Idées et plan des Réalités sensibles, ou encore en monde sans forme et monde de la forme[129].

Voici ce qu'écrit Rimbaud à ce sujet : *Donc le poète est vraiment voleur de feu... si ce qu'il rapporte de là-bas a forme, il donne forme ; si c'est informe, il donne de l'informe*[130]. En ce qui concerne la continuité établie entre l'Esprit et la Matière il déclare : *Cet avenir sera matérialiste, vous le voyez.*

Plus exactement, il faut dire qu'il n'y a ni Esprit ni Matière, mais un Esprit-Matière. Le monde sans forme dont nous avons parlé n'existe que pour l'observateur qui fonctionne sur le plan sensible. S'il lui était donné au contraire d'être éveillé sur le plan des Idées, le monde sans forme deviendrait pour lui un autre monde de la forme. La distinction n'est qu'empirique, et relative à l'homme conscient sur le plan physique[131].

La nature des réalités varie avec la fréquence des vibrations qui lui ont donné naissance. Un certain *nombre* est par conséquent assigné à chaque état de l'Esprit-Matière. *Toujours pleins du Nombre et de l'Harmonie*, écrit Rimbaud, *ces poèmes seront faits pour rester*[132].

L'influence pythagoricienne se fait ici nettement jour. Nous quittons l'Orient pour la Grèce, mais nous n'abandonnons pas une métaphysique pour une autre[133].

C'est qu'en effet, s'il n'est pas historiquement établi que Pythagore fit un voyage aux Indes, ou en Egypte, il n'en est pas moins vrai que son enseignement est une pure adaptation de l'Orphisme[134] et par conséquent des doctrines orientales. « *En effet, les hommes, pour les Orphiques, sont nés des cendres des Titans qui avaient dévoré Zagreus*[135] ; *ils sont impurs en naissant, comme ceux dont ils procèdent. Mais les cendres des Titans contenaient aussi la substance de l'Être divin qu'ils avaient dévoré, et c'est pourquoi une étincelle divine subsiste aussi dans les hommes. C'est à la libération de cet élément divin par la possession définitive de l'immortalité bienheureuse que tendent l'initiation et le régime de vie orphique. Le corps n'est pour notre âme qu'une chaîne, qu'un tombeau, qu'une prison ; et, du moment que le corps est l'élément impur qui emprisonne l'âme, l'homme a le devoir de s'en détacher, de s'en dégager. La vie à venir est la vie véritable ; celle qu'ici-bas nous vivons n'est qu'un exil imposé à nos âmes en punition de crimes antérieurs. Notre grand devoir est de nous* purifier. *Pour se purifier, les Orphiques avaient tout un rituel de pureté, toute une série de prescriptions et de prohibitions.* Les Orphiques, dit Aristote (Ranae, 1302), s'abstiennent de manger de la viande ; ils portent des vêtements blancs et, quand ils meurent, on les ensevelit dans le lin. *Après leur mort, les non-initiés, le commun des hommes, étaient soumis à la loi fatale de la réincarnation, qui les condamnait à passer sans fin à travers toute la gamme des formes animées. Comment échapper à tous ces recommencements perpétuels ? L'âme ne le pouvait par ses propres moyens, car la mort ne fait que la conduire à d'autres existences. Mais ce que l'homme ne peut faire, un Dieu le fera, et Dionysos lui-même sauvera ses adorateurs, moyennant certains rites essentiels et certaines règles de vie qui leur vaudront le salut éternel, l'espérance de l'immortalité et l'affranchissement du cercle des naissances. C'est par un procédé analogue que l'âme humaine, pour Platon, peut s'affranchir et s'immortaliser ; elle s'unira et participera aux Idées, de la même manière que les initiés croyaient s'unir et participer à la vie du Dieu dont ils devenaient pour ainsi dire la substance*[136]».

Nous retrouvons donc ici la notion d'une conscience universelle à laquelle on peut remonter par la purification et le détachement du sensible, obtenus à travers de multiples expériences. En un mot, toute la métaphysique orientale est là.

Pythagore s'attachait particulièrement à l'étude de l'Esprit-Matière dissocié en choses par les vibrations qui les conditionnent, et basait spécialement son enseignement sur la science des nombres. On lit dans le catéchisme des Acoumastiques :
— *Qu'y a-t-il de plus sage ?* — *Le Nombre.*
— *Qu'y a-t-il de plus beau ?* — *L'Harmonie*[137].
et chez Philolaüs [138] : *Toutes les choses qu'il nous est donné de connaître possèdent un Nombre, et rien ne peut être conçu sans le Nombre*[139], ou encore : *L'Harmonie est l'unification du multiple composé et l'accord du discordant.*

Rimbaud conçoit donc [140] au rôle du Nombre dans la Poésie une importance essentiellement métaphysique, et pressent des principes plus vastes aux lois de la « Poétique » à venir que ceux de l'acoustique ou de la mnémotechnie empiriquement observées. Fidèle à son système, il ne conçoit pas d'opposition entre l'Idée et la Forme, non plus qu'entre l'Esprit et la Matière : *En attendant, demandons aux poètes du nouveau,* — *idées et formes, exige-t-il*[141].

Rimbaud se rencontre encore curieusement avec Pythagore dans un autre passage de la lettre que nous lisons. Pythagore admettait les femmes dans son école, et n'avait point pour elles le dédain qui eut cours après certains enseignements, mal assimilés, de la philosophie platonicienne, et plus tard du christianisme [142]. Il ne les jugeait pas incapables d'accéder à la vérité.

De même, Rimbaud va déclarer : *Quand sera brisé l'infini servage de la femme, quand elle vivra pour elle et par elle, l'homme,* — *jusqu'ici abominable,* — *lui ayant donné son renvoi, elle sera poète, elle aussi ! La femme trouvera de l'inconnu ! Ses mondes d'idées différeront-ils des nôtres ?* — *Elle trouvera des choses étranges, insondables, repoussantes, délicieuses ; nous les prendrons, nous les comprendrons*[143].

La solution qui, logiquement, résulte de ce système est de se détacher du sensible qui nous cache les réalités supérieures[144]. Un nouveau mode de connaissance va donc naître : *la Voyance*. Il ne s'agit point là d'une vision littéraire de la vie comme ont semblé le comprendre jusqu'ici les commentateurs de Rimbaud, mais d'une contemplation métaphysique de l'Absolu. Le poète doit *être Voyant*. À travers Pythagore et Platon, Rimbaud accède à la méthode que les Grecs empruntèrent à l'Orient. *Toute poésie antique aboutit à la poésie grecque*, commence-t-il. Et il achève sa lettre par cette affirmation : *Ainsi je travaille à me rendre voyant.*

III

Je dis qu'il faut être voyant. Se faire Voyant.
RIMBAUD

Il n'est pas de métaphysique où l'on ne trouve un effort pour atteindre la réalité en soi, et qui ne donne jour à une méthode surnormale de connaissance. *J'ajoute qu'on ne peut assez admirer l'accord, la parfaite unanimité de sentiments que l'on remarque si on lit la vie d'un saint ou d'un pénitent chrétien, et celle d'un Hindou. À travers la variété, l'opposition absolue des dogmes, des mœurs, des milieux, l'effort, la vie intérieure de l'un ou de l'autre sont identiques*[145]. Suivre cet effort à travers les âges, et considérer le but qu'il se propose nous éclairera sur la fin que poursuivait Rimbaud, et les moyens qu'il mit en œuvre pour y parvenir. On en peut logiquement déceler la nature avant de l'étudier : si l'âme humaine est par rapport à Dieu une étincelle au sein d'un Feu infini, sa véritable conscience est celle du feu qui la crée. Pour la retrouver, il convient que l'homme oublie le monde physique où tout concourt à lui donner l'illusion de la multiplicité. L'ascétisme recommandé par les religions est évidemment une tentative d'oubli pour parvenir à l'Unité. Il consiste à tourner vers l'Un véritable l'instinct d'amour qui, sur le plan sensible, ne peut qu'entraîner l'homme vers la multiplicité des êtres. Toute ascèse sera donc un effort pour abolir le sensible, annihiler le corps, et retrouver dans l'esprit la réalité de Dieu.

Le Brahmanisme [146] est déjà tout entier basé sur cette conviction ; ses recommandations pratiques tendent avant tout à libérer l'homme du désir et partant de la vie individuelle, à travers les réincarnations. *On dit… que l'essence de l'homme est faite de désirs — tel est son désir, tel est son vouloir. Tel est son vouloir, telle est l'œuvre qu'il accomplit. Et quelle que soit son œuvre, il en recueille les fruits.*

Voici la vérité : L'œuvre conduit l'homme au but propre auquel son esprit s'était attaché, et quand il a obtenu le fruit de chaque désir qu'il a eu sur la terre, il quitte les mondes que lui ont valu ses actions pour revenir ici-bas. Il en est ainsi du moins pour ceux qui ont encore des désirs. Mais pour ceux qui sont sans désirs, pour ceux dont l'Atman[147] *est le seul désir et qui ont obtenu l'objet de leur désir, pour ceux-là, les souffles vitaux après la mort ne s'élèvent plus.*

Étant Brahma, ils vont à Brahma[148]. Quel est donc le moyen, et en quelque sorte la technique par laquelle on peut arriver à ce nécessaire détachement ? Les Upanishads insistent sur l'erreur qu'il y aurait à espérer un tel résultat par la simple pratique de la religion : *Ce sont des moyens de salut bien précaires que les pratiques des sacrifices sur lesquelles repose le rite inférieur. Les insensés qui croient à leur efficacité, pleins d'illusions, sont pour longtemps entraînés dans le cercle des renaissances, de la décrépitude et de la mort*[149].

C'est que les œuvres n'ont aucune part [150] au développement de l'âme. Elles entraînent une responsabilité déterminée, mais n'ont qu'une portée objective. Elles sont enfin pratiquées en vue d'une récompense et par conséquent pour obtenir la satisfaction d'un désir. Il convient, au contraire, d'éveiller en soi les facultés latentes de l'âme, les sens invisibles mais réels dont l'éducation nous permettra d'entrer en communion avec Dieu : *En vérité, il est difficile à contempler celui qui, invisible, pénètre toute chose. Antique, caché dans les profondeurs, il réside dans ton cœur.*

Le sage qui demeure en Dieu, grâce à la pratique de la méditation, s'élève au-dessus de la joie et de la douleur.

Et lorsqu'il a entendu et saisi cette science de l'Atman, le sage, ayant séparé son âme des organes matériels, parvient à cet Être subtil. Alors, uni à lui, il se réjouit dans la possession de l'objet qui, seul, peut donner le bonheur[151].

La science qui doit nous enseigner le détachement du sensible, et nous mener à Dieu, est celle du Yoga[152] :

On appelle Yoga[153] *cette ferme maîtrise des sens. Que l'homme soit vigilant lorsqu'il l'a obtenue, car le Yoga se perd facilement*[154]. *Les sages qui se sont affranchis des liens des sens, lorsqu'ils quittent le monde deviennent immortels*[155].

Les Upanishads nous enseignent ainsi une profonde distinction entre les œuvres et les pratiques du Yoga. Ces dernières peuvent seules nous mener à la Vérité. Elles concourent toutes à nous délier du corps, et à nous délivrer de notre conscience individuelle. Que sont donc ces pratiques ? Les textes du Bhagavad-Gîta vont nous fournir quelques détails sur elles. Le Krishnaïsme admet non seulement la distinction établie par les Upanishads entre les œuvres et le Yoga, mais il en apporte encore d'autres au cœur même du Yoga : celui-ci comprend désormais l'Ascétisme, la Science et la Méditation.

L'Ascétisme brahmanique était constitué par diverses pratiques dont les principales sont résumées dans le texte suivant où [156] Krishna énumère les différentes manières d'accéder à l'union mystique :

Quelques Yogis s'attachent au culte des Devatas ou des Anges ; d'autres, avec des offrandes, adressent leur culte à Dieu dans le feu.

D'autres sacrifient leurs oreilles et d'autres parties de leur corps dans le feu de la continence ; tandis que quelques-uns sacrifient le son et autres choses semblables dans le feu de leurs organes.

D'autres encore sacrifient les actions de tous leurs organes et facultés, dans le feu de leur propre continence allumé par une étincelle de la sagesse.

Il y en a aussi dont le culte consiste en offrandes, d'autres en mortifications, d'autres dans une dévotion exaltée ; il y en a encore dont le culte consiste dans la lecture de la sagesse : hommes dont les passions sont soumises et les mœurs sévères.

D'autres font le sacrifice de l'aspiration dans l'expiration et de l'expiration dans l'inspiration, et quelques-uns, fermant la voie de l'une ou de l'autre, s'efforcent de retenir leur souffle.

D'autres enfin, qui ne mangent que par règle, sacrifient leur vie. Toutes ces différentes sortes d'adorateurs sont purifiés de leurs péchés par un culte particulier[157].

Les pratiques des brahmanes sont trop jalousement gardées pour qu'il me soit possible d'entrer dans leur détail. Ce qu'il faut en retenir c'est le but qu'elles poursuivent. L'immobilité, la continence, le jeûne, l'absorption de certaines drogues, et le ralentissement volontaire des mouvements respiratoires jusqu'à leur suppression totale, sont employés pour obtenir l'extase, et entrer en communion avec l'Âme universelle[158].

III / L'élaboration d'une méthode

Le Krishnaïsme, qui précède de peu la réforme bouddhique, enseigne que l'ascétisme est supérieur aux œuvres, mais que la sagesse et la méditation l'emportent de beaucoup sur l'ascétisme. La foi éclairée mène à la connaissance d'une façon définitive, alors que l'ascétisme est seulement une sorte de sorcellerie qui procure à l'âme une extase unifiante qu'elle peut ne pas mériter par son degré d'évolution, et qui par là même lui sera bientôt retirée. Mais la Science seule ne suffit pas : elle doit être accompagnée de la Méditation. Sinon l'âme se préparera une vie meilleure mais ne développera pas ses facultés supranormales. Elle n'arrivera à l'Union qu'après de multiples réincarnations.

La Méditation consiste dans une réflexion prolongée de l'âme sur sa propre nature. Le Bhagavad-Gîta nous donne ces curieux détails : le Yogi qui la pratique *place son siège solidement sur un lieu qui n'est point souillé, ni trop haut, ni trop bas et s'assied sur le gazon sacré, appelé Koos, couvert d'une peau et d'une toile*[159]. Alors, l'esprit fixé sur un seul objet qui est lui-même, il arrive à la connaissance de son propre soi par un rigoureux effort de dépouillement : ce corps n'est pas moi, ces sensations et ces sentiments ne sont pas moi, ces croyances et ces idées ne sont pas moi. Ainsi raisonne le Yogi. Après avoir vaincu ses désirs et ses sentiments, après avoir démasqué la fiction de la personnalité, il connaît que son âme n'est qu'une étincelle de l'Âme universelle en qui baignent toutes choses. Il arrête alors son esprit sur Dieu seul, *tenant sa tête et son corps dans l'immobilité, les yeux fixés en avant, sans porter son regard d'aucun autre côté*[160].

Il apparaît donc que deux sortes de pratiques sont capables de mener l'esprit humain à l'union mystique : L'Ascétisme, moyen empirique d'accéder pour un temps à l'extase et la

Méditation, basée sur la Science et le renoncement, vraie voie de salut pour parvenir à Dieu.

Cette distinction se retrouve dans le Bouddhisme, et nous n'aurons jamais à la perdre de vue tant que nous considérerons l'effort métaphysique de l'humanité à quelque moment que ce soit.

Le détachement du sensible auquel tendent ces différents efforts sera précisément le but poursuivi par l'Orphisme. On connaît mal l'origine des Mystères[161], mais on ne peut se tenir d'être frappé de leur corrélation avec la métaphysique orientale : « L'Orphisme est la révélation mystique d'une règle de vie au moyen d'une initiation secrète. Celle-ci consiste en rites de purification (καθαρμοι) par lesquels l'âme sera, dans une extase, déliée du corps, qui est pour elle comme une tombe (σωμα-σημα), et préservée des dangers qui l'attendent dans l'Hadès[162]. »

Ces rites avaient pour but d'annihiler les sens physiques au profit des sens spirituels : τελεσθαι signifie être initié et τελευταν mourir. C'est une véritable mort au sensible que poursuivaient les initiés : Bacchos[163] déchiré par les Titans, écrit Olympiodore, c'est l'âme humaine dirigée par les passions, et les morceaux du corps de Bacchos, réunis par Apollon, sont le symbole du passage de la vie tourmentée des passions à la vie une et simple de l'Intelligence…

La volonté de remonter à l'unité spirituelle, momentanément perdue, reste à la base des recherches métaphysiques malgré la variété de leurs formes ou de leurs auteurs.

Paralyser le corps, et supprimer la conscience[164] qui en est un effet, reste la fin de toute ascèse. L'âme humaine, malgré le centre de conscience qui pour un temps lui impose l'illusion de la personnalité, n'en communique pas moins avec l'Âme universelle par les franges lumineuses de la vie inconsciente. L'apprentissage mystique la fera revenir à cette lumière dont les plus clairvoyants ne perçoivent ici-bas que des éclairs amortis.

Ces réalités furent léguées à la Grèce antique à travers les Mystères. Elles devinrent véritablement l'essence du génie grec. On ne saurait trop s'en souvenir si l'on veut éviter de tomber dans l'erreur habituelle aux esprits occidentaux qui s'attachent à retenir de la civilisation ancienne une leçon toute superficielle. On parle beaucoup de «raison» à propos de l'Hellade[165], mais on n'emploie plus ce mot dans le sens qu'on lui donnait aux temps antiques. Je lui retrouve sa pureté dans cette phrase de Plotin : *L'âme purifiée devient une forme, une raison, une essence incorporelle, intellectuelle ; elle appartient tout entière à la divinité en qui se trouve la cause du Beau et toutes les qualités qui ont de l'affinité avec lui*[166].

La faculté qui nous fournit les principes directeurs de la connaissance, d'après le cartésianisme, reste à la raison ce qu'une graine est à la forêt. L'âme possède à l'état latent les possibilités de son évolution, mais si elle ne s'attache point à les développer, il ne lui sera pas donné de remonter, pour s'y unir à l'Essence dont elle ne devine que des rayonnements.

Pour atteindre le Beau en soi, et devenir une Raison, l'âme doit s'appliquer par une discipline intérieure à se détacher du monde sensible.

Pythagore et Platon, initiés aux Mystères, élevèrent sur cette doctrine des philosophies personnelles dont les sources restent toutefois nettes et apparentes. Le dernier n'a cessé d'insister sur le fait que l'esprit est seul capable de percevoir la réalité pure. Les sens ne saisissent que certains aspects des choses, mais l'essence même du monde leur échappe.

Tel est l'objet du dialogue qui se poursuit entre Socrate et Simmias :

> *Que dirons-nous de l'acquisition de la sagesse que donne la pensée ? Le corps est-il oui ou non un obstacle, si on l'associe à cette quête ? Je vais m'expliquer par un exemple. La vue et l'ouïe offrent-elles aux hommes quelque degré de certitude, ou bien les poètes ont-ils raison de nous répéter sans cesse que nous n'entendons et nous ne voyons exactement rien ? Si, en effet, les perceptions de ces deux sens ne sont ni exactes ni claires, celles des autres sens, qui toutes sont en quelque sorte plus faibles, le seront moins encore. N'est-ce point ton avis ?*
> — *Tout à fait*, dit Simmias.
> — *Quand est-ce donc alors*, reprit Socrate, *que l'âme touche à la vérité ? puisque lorsqu'elle essaie de la chercher avec le corps, nous voyons clairement qu'elle est trompée par lui.*
> — *Tu dis vrai.*
> — *N'est-ce point par la réflexion que l'âme s'assure, si d'ailleurs elle le peut, de la vérité des choses ?*
> — *Oui.*
> — *Et quand réfléchit-elle le mieux, n'est-ce pas lorsqu'elle n'est troublée par aucune impression, ni par l'ouïe, ni par la vue, ni par le chagrin, ni par le plaisir, mais que rendue autant qu'elle le peut à elle-même, elle congédie le corps, et, dans la mesure du possible, se dégage de toute relation et de tout contact avec lui, pour ne viser qu'à ce qui existe d'une véritable existence ?*
> — *C'est juste.*
> — *N'est-il point vrai qu'ici encore, l'âme du philosophe méprise surtout le corps, fuit loin de lui et cherche à être seule avec elle-même ?*

— Visiblement.

— Mais qu'est-ce encore que ceci, ô Simmias ? Dirons-nous de la justice qu'elle est elle-même quelque chose, ou qu'elle n'est rien ?

— Nous dirons, par Zeus, qu'elle est quelque chose.

— Ne le dirons-nous pas aussi et du Beau et du Bien ?

— Comment ne le dirions-nous pas ?

— Les as-tu pourtant jamais vus de tes yeux ?

— Jamais, répondit Simmias.

— Mais les as-tu atteints par quelque perception des autres sens du corps ? J'en dis autant de toutes les choses comme la grandeur, la santé, la force, et, en un mot, de l'essence de toutes les autres choses, de ce qu'elles sont véritablement chacune. Est-ce au moyen du corps que l'on peut arriver à contempler ce qu'en elles il y a de plus vrai, ou bien est-il certain que celui d'entre nous qui se mettra en état de réfléchir le plus exactement possible sur chacune des choses qu'il tente d'envisager approchera le plus près de tout ce qu'il veut connaître ?

— Incontestablement.

— Et qui donc serait à même de plus purement réfléchir, si ce n'est celui qui s'en irait vers chaque chose avec l'aide de sa seule pensée, sans se servir de ses yeux pour penser et sans appeler à l'appui du raisonnement aucune autre perception de ses sens, mais qui, usant de la seule pensée pure, s'efforcerait de poursuivre la pure et seule essence de chacune des choses véritables, se séparant ainsi le plus possible de ses oreilles et de ses yeux, et, pour le dire en un mot, du corps tout entier qui ne fait que troubler l'âme et lui interdire l'acquisition de la vérité et de la sagesse, toutes les fois qu'il entre en rapport avec elle ? Ne serait-ce pas un tel homme, ô Simmias, qui atteindrait, si quelqu'un peut l'atteindre, l'existence essentielle[167] *?*

Est-il possible de rencontrer cet homme idéal dont nous entretient le divin rhéteur ? Il existe chaque fois qu'un être poursuit victorieusement un effort de concentration intérieure.

Les voyants orientaux abondent. On ne trouve pas moins de mystiques chrétiens doués de pouvoirs supranormaux. Les uns et les autres obtinrent leur état par des pratiques d'ascétisme et des méditations prolongées.

Que les dogmes et les personnalités diffèrent, les résultats acquis n'en sont pas moins toujours identiques. Les lois du développement psychique sont rigoureuses. Un bouddhiste, un chrétien, un poète, tous partis de points opposés, se rencontrent tous devant la même Réalité.

Lorsque saint Jean de la Croix parle du mariage mystique, il se rapproche singulièrement des enseignements védiques sur la conception du Moi. L'opposition qu'exige le dogme catholique entre Dieu et sa créature n'est ici respectée que par un retour volontaire de l'esprit à des lois artificielles qu'il vient d'enfreindre :

L'âme arrive à être toute remplie des rayons de la divinité et toute transformée *en son créateur. Car Dieu lui communique* surnaturellement *son être, de telle sorte qu'elle semble être Dieu même, qu'elle a ce que Dieu a, et que tout ce qui est à chacun semble être une même chose par cette transformation. On pourrait même dire que par cette participation l'âme paraît être* plus Dieu qu'elle n'est âme, *quoiqu'il soit vrai qu'elle garde son être et que celui-ci reste distinct de l'être divin, comme le verre reste distinct du rayon qui l'éclaire et le pénètre*[168].

Cette âme qui paraît être plus Dieu qu'elle n'est âme, par quel brahmane est-elle chantée ? *Je est un autre*, écrit Rimbaud, et dans le Bhagavad-Gîta, nous avons entendu Krishna affirmer: *Je suis l'âme qui réside dans le corps de tous les êtres*[169].

III / L'élaboration d'une méthode

Les mystiques chrétiens qui firent l'expérience de l'extase se sont tous rencontrés pour affirmer leur sentiment d'union avec un principe universel[170] : — Les termes dont Marie de Valence[171] usait pour s'exprimer étaient ceux-ci : voir Dieu en Dieu, voir les créatures en Dieu, se voir soi-même en Dieu[172].

Enfin, voici à cet égard un passage significatif que j'extrais d'une lettre de Condren[173] : *... et toutefois, dans cette possession que cet esprit divin prend des hommes, qui sont membres de Jésus-Christ (et bien entendu en tant ou parce qu'ils sont membres de Jésus-Christ), ils demeurent si saintement et si purement en lui, qu'ils demeurent parfaitement dans le Père, dans le Verbe, et dans soi-même, sans en sortir aucunement, sans addition à ce qu'il est, sans distraction de ce qu'il est, parce qu'en s'appliquant aux hommes il les anéantit dans son application même, et ainsi, son application consomme l'application même, tant elle est sainte, et tant elle ne peut rien souffrir de créé ni rien endurer que sa propre pureté*[174]...

Les mystiques chrétiens, quels qu'ils soient, parvinrent à l'extase par un ascétisme et des pratiques d'oraison dont les détails rappellent fort les moyens employés par les Yogis pour obtenir l'Union[175]. La répétition des mots dans la prière, la fixation du regard sur le même objet dans l'adoration, produisent une sorte de transe où l'esprit se délivre de la conscience, avec d'autant plus de facilité que le corps est affaibli par l'ascétisme.

Les mystiques de tous les temps et de toutes les croyances emploient instinctivement, ou avec méthode, les mêmes moyens en vue de la même fin. Leurs révélations ont une portée générale et établissent une frappante unité entre les religions. Elles sont permises à certains êtres qui atteignent un état de réceptivité particulier soit par leurs pratiques, soit par leurs dispositions naturelles. Cet état leur permet d'accéder aux réalités que le commun des hommes ignore, et de parler en *inspirés*. Les anciens, frappés de la similitude qu'ils remarquaient entre l'inspiration des mystiques et celle des poètes, n'établirent point de différence entre elles, et employèrent les mêmes mots pour désigner les charmes des enchanteurs et les paroles de ceux que les Muses assistaient. C'est à cette juste assimilation que voulut revenir Rimbaud, après qu'il eut étudié les philosophies antiques et la poésie grecque. Dans les conversations qu'il daignait avoir avec des camarades parfaitement incapables de le comprendre, on l'entendait prononcer sur son art des phrases telles que celles-ci : *Je n'en suis encore qu'à entrevoir le but et les moyens. Des sensations nouvelles, des sentiments plus forts à communiquer par le verbe. Je perçois, j'éprouve, je ne formule pas comme je veux... Percevons, éprouvons davantage... Quand est venue la science d'un langage plus riche, la jeunesse est partie, les vibrantes sensibilités s'endorment... Les réveiller ! ... Des excitants ! Les parfums, les poisons aspirés par la sibylle*[176]! ...

Rimbaud poursuit avec une ardeur douloureuse les recherches qui doivent le mener à l'inconnu. Avant que d'agir sur le sujet à développer — son âme — il s'efforce de la découvrir : *La première étude de l'homme qui veut être poète est sa propre connaissance, entière ; il cherche son âme, il l'inspecte, il la tente, l'apprend. Dès qu'il la sait, il doit la cultiver*[177].

Il convient en effet d'étudier l'âme afin de n'en point confondre les facultés. L'intelligence n'est pas ce pouvoir que l'âme possède à l'état latent, et qui permettra bientôt à l'homme de découvrir le monde tel qu'il est. Les révélations de l'intelligence sont bien pauvres en comparaison de celles que Rimbaud espère atteindre par le développement de cette faculté sans nom que tout esprit possède, à un degré plus ou moins fort, et devant laquelle devra prochainement se retirer la conscience[178].

Il n'est pas inutile de signaler ici que les derniers travaux de psychologie expérimentale effectués dans cet ordre d'idées ont permis à un psychiatre contemporain d'écrire :

En outre de la modalité de la pensée dite consciente, de tous temps connue, en outre de la modalité dite subconsciente de la pensée, récemment décelée, l'être humain possède une « modalité transcendantale » dont les moyens d'information, les procédés de connaissance, l'extension du savoir sont à explorer, mais qui, par l'intermédiaire des sujets métagnomes qu'elle inspire, manifeste qu'elle sait la direction générale de la vie individuelle et qu'elle est capable d'en préconnaître l'évolution circonstanciée.
Exceptionnellement et accidentellement, les connaissances passent de la modalité transcendantale de la pensée dans les modalités subconscientes (rêves, états hystériques, etc.) et conscientes, déterminant un de ces phénomènes fortuits de connaissance supranormale de soi (pressentiment confus ou précis, informations inopinées d'un événement de forte répercussion sur la vie, etc.) dont beaucoup ont été recueillis et authentifiés par témoignages[179].

Lorsque le Poète a la conviction que l'âme humaine possède un pouvoir de connaissance capable de le mener à la réalité des choses, il ne lui reste plus qu'à étudier une technique de développement qui puisse s'appliquer à cette faculté. Abolir ses sens physiques au profit de sens plus subtils sera désormais son but[180].

Rimbaud, dans cette recherche, distingue implicitement l'ascétisme de la méditation comme l'ont fait tous les mystiques : *Le Poète se fait voyant par un long, immense et raisonné dérèglement de tous les sens*, écrit-il d'abord. Puis il continue : *Toutes les formes d'amour, de souffrance, de folie ; il cherche lui-même, il épuise en lui tous les poisons, pour n'en garder que les quintessences*[181]. Dans ce grandiose effort de détachement, le Poète devient véritablement l'assassin de ce qu'on nomme ici-bas le Réel : *Ineffable torture où il a besoin de toute la foi, de toute la force surhumaine, où il devient entre tous le grand malade, le grand criminel, le grand maudit, — et le suprême Savant ! — Car il arrive à l'inconnu*[182] !

Ses méditations solitaires dans les forêts ardennaises, ses marches terribles sur les routes de Charleville à Paris, la faim, la soif, travaillèrent son corps, et dégagèrent son esprit. À ce propos, son beau-frère a rapporté d'émouvants détails sur la vie du poète à Paris : *L'existence menée par le jeune homme... fut en général celle effroyable de ces pauvres trop fiers pour demander secours, trop honnêtes pour commettre un quelconque larcin. Aussi quoiqu'il crût avec une rapidité insolite et que cet état physiologique nécessitât une surabondance d'alimentation, passa-t-il souvent des jours entiers, et même plusieurs jours de suite sans manger. S'il dînait c'était la plupart du temps de croûtes ramassées dans la rue ou de détritus des marchés*[183].

La vie se chargeait donc de renforcer l'ascétisme que Rimbaud désirait pratiquer. Le jeûne prolongé est l'une des règles de toute ascèse. Il semble qu'il accorde à l'esprit une liberté singulière : l'activité psychique est multipliée, et la conscience enregistre avec stupeur des révélations qui lui paraissent d'origine purement objective[184].

Au jeûne volontaire ou forcé que connut Rimbaud, on peut ajouter la chasteté quasi totale pendant la plus grande partie de son adolescence[185], et les veilles prolongées. À l'égard de ces dernières, la lettre fameuse à Delahaye est significative : *Maintenant c'est la nuit que je travaince. De minuit à cinq [heures] du matin. Le mois passé, ma chambre rue Monsieur-le-Prince, donnait sur un jardin du lycée Saint-Louis. Il y avait des arbres énormes sous ma fenêtre étroite. À trois heures du matin, la bougie pâlit : tous les oiseaux crient à la fois dans les arbres : c'est fini. Plus de travail. Il me fallait regarder les arbres, le ciel, saisis par cette heure indicible, première du matin. Je voyais les dortoirs du lycée, absolument sourds. Et déjà le bruit saccadé, sonore, délicieux des tombereaux sur les boulevards. — Je fumais ma pipe-marteau, en crachant sur les tuiles, car c'était une mansarde, ma chambre. À cinq heures, je descendais à l'achat de quelque pain ; c'est l'heure. Les ouvriers sont en marche partout*[186].

Enfin, la plupart des biographes avancent que Rimbaud usa quelque temps d'alcool, de hachisch et d'opium. Toutefois ces détails romantiques me paraissent peu sûrs. De toute manière, il est certain que s'il eut la curiosité de ces moyens faciles, Rimbaud reconnut vite qu'ils ne résolvaient rien. *La Comédie de la soif* vient l'attester suffisamment[187].

La fin que poursuivait le poète à travers ce douloureux apprentissage de l'extase était d'arriver à la connaissance pure, dégagée de toute contingence résultant du corps et de la conscience[188]. Cette ambition se confond avec celle des philosophes qui cherchent à retrouver les Idées au-dessus[189] de leurs dérivés, et à isoler en quelque sorte les phénomènes types sur qui se sont greffées des variations particulières. Cette contemplation de l'Absolu à travers la multiplicité du Réel n'est pas autre chose que la *révélation poétique*. La Poésie est donc la forme la plus pure et la plus directe de toute connaissance. Elle seule doit faire progresser l'humanité dans la délivrance qu'elle recherche à travers des modes dérisoires d'activité. Écoutons Rimbaud : *Le poète définirait la quantité d'inconnu s'éveillant en son temps dans l'âme universelle : il donnerait plus — que la formule de sa pensée, que la notation*[190] *de sa marche au Progrès ! Énormité devenant norme, absorbée par tous, il serait vraiment un multiplicateur de progrès!* Et encore : *L'art éternel aurait ses fonctions, comme les poètes sont citoyens. La Poésie ne rythmera plus l'action ; elle sera en avant*[191].

Après s'être ainsi défini sa tâche, il jette un coup d'œil rapide sur l'état de la Poésie contemporaine ; à ce moment règnent en maîtres les poètes romantiques. Il constate, avec eux, un certain progrès, qui d'ailleurs est le seul fruit de l'évolution lente que l'humanité subit malgré elle. Nulle conscience de cette évolution n'existe chez Lamartine ou Hugo. Sans doute les mouvements de leurs âmes leur importent-ils seuls, mais ils n'en tirent aucune méthode. S'ils sont *voyants*, c'est *sans trop bien s'en rendre compte*. Et lorsqu'ils s'engagent dans la bonne voie, cette attitude est due bien plus au hasard qu'à leur désir : *la culture de leurs âmes s'est commencée aux accidents : locomotives abandonnées, mais brûlantes, que prennent quelque temps les rails*[192].

La violence avec laquelle Rimbaud dénonce ensuite Alfred de Musset peut surprendre, en ce sens que l'auteur des *Nuits* ne semble guère mériter l'honneur de si belles injures. Mais c'est que Rimbaud voit en lui le représentant parfait d'un certain état d'esprit qui caractérise nettement le génie français : absence de toute préoccupation métaphysique, plaisanteries niaises en guise de réponses aux problèmes les plus tragiques et, en particulier, à ceux que pose l'Amour, haine farouche de la Poésie, ceci au nom du bon sens et de la mesure (la mesure de quoi ?), enfin goût immodéré des pantalonnades et de la musique militaire[193].

Cette haine de la France n'a d'égale dans le cœur de Rimbaud que la fureur qu'il ressent contre l'Église catholique romaine. La première parce qu'elle représente le plus purement la civilisation occidentale, et la seconde en tant que responsable de cette civilisation.

Je souhaite très fort que l'Ardenne soit occupée et pressurée de plus en plus immodérément, écrit-il en juin 1872[194], au plus fort de l'occupation allemande.

Son mépris pour l'Allemagne est d'ailleurs égal à celui qu'il ressent pour son propre pays. L'idée de nation lui est insupportable et la guerre lui paraît une bouffonnerie sans humour : *J'ai raconté,* écrit Delahaye, *qu'ayant assisté à une revue de l'armée prussienne, il répliquait à une observation de moi sur la belle organisation de celle-ci par une sortie violente contre la gloire militaire, contre tous les orgueils nationaux, et il allait jusqu'à cette théorie que l'on trouvera certes bien étrange*[195] : *L'infériorité des Allemands, c'est qu'ils ont la victoire… Oui ! à cause de cela et par rapport à nous vaincus, ce sont des arriérés, des distancés, positivement des inférieurs*[196].

Le mépris de Rimbaud pour l'auteur du *Rhin allemand* se comprend maintenant tout à fait. Nationalisme et badinage sont les termes qui s'appliquent le mieux à l'œuvre de Musset où *tout est français, c'est-à-dire haïssable au suprême degré*[197].

Les XVIIe et XVIIIe siècles furent véritablement éblouis par l'harmonie des œuvres grecques, sans en saisir les bases déterminantes. Prendre le mot raison comme synonyme de *bon sens* fit que l'on éleva une certaine médiocrité d'esprit à la hauteur d'un dogme. L'épanouissement du hideux génie français n'a pas d'autre cause. Si certains esprits furent grands, ce n'est qu'autant qu'ils secouèrent un joug auquel ils pensaient se plier. Les premiers romantiques firent effort pour se dégager de ces conventions et retrouver leur âme, mais il faut attendre la génération qui les suit pour trouver les quelques fruits de ce labeur. La plupart des esprits qui la composent se tournent sans doute vers la Grèce antique, mais n'arrivent guère à y découvrir autre chose qu'une certaine perfection plastique [198]. *Et inspecter l'invisible et entendre l'inouï étant autre chose que reprendre l'esprit des choses mortes, Baudelaire est le premier voyant, roi des poètes,* un vrai Dieu [199].

Lorsque Rimbaud nomme ainsi Baudelaire [200], il ne s'agit pas simplement d'une exclamation arrachée à son enthousiasme : il le voit véritablement Dieu à la façon dont les Orientaux considèrent tout homme entré dans la plénitude du *grand songe* [201]. Pour tenter de le rejoindre, il convient de renouer la grande tradition métaphysique souvent oubliée, mais jamais rompue, dont nos générations *prises de visions* sentent sourdement la violence et la grandeur. La conviction que l'âme humaine est capable de se percevoir Dieu plus qu'elle n'est âme, après l'effort qu'exige cet épanouissement, conduit Rimbaud à des ambitions que nous pouvons dès maintenant entrevoir.

La carrière prophétique

IV

Dans une magnifique demeure cernée par l'Orient entier,
j'ai accompli mon immense œuvre.

RIMBAUD

L'adolescence n'est si douloureuse que par la recherche d'un devoir dont la réalité s'impose sans qu'il soit possible de le définir. Cette poursuite se confond avec celle de la personnalité. Or, se trouver, c'est prendre conscience d'une tendance si violente qu'elle prédomine nettement sur les autres, et tend à les déterminer. Il y a réellement une sorte d'appel, de vocation dont sonne l'avertissement à un moment dramatique de la vie. Le jeune homme qui l'écoute avec ferveur comprend qu'une tâche lui échoit. Et à moins qu'il ne cède à la contrainte ou à la peur, il conjuguera toutes ses forces pour exagérer encore ce mouvement qui l'emporte.

De ce besoin d'une victoire implacable naît l'attitude violente et sans concession qu'on a coutume de reprocher à la jeunesse. Pour sentir le respect qu'on lui doit, il suffit pourtant d'imaginer sur quels remous elle a dû conquérir son orgueil tranquille.

Cet orgueil, et la rigueur dans l'ambition qui habite la moyenne des esprits au moment de leur développement, quelle ampleur ne devons-nous pas lui concéder lorsqu'il s'agit d'un enfant tel qu'Arthur Rimbaud ? Ici, tout est multiplié par le génie, et ce génie même comporte quelque chose de monstrueux. On évite inconsciemment de se rappeler, au cours des réflexions que suscite son œuvre, l'âge auquel il l'a conçue, tant ce fait procure à l'esprit le sentiment presque d'horreur dont les anciens rapportent qu'ils se sentaient saisis à l'approche des dieux.

Naturellement doué de prémonitions, et traversant les rêves les plus étranges, Rimbaud, à l'âge de seize ans, découvre la portée de ces phénomènes et la tradition qui les explique. Brusquement et farouchement, il décide alors d'exalter en lui des forces qu'il sait capables de bouleverser la vie.

Les gens de bon sens peuvent qualifier de folle l'ambition qui le saisit : fils de l'Orient par l'esprit, cet enfant pris de vision décide d'être véritablement le nouveau prophète qui se lèvera sur notre race, pour tenter encore une fois de lui expliquer l'unité du Monde et le sens de l'Amour.

Avant d'avoir la possibilité d'accomplir la tâche qu'il s'assigne, il lui est essentiel de se livrer à l'entraînement qu'exige le développement de ses facultés supranormales. À sa mère qui s'émeut de le voir renoncer à une vie qu'elle juge souhaitable, Rimbaud ne répond que les mots : Il le faut...

Les *Fêtes de la Faim*, la *Comédie de la soif* correspondent à cette période. L'ascétisme du Voyant est ironiquement fixé dans ces poèmes d'un humour féroce :

Si j'ai du goût, *ce n'est guères*
Que pour la terre et les pierres.
Dinn ! dinn ! dinn ! dinn ! Je pais l'air,
Le roc, les Terres, le fer[202].

Il ne se permet d'autre orgie que celle des sons et des couleurs dont il regarde virer la valse mélancolique :

Tournez, les faims, paissez faims,
  Le pré des sons !
Puis l'aimable et vibrant venin
  Des liserons[203].

La Comédie de la soif se poursuit avec plus de complication : ne pas manger, passe encore, mais ne pas boire... Les parents, les amis du poète vont intervenir pour le détourner d'un geste aussi peu conforme à la tradition gauloise :

Nous sommes tes Grands-parents,
  Les Grands !
Couverts des froides sueurs
De la lune et des verdures.
Nos vins secs avaient du cœur !
Au soleil sans imposture
Que faut-il à l'homme ? boire.

déclarent vertement les ancêtres. Mais le poète ne prend pas la peine de contredire des gens si peu compréhensifs, et lorsque de bonne foi ils s'écrient : *Que faut-il à l'homme ?* Rimbaud pour lui-même murmure des mots symboliques : *Mourir aux fleuves barbares.* Mais ceux-ci ne se découragent point encore. Et puisque ni le vin, ni le lait, ni le cidre ne suffisent à ce fils irréductible, ils vont vanter les charmes de boissons plus recherchées :

Nous sommes tes Grands-Parents ;
  Tiens, prends
Les liqueurs dans nos armoires
Le Thé, le Café, si rares

Frémissent dans les bouilloires.
— Vois les images, les fleurs.
Nous rentrons du cimetière.

Mais impénitent et tenace, le poète affecte décidément de parler d'autre chose : *Ah ! tarir toutes les urnes !* rêve-t-il. Déjà il avait émis dans sa lettre à Izambard le vœu d'épuiser toutes les formes d'amour, de souffrance, de folie[204].

Les Grands-Parents congédiés, Rimbaud va-t-il pouvoir commencer en paix ses tentatives ? Non. L'esprit du poète ne semble pas avoir compris à quel dépouillement son maître a décidé de parvenir. Il parle de pureté quand on lui ordonne le renoncement :

L'ESPRIT

Éternelles Ondines
    Divisez l'eau fine.
Vénus, sœur de l'azur,
    Émeus le flot pur.

Juifs errants de Norwège
    Dites-moi la neige.
Anciens exilés chers,
    Dites-moi la mer.

Mais Rimbaud se moque de ce naïf *chansonnier* et n'hésite pas à briser la suite de ces invocations :

Non, plus ces boissons pures,
Ces fleurs d'eau pour verres ;

Légendes ni figures
  Ne me désaltèrent ;

et plus directement il l'interpelle, et lui apprend que la soif comporte une valeur en elle-même, et non point par l'objet, si pur soit-il, auquel tend son ardeur :

Chansonnier, ta filleule
  C'est ma soif si folle
Hydre intime sans gueules
  Qui mine et désole.

C'est alors qu'arrive des quatre coins de l'horizon la foule joyeuse des amis ; le poète sent des mains saisir les siennes, tandis que chantent des voix connues :

Viens, les vins vont aux plages,
Et les flots par millions !
Vois le Bitter sauvage
Rouler du haut des monts !

Gagnons, pèlerins sages,
L'absinthe aux verts piliers...

Les amis ne réussissent pas mieux que les ancêtres. Le poète reste grave, il résiste et refuse :

— Plus ces paysages.
Qu'est l'ivresse, Amis ?

Le souvenir des anciennes débauches lui remonte à l'esprit et, plein de dégoûts, il n'hésite pas à déclarer :

> *J'aime autant, mieux, même,*
> *Pourrir dans l'étang,*
> *Sous l'affreuse crème,*
> *Près des bois flottants.*

Mais dès qu'il a vaincu les tentations que lui suscitent les autres êtres, le poète trouve en lui des obstacles à dépasser. Il y a là une sorte d'alternance tragique entre les combats à livrer autour de soi et ceux qui naissent dans la conscience. Ce rythme se retrouve généralement marqué d'une façon nette chez tous les mystiques. Ici, le pauvre songe et se laisse aller à l'espoir d'une récompense métaphysique. Cette idée reste naturellement voilée sous la fiction d'un pays idéal où toute soif reçoit son contentement :

> *Peut-être un Soir m'attend*
> *Où je boirai tranquille*
> *En quelque vieille Ville,*
> *Et mourrai plus content :*
> *Puisque je suis patient !*
>
> *Si mon mal se résigne,*
> *Si j'ai jamais quelque or,*
> *Choisirai-je le Nord*
> *Ou le Pays des Vignes*[205]*? ...*

Mais la notion de récompense se confond avec celle de désir. Elle est donc parfaitement en désaccord avec la tentative de *désintérêt* que poursuit le Voyant, et ne peut que faire régresser l'esprit vers les plans sensibles. Il s'en aperçoit vite :

> *— Ah! songer est indigne*
> *Puisque c'est pure perte !*

> *Et si je redeviens*
> *Le voyageur ancien,*
> *Jamais l'auberge verte*
> *Ne peut bien m'être ouverte.*

Dans la conclusion, le poète placé devant la nature sourit de voir tous les êtres poursuivre leurs multiples désirs. Mais lui n'a qu'un but : plutôt que de se laisser aller à la division de son amour, il veut se fondre dans la réalité unique, se disperser dans les couleurs et les lumières émanées du soleil, manifestation directe de l'énergie universelle :

> *Les pigeons qui tremblent dans la prairie,*
> *Le gibier, qui court et qui voit la nuit,*
> *Les bêtes des eaux, la bête asservie,*
> *Les derniers papillons ! ... ont soif aussi.*
>
> *Mais fondre où fond ce nuage sans guide,*
> *— Oh ! favorisé de ce qui est frais !*
> *Expirer en ces violettes humides*
> *Dont les aurores chargent ces forêts ?*

Si Rimbaud est une immense figure vers qui se tourne notre génération avec des sentiments presque de piété, si le fait, pour cet enfant, d'entrevoir à ses dons une responsabilité assez grandiose pour se croire chargé d'amener avec lui le règne de l'amour, demande notre abaissement total devant sa grandeur, devinons les inquiétudes et l'incompréhension que son entourage dut manifester devant une attitude aussi peu à sa portée. Dans la pièce *Âge d'or*, Rimbaud a fixé lui-même avec une ironie légère et teintée d'émotion les échos de ces tourments. Le poète est là au milieu de ses sœurs. Sa mère a renoncé à le raisonner. La folie de son fils, après l'avoir scandalisée, l'épouvante. Mais, profitant de son absence, une des jeunes filles prend la parole :

Quelqu'une des voix
Toujours angélique
— Il s'agit de moi, —
Vertement s'explique :

Ces mille questions
Qui se ramifient
N'amènent au fond
Qu'ivresse et folie.

Et en lui-même le poète, avec une amertume sans méchanceté :

TERQUE QUATERQUE
{
Reconnais ce tour
Si gai, si facile
Ce n'est qu'onde, flore,
Et c'est ta famille ! ... etc.
}

Cependant, une autre voix s'élève :

Et chante à l'instant
En sœur des haleines :
D'un ton Allemand,
Mais ardente et pleine :

Le monde est vicieux ;
Si cela t'étonne !
Vis et laisse au feu
L'obscure infortune.

Après qu'elles ont ainsi exhorté le poète à ne se point soucier du sort de l'humanité, les « voix » toutes ensemble chantent leur surprise d'une âme si pure, et se demandent à quel âge d'or peut appartenir ce *joli château* (car il est bien curieux de noter que Rimbaud emploie ici l'expression de sainte Thérèse).

PLURIES
> *Ô ! Joli château !*
> *Que ta vie est claire !*
> *De quel Âge es-tu,*
> *Nature princière*
> *De notre grand frère ! etc.*

Et le poète, touché de cette admiration si spontanée et si fraîche à défaut d'être profondément compréhensive, leur murmure avec une tendresse voilée :

INDESINENTER
> *Je chante aussi, moi :*
> *Multiples soeurs ! voix*
> *Pas du tout publiques !*
> *Environnez-moi*
> *De gloire pudique... etc*[206]*...*

Toutes ces mélodies flottent autour d'un motif central d'où la fantaisie est exclue. Il convient de s'en approcher et d'en comprendre les mille complexités. Rimbaud entreprend de dévoiler que l'âme du monde est cette énergie qui pousse à l'union tout ce qui existe, depuis les atomes jusqu'aux esprits. Cette force est en elle-même l'Amour pur, et ne peut être atteinte qu'autant qu'on cesse de s'identifier aux objets qu'elle anime. C'est subjectivement qu'on peut la gagner puisqu'elle rayonne en nous : *Je suis un inventeur bien autrement méritant que tous ceux qui m'ont précédé,* s'écrie-t-il, *un musicien même, qui ai trouvé quelque chose comme la clef de l'amour*[207]. Avant que de se juger suffisamment fort pour plonger dans les plans supérieurs et en rapporter au monde la révélation, quelles luttes et quelles reprises ne connut-il pas ? La poursuite des réalités pures demande une abnégation et un amour que seuls peuvent concevoir ceux qui les possèdent. Sans doute Rimbaud fixa-t-il tous ces détours dans les poèmes de la *Chasse spirituelle* que Verlaine laissa perdre [208]... Les *Illuminations* mêmes portent les traces de cette tension intérieure. La force qui le poussait à se lever en prophète pour prêcher la communion dans l'amour lui apparaissait à certaines heures de doute comme un vampire terrible attaché à son cœur : *Se peut-il qu'Elle me fasse pardonner les ambitions continuellement écrasées, — qu'une fin aisée répare les âges d'indigence, — qu'un jour de succès nous endorme sur la honte de notre inhabileté fatale*[209]? Et malgré cette interrogation angoissée, il sent en lui cette formidable foi dans sa tâche et dans ses pouvoirs : *Ô palmes ! diamant ! — Amour, force ! — plus haut que toutes joies et gloires ! — de toutes façons, partout, — Démon, dieu, — Jeunesse de cet être-ci : moi*[210]!

Pourtant l'humanité va-t-elle enfin comprendre la signification des progrès qu'elle accomplit, ou bien continuera-t-elle à évoluer lentement sans jamais prendre conscience de la fin qui lui est destinée ? Se peut-il *que des accidents de féerie scientifique et des mouvements de fraternité sociale soient chéris comme restitution progressive de la franchise première*[211]? ... Mais assez de ces hésitations... C'est avec lenteur que doivent s'ouvrir les yeux des ignorants. Rimbaud *fait patience*[212] et se résigne à l'incompréhension temporaire qu'il pressent ; le mouvement de révolte ébauché contre sa Muse prophétique s'achève en phrases d'acceptation.

IV / La carrière prophétique

Les quatre pièces de *Jeunesse* se rattachent encore au moment de préparation où le poète s'étudie. Elles présentent chacune un aspect de son labeur. Dans la première[213], la vie existe avec sa multiplicité d'actes et de douleurs, et le poète, plein d'une curiosité passionnée, y distingue le travail d'évolution qui la possède : *Reprenons l'étude au bruit de l'œuvre dévorante qui se rassemble et remonte dans les masses*, achève-t-il.

Dans le *Sonnet* qui suit, il nous présente la rigueur du problème posé à son enfance : choisir l'amour sous sa forme la plus facile et risquer d'y abaisser son âme, ou se déterminer au contraire pour la force de Psyché, c'est-à-dire pour la vraie forme de l'amour qui doit enrichir l'âme de tous les abandons qu'elle impose ?... Homme *de constitution ordinaire*, commence-t-il, et par là, il veut signifier que le développement des facultés supranormales est une possibilité donnée à tout homme, et non point à tel esprit miraculeusement doué[214]. Il continue ainsi : *la chair n'était-elle pas un fruit pendu dans le verger, — ô journées enfantes ! le corps un trésor à prodiguer ; — ô aimer, le péril ou la force de Psyché ?* Voici le problème posé. L'amour physique ou le détachement du sensible ? Et sous une autre forme : *le monde, votre fortune et votre péril*. Se ranger dans une certaine élite dont la terre fut toujours fertile, ou accepter les deuils et les crimes que suscite l'instinct de perpétuité ? Mais Rimbaud a opté, et le souci d'un choix n'existe plus pour lui. Les calculs de son esprit et les impatiences de son corps sont accordés par une raison (prise dans le sens de rapport établi entre deux quantités). Cet harmonieux équilibre, dont l'humanité fraternelle ne peut saisir le point de départ, se manifeste par la danse et la voix du poète *à présent seulement appréciées*.

Maintenant qu'il a dans la troisième pièce rappelé de façon exquise l'*ingénuité physique amèrement rassise*[215] de l'adolescence, il précise en une dizaine de lignes, qui constituent le dernier poème[216] de cette suite, le point où il est parvenu et le travail qu'il va entreprendre. Il fait d'abord allusion à l'effort de développement psychique qu'il accomplit à travers mille épreuves : *Enfant, certains ciels ont affiné mon optique : tous les caractères nuancèrent ma physionomie*[217]. Et le Voyant ayant acquis le pouvoir de dominer les lois naturelles, *les Phénomènes s'émurent*. Puis une description ironique de l'accueil fait au poète tout possédé par les Nombres, et par l'éternité que son esprit dégage des moments[218]. Il termine par la conclusion que logiquement il peut prévoir à son attitude : sa tâche est de rendre à l'humanité sa pureté primitive malgré tous les obstacles qu'il devra surmonter : *Je songe à une Guerre, de droit ou de force, de logique bien imprévue,* dit-il. Et pour exprimer quel enchaînement rigoureux il perçoit aux courbes de sa pensée, il écrit : *C'est aussi simple qu'une phrase musicale.* Il est d'ailleurs permis de voir dans cette dernière image, où le poète établit une analogie entre les nombres et les idées, un souvenir de la philosophie pythagoricienne.

Ces luttes et ces victoires, la science qu'il acquit au cours de ses lectures, et le développement psychique[219] qu'il trouva dans l'exercice de l'ascèse aboutirent à ce résultat qu'il se tint véritablement arrivé au terme de son effort métaphysique, et prêt à évangéliser le monde.

C'est sous les traits d'un envoyé surnaturel qu'il se présente dans *Génie*. On reconnaît dans le portrait qu'il nous donne, les traits propres aux conducteurs de peuples et aux prophètes de tous les temps : *Il est l'affection et le présent puisqu'il a fait la maison ouverte à l'hiver écumeux et à la rumeur de l'été, lui qui a purifié les boissons et les aliments*[220]... Bien mieux, c'est en véritable Dieu qu'il se dépeint. Et ce qui nous semble un monstrueux orgueil n'était à ce moment pour Rimbaud qu'une conséquence logique de son système : si *Je est un autre*, il suffit de remonter à son essence pour s'identifier à Dieu. Et Dieu rassemble en lui tous les contraires : *Il est l'affection et l'avenir,* et surtout *Il est l'amour, mesure parfaite et réinventée, raison merveilleuse et imprévue, et l'éternité : machine aimée des qualités fatales.*

Si le Voyant, uni à Dieu par son effort spirituel, accepte de se manifester sur les plans sensibles, c'est par amour pour l'humanité qu'il veut instruire, lui qui nous aime pour sa vie infinie.

Et ce sacrifice suffit à *la rédemption des colères de femmes et des gaîtés des hommes et de tout ce péché.* Les qualités divines sont ses attributs. Il représente la perfection et ce sentiment de l'achevé qui travaille le cœur de l'homme sans qu'il puisse le réaliser dans cette vie. Il est l'unité qui contient toutes les formes : *ô ses souffles, ses têtes, ses courses ; la terrible célérité de la perfection des formes et de l'action.* Il est la force créatrice et chacun de ses gestes engendre des réalités nouvelles : *Son pas ! les migrations plus énormes que les anciennes invasions.* Son amour est la force qui habite la matière et l'esprit, le mouvement de l'Âme universelle : *il nous a connus tous et nous a tous aimés. Sachons, cette nuit d'hiver, de cap en cap, du pôle tumultueux au château, de la foule à la plage, de regards en regards, forces et sentiments las, le héler et le voir, et le renvoyer, et sous les marées et au haut des déserts de neige, suivre ses vues, ses souffles, son corps, son jour.*

Raison merveilleuse et imprévue, s'est-il nommé, et c'est à *Une raison* qu'il dédie l'un des poèmes suivants. Il faut conserver à ce mot, je l'ai déjà dit, la signification platonicienne que lui donne Rimbaud : la raison est constituée par certaines idées que tout homme possède sans avoir jamais pu les acquérir par l'expérience sensible : telle l'idée de l'infini ou celle de la perfection. L'âme humaine peut être qualifiée de *Raison* lorsqu'elle ne participe plus qu'à ces idées pures. Or celles-ci sont des aspects du Logos (ou Dieu manifesté par la parole) et se confondent avec leur source[221].

L'âme ou Raison, fondue en son créateur, arrive à disposer des Idées qui ne sont plus que les faces de sa puissance :

Un coup de ton doigt sur le tambour décharge tous les sons et commence la nouvelle harmonie.
Un pas de toi, c'est la levée des nouveaux hommes et leur en marche.

Phrase qui est à rapprocher de celle citée plus haut dans *Génie* : *Son pas ! les migrations plus énormes que les anciennes invasions*. Enfin, pour exprimer qu'au moindre geste de la divinité correspond une variation dans les effets qu'elle engendre :

Ta tête se détourne : le nouvel amour !
Ta tête se retourne, — le nouvel amour !

Le poème se termine par la prière que l'humanité adresse à l'envoyé mystique, et la dernière phrase exprime la perpétuité du temps et la totalité de l'espace qu'embrasse l'âme du Voyant devenue Raison, au terme de sa marche ascendante, au moment qu'elle fusionne avec l'Âme du monde.

« *Change nos lots, crible les fléaux, à commencer par le temps* », *te chantent ces enfants.* « *Élève n'importe où la substance de nos fortunes et de nos vœux* » *on t'en prie.*
Arrivée de toujours, qui t'en iras partout.

IV / La carrière prophétique

Le Voyant, parvenu au terme de son effort, atteint le Bonheur dans la conscience qu'il prend de l'unité du monde. Mais plutôt que de goûter égoïstement sa joie, il va prêcher ses frères et leur inculquer sa science. Et d'abord, il les conjure de ne le point considérer lui-même comme un être exceptionnellement parfait. Son état présent vient seulement de l'étude qu'il a faite d'un bonheur que personne ne peut d'ailleurs éviter puisqu'il est la fin de tout labeur :

> *Ô saisons, ô châteaux*
> *Quelle âme est sans défauts*[222]*?*

commence-t-il. Par saisons, il entend les vies terrestres, et par châteaux les âmes. (Nous avions déjà remarqué cette dernière image dans *Âge d'Or*[223].)

> *Ô saisons, Ô châteaux,*
> *J'ai fait la magique étude*
> *Du Bonheur, que nul n'élude.*
> *Ô vive lui, chaque fois*
> *Que chante son coq gaulois.*

Il convient ici de se souvenir que le coq était tenu pour sacré dans l'antiquité, et que la liturgie catholique a fait, de son chant, le symbole de l'éternel espoir : *Gallo canente spes redit*[224].

Les derniers vers de la pièce font allusion aux difficultés qu'éprouve le poète à se faire désormais entendre[225]. Il a pourtant la volonté de hâter l'évolution des hommes par ses enseignements.

Le sentiment d'une communion avec l'humanité est si violent chez Rimbaud qu'il lui arrive de parler à la fois dans le même poème en commençant certaines phrases par *Je* et d'autres par *nous*, sans que varie l'enchaînement de son discours. Il est à la fois un et plusieurs, celui qui parle et celui de qui on s'entretient. À cet égard, rien de plus frappant que *Matinée d'ivresse*. Les premiers mots ne se comprennent que si l'on évite de perdre de vue le plan sur lequel fonctionne le Voyant : celui des Idées. Ici, plus de choses belles ou bonnes, mais le Bien et le Beau. C'est subjectivement qu'il réalise leur immanence. On ne peut, en effet, parvenir à ce plan sans perdre la croyance en une quelconque opposition entre soi-même et les réalités qu'on observe. Tout ce qui existe est un attribut du soi, et rien ne peut exister en dehors de lui : *Ô mon Bien ! Ô mon Beau ! Fanfare atroce où je ne trébuche point ! Chevalet féerique ! Hourra pour l'œuvre inouïe et pour le corps merveilleux, pour la première fois*[226] !

Et pour exprimer que l'œuvre du Voyant est à ses débuts accueillie par la risée des non-initiés, mais pour s'achever plus tard dans l'apothéose du bonheur universel, au moment qu'ils seront rendus à sa simplicité clairvoyante : *Cela commença sous les rires des enfants, cela finira par eux*. D'abord enfants par incompréhension, les hommes deviendront enfants par la pureté qu'ils auront recouvrée. Avec cette phrase change l'exposition du discours. La parole passe aux auditeurs du Voyant : quand il nous aura quittés, disent-ils, et que l'harmonie de ses enseignements ne nous exaltera plus, le souvenir de ses paroles empruntera suffisamment de leur puissance pour nous régénérer : *Ce poison va rester dans toutes nos veines même quand, la fanfare tournant, nous serons rendus à l'ancienne inharmonie*. Et eux, bien qu'ils aient conscience de mériter les maux qu'ils souffrent, se prennent à espérer dans la parole du nouveau prophète qui leur a promis d'abolir la distinction du bien et du mal, et de faire communier les esprits dans l'Amour. Cette

IV / La carrière prophétique

communion des Bons et des Méchants est une idée chère à Rimbaud. Nous la retrouverons plus tard. Ce que le poète nomme les *honnêtetés tyranniques* sont celles que pratiquent certains esprits qui se pensent dans la voie du salut et tendent à exclure de la rédemption une partie de l'humanité. Ces deux idées sont en opposition violente et directe avec le dogme catholique : *Ô maintenant nous si digne de ces tortures ! rassemblons fervemment cette promesse surhumaine faite à notre corps et à notre âme créés : cette promesse, cette démence ! L'élégance, la science, la violence ! On nous a promis d'enterrer dans l'ombre l'arbre du bien et du mal, de déporter les honnêtetés tyranniques, afin que nous amenions notre très pur amour*[227]. Le début de la phrase suivante : *Cela commença par quelques dégoûts* est à rapprocher de celle-ci que j'emprunte à la Saison : *Puis il faut que j'en aide d'autres : c'est mon devoir. Quoique ce ne soit guère ragoûtant... chère âme*[228]... Il n'y a pas seulement ici de l'ironie dans la forme que Rimbaud donne à sa pensée. On y peut voir une sorte de confession sur les sentiments du poète au début de sa tâche. Sans doute eut-il à soutenir une lutte entre sa volonté de dévouement et la tentation d'un isolement orgueilleux[229]. Le reste de la période ne se saisit que si l'on sait qu'en occultisme l'évaporation d'un parfum symbolise le dégagement de l'âme hors du corps. J'emprunte à Oswald Wirth ces quelques lignes en marge de [230] *l'Apocalypse Hermétique*[231] : *(Le livre) met en scène un aveugle en qui s'éveille le désir d'obtenir le sens de la vue. Il souffre au milieu des ténèbres, si bien qu'il pleure et prie. Alors il perçoit une odeur suave, tandis qu'il est ravi du sol où il reposait. Il y a donc dégagement psychique ou sortie en corps astral, comme disent les occultistes.* Rimbaud, par conséquent, voulut signifier que les esprits ne pouvant s'assimiler d'un coup ses révélations doivent abandonner leur corps avant d'avoir eu le moyen de parvenir en une vie à la perfection qu'il leur faisait entrevoir[232] :

... et cela finit — ne pouvant nous saisir sur-le-champ de cette éternité — cela finit par une débandade de parfums.

La *veille d'ivresse* dont il va maintenant parler est la période où le poète cherchait une méthode, après s'être révolté contre la vie occidentale et son organisation. Le mystère des êtres et des choses, qui l'empêcha de s'arrêter à leurs premiers aspects, lui apparaît sacré, pour l'orientation qu'il en reçut. Il nomme rustrerie son mouvement de révolte par opposition à la pureté de son attitude finale : *Rire des enfants, discrétion des esclaves, austérité des vierges, horreur des figures et des objets d'ici, sacrés soyez-vous par le souvenir de cette veille. Cela commençait par toute la rustrerie, voici que cela finit par des anges de flammes et de glace*[233].

L'Humanité s'exprime à son tour et parle comme unie au poète, sans qu'il existe entre eux de dualité. Elle exalte la méthode que les temps les plus reculés connurent, et se déclare prête aux renoncements qu'elle y trouve enseignés. Les hommes doivent s'ériger en assassins du sensible pour parvenir aux réalités absolues[234] : *Petite veille d'ivresse, sainte ! quand ce ne serait que pour le masque dont tu nous as gratifié. Nous t'affirmons, méthode ! Nous n'oublions pas que tu as glorifié hier chacun de nos âges. Nous avons foi au poison. Nous savons donner notre vie tout entière tous les jours.*

Voici le temps des Assassins[235].

Ces moments d'exaltation sont ici les beaux feux d'une vie intérieure qui se nourrit d'elle-même, et non les effets d'une réussite objective. Les milieux littéraires de l'époque restèrent absolument fermés aux poèmes de Rimbaud. Son art même leur échappait. Contemporain d'une génération antimystique et sans philosophie, que charmaient seules les plaisanteries académiques et l'érudition pure[236], le grand poète ne suscita qu'un bref mouvement de curiosité, bientôt arrêté[237] par le parti pris de ceux qui auraient pu comprendre, et les bons mots des gens qui n'en avaient pas les moyens.

Mais dans le rayonnement de son espoir, Rimbaud marchait avec une telle sécurité qu'il se crut un moment à la veille d'être entendu[238]. Et se croire roi suffit pour l'être, si peu que dure cette illusion. Il n'y a pas d'autre sens aux phrases de *Royauté*. L'homme et la femme qu'on y trouve sont le poète et son âme[239].

Un beau matin, chez un peuple fort doux, un homme et une femme superbes criaient sur la place publique. « Mes amis, je veux qu'elle soit reine ! » « Je veux être reine ! » Elle riait et tremblait. Il parlait aux amis de révélation, d'épreuve terminée. Ils se pâmaient l'un contre l'autre.
En effet, ils furent rois toute une matinée où les tentures carminées se relevèrent sur les maisons, et toute l'après-midi, où ils s'avancèrent du côté des jardins de palmes[240].

Plus réellement, cette royauté d'un jour le poète ne l'eut même pas. Qu'importe, son devoir était de révéler au monde la vérité retrouvée... il l'a accompli. À présent, écrit-il, *j'ai brassé mon sang. Mon devoir m'est remis. Il ne faut même plus songer à cela*[241].

Je terminerai ce chapitre par l'analyse d'un poème qui résume à peu près les aspects de la tentative que poursuivait Rimbaud. Il me paraît propre à clore ce rapide aperçu sur l'ambition qu'il eut de remonter au plan des réalités pures, et logiquement se place à la suite des pièces qui la concernent[242]. Je veux parler du *Conte*. On y reconnaît le vœu du poète et les moyens qu'il mit en œuvre afin de le réaliser. Tant il est vrai qu'une partie des *Illuminations* est construite autour d'un thème identique. Mais ce qu'on trouve ici de particulier, c'est que Rimbaud prévoit, au moment de la concevoir, la fin même de sa tentative.

Les premières phrases exposent très clairement la volonté du Voyant : dégager à travers la multiplicité de ses formes l'Idée pure de l'Amour [243]. Du simple désir physique à la charité une chaîne s'étend sans que rien en vienne rompre l'étendue. La volupté et la générosité ne sont que les harmoniques d'un accord premier [244] dont la découverte exige un complet sacrifice des apparences que revêt leur soutien.

Un Prince était vexé de ne s'être employé jamais qu'à la perfection des générosités vulgaires. Il prévoyait d'étonnantes révolutions de l'amour, et soupçonnait ses femmes de pouvoir mieux que cette complaisance agrémentée de ciel et de luxe [245]. Voici définis les éléments du drame : la générosité et l'amour ne valent qu'en tant que lueurs d'une lumière [246] que le poète a pour tâche de découvrir. *Il voulait voir la vérité, l'heure du désir et de la satisfaction essentiels.* Fol orgueil sans doute, et qui n'est pardonnable qu'à un être arrivé au développement ultime de ses facultés spirituelles : *Que ce fût ou non une aberration de piété, il voulut. Il possédait au moins un assez large pouvoir humain.*

Les efforts du Prince pour se détacher du sensible sont détaillés un à un, sous le symbole de la destruction. Et l'on songe à la phrase qui terminait *Matinée d'ivresse* : *Voici le temps des* Assassins. Mais, pour la première fois, Rimbaud s'inquiète de la subjectivité de son labeur. Lui qui rêvait d'amener la rédemption de l'Humanité par l'Amour, commence à dénoncer ici l'impossibilité qu'il éprouve à supprimer pour les autres

des contingences dont il a pu accomplir pour lui-même le sacrifice :
Toutes les femmes qui l'avaient connu furent assassinées. Quel saccage du jardin de la beauté ! Sous le sabre, elles le bénirent. Il n'en commanda point de nouvelles. — Les femmes réapparurent.
Il tua tous ceux qui le suivaient, après la chasse ou les libations. — Tous le suivaient.
Il s'amusa à égorger les bêtes de luxe. Il fit flamber les palais. Il se ruait sur les gens et les taillait en pièces. — La foule, les toits d'or, les belles bêtes existaient encore.

Mais si les renoncements et l'ascétisme que pratique le Voyant n'entraînent pas la rédemption du genre humain, sa méthode n'en est pas moins valable pour lui-même, et son détachement des apparences va bientôt le conduire à l'énergie[247] créatrice dont nous n'apercevons que les reflets[248], et qui tient en elle les Idées pures qui se dégradent jusqu'à nous. Cette Âme universelle[249], tout homme peut la retrouver en lui, et s'y fondre pour peu qu'il s'y efforce avec constance. Au moment que cette union est accomplie, son individualité ne se distingue plus de l'énergie (ou génie au sens propre du mot) qui la constituait. C'est ce que veut signifier Rimbaud dans la rencontre que fait le Prince : *Un soir, il galopait fièrement. Un Génie apparut, d'une beauté ineffable, inavouable même. [...] Le Prince et le Génie s'anéantirent probablement dans la santé essentielle. Comment n'auraient-ils pas pu en mourir ? Ensemble donc ils moururent.*

Et pour qu'il n'y ait point d'équivoque au sujet de cette mort qui représente simplement la fin de toute action, par le fait même que la perfection est réalisée : *Mais ce Prince décéda, dans son palais, à un âge ordinaire. Le Prince était le Génie. Le Génie était le Prince.*

S'exprimer suppose une dualité puisque c'est communiquer, établir des rapports. Dans le cas d'une union complète et définitive avec tout ce qui existe, l'expression cesse même d'être concevable : *La musique savante manque à notre désir*[250].

V

La Poésie ne rythmera plus l'action : elle sera en avant.
                                                    RIMBAUD

Il nous est apparu que les différentes formes d'ascétisme ont pour but d'éveiller chez l'homme le pouvoir de répondre aux vibrations plus subtiles que constituent les états supérieurs de la matière. La clairvoyance qu'il en reçoit lui permet d'étudier des réalités dont la plupart des êtres ne soupçonnent pas l'existence. Bien loin de ne distinguer que les aspects du plan physique, le monde des sentiments et celui des idées perdent pour lui leur caractère abstrait, et se peuplent de formes et de couleurs. Les pensées lui deviennent aussi visibles que les corps.

Le Voyant sait que l'homme n'est pas limité à sa statue de sang. Un premier nimbe la continue qui est le corps des émotions. Les occultistes du Moyen Âge le qualifièrent d'astral à cause de sa luminosité [251]. Je n'ai point à énumérer les trames qui vont jusqu'au véritable Moi. Qu'on songe seulement que des vibrations seules les conditionnent et les distinguent. De cette manière, le mécanisme des sentiments et des pensées se dégage quelque peu de ses ombres. Si leur échange est l'action d'un mouvement vibratoire sur un autre, l'empreinte des émotions devient plus qu'un vain mot. Ce corps vaporeux, qui prolonge le nôtre et l'agrandit, n'a pas la densité de la chair. Il suffit d'une impression pour qu'il varie. Une musique le colore, un vœu lui est sensible. Il n'est rien qui, participant à sa nature, ne puisse en modifier un instant l'apparence : *Devant une neige un Être de Beauté de haute taille. Des sifflements de mort et des cercles de musique sourde font monter, s'élargir et trembler comme un spectre ce corps adoré ; des blessures écarlates et noires éclatent dans les chairs superbes* [252].

Les dernières phrases de la pièce décrivent la chute que l'Esprit, un instant délivré par les caresses de la musique, subit dès que le monde cesse de lui en lancer la douceur [253]:

> *Ô la face cendrée, l'écusson de crin, les bras de cristal !*
> *Le canon sur lequel je dois m'abattre à travers la mêlée*
> *des arbres et de l'air léger !*

Plusieurs expressions, au cours de ce poème, rappellent que l'esprit du poète, arrivé au plan des Idées, se confond avec elles et participe à la Beauté pure. Il est logique d'affirmer qu'à ce degré de connaissance, le temps n'existe plus, puisque toute multiplicité est abolie. C'est la somme des états qui apparaît, et non leur succession. Le passé reste actuel. L'avenir devient aussi présent que le présent même. Il ne subsiste plus qu'une immanence au regard du Voyant.

Trois catégories de poèmes à sens directement prophétique sont à relever dans son œuvre. Les uns valent comme prédictions sociales, les autres annoncent une Poésie nouvelle ; enfin les derniers contiennent les pressentiments les plus étonnants sur son propre sort.

Sans préciser des faits, ce qui serait sans doute un abus, on peut dire qu'un poème tel que *Démocratie* manifeste une prévision singulière des résultats obtenus par l'esprit égalitaire en France depuis la Révolution jusqu'à la guerre de 1914[254]. *Aux pays poivrés et détrempés ! — au service des plus monstrueuses exploitations industrielles ou militaires.* De même cette ligne que j'isole, dans Phrases, n'aurait pas été à la veille de la guerre sans paraître d'une actualité troublante : *Pendant que les fonds publics s'écoulent en fêtes de fraternité, il sonne une cloche de feu rose dans les nuages*[255]. Enfin le prodigieux *Vertige*[256] restera dans quelques siècles la *prophétie type* de l'anarchie mondiale qui se produira le jour que [*sic*] l'évolution humaine aura atteint un degré suffisant pour que disparaisse la nécessité des contraintes.

Il peut sembler inutile de souligner le côté annonciateur de Rimbaud sur le plan littéraire, puisque son œuvre entière ouvre à ce point de vue seul les domaines les plus purs[257]. Toutefois, je ne pense pas vain de faire allusion aux endroits qui marquent un rigoureux souci de rénovation. La *Lettre du Voyant* en est le plus frappant exemple. Elle s'ouvre, en effet, par ces mots : *Voici de la prose sur l'avenir de la poésie.*

Ce qu'en 1924 Jacques Rivière nommait la crise du concept de littérature[258] est là, point par point, défini un demi-siècle à l'avance. Les indications d'une Poésie nouvelle sont évidemment multipliées dans les *Illuminations*. Je songe particulièrement à *Villes I*[259], et à *Solde*.

Avant que de considérer comme épuisées les réflexions de cet ordre que nous suggère l'œuvre du grand poète, il convient de s'arrêter aux pressentiments qu'il eut de sa propre destinée. Leur précocité et leur précision les singularisent[260] avec bonheur[261]. Ne dirait-on pas en effet que, dès ses premiers vers, Rimbaud a prévu ici les tourments de son âme ?

> *Ciel ! Amour ! Liberté ! Quel rêve, ô pauvre Folle !*
> *...*
> *Tes grandes visions étranglaient ta parole*
> *— Et l'Infini terrible effara ton œil bleu*[262] *!*

Et si l'on se souvient que *Bateau ivre* annonçait à l'avance les pérégrinations du poète et son retour en Europe, je ne puis me tenir, bien qu'il soit à présent anticipé de citer la *Saison*, de copier un passage où ce retour est à l'avance décrit avec le plus stupéfiant luxe de détails :

> *L'air marin brûlera mes poumons ; les climats perdus me tanneront. Nager, broyer l'herbe, chasser, fumer surtout ; boire des liqueurs fortes comme du métal bouillant, – comme faisaient ces chers ancêtres autour des feux.*
>
> *Je reviendrai, avec des membres de fer, la peau sombre, l'œil furieux : sur mon masque, on me jugera d'une race forte. J'aurai de l'or : je serai oisif et brutal. Les femmes soignent ces féroces infirmes retour des pays chauds*[263]*...*

Lignes particulièrement émouvantes pour qui songe au jour où Rimbaud, le ventre écrasé sous l'or[264] qu'il portait dans sa ceinture, aborda le quai de Marseille, et se fit porter à cet hôpital où l'on devait le mutiler si cruellement avant que la mort ne le prenne[265]!

VI[266]

Quels bons bras, quelle belle heure me rendront cette région d'où viennent mes sommeils et mes moindres mouvements ?

RIMBAUD

S'il fut admissible et nécessaire de dégager une méthode dans un effort de développement psychique aussi rigoureux que celui dont Rimbaud réalisa l'achèvement depuis sa phase de révolte jusqu'à sa vocation de guide mystique[267], il semble indéfendable d'en chercher également une dans l'activité de son esprit, au moment de cet épanouissement. Mais le seul fait que je puisse prononcer le mot « activité » implique une concession dont les poèmes du Voyant sont les fruits prestigieux. Cette concession même, par quels processus arrive-t-elle à se consommer, et quels modes emploie la faculté transcendantale de la pensée pour que rayonne dans la conscience un reflet des réalités pures ?

La lecture des *Illuminations* est à ce sujet infiniment révélatrice : les souvenirs, les rêves, une certaine tendance à l'anthropomorphisme sont les éléments qui concourent à la combinaison de symboles à sens précis, ou de poèmes qui valent en tant que faits, et ne permettent qu'une acceptation tacite de leur existence. Bien loin qu'ils soient construits par la raison[268], leurs contours naissent peu à peu de la suite des images que l'inconscient dispose de manière à en suggérer le dessin. C'est que si la conscience se meut sur le plan de la logique, les autres modalités de la pensée ne se développent pas sans support. Et les lois qui nous font, pendant le sommeil, trouver parfaitement acceptable l'enchaînement des rêves et leur contenu, ne le cèdent point en rigueur à celles qui nous les font juger absurdes, une fois que nous avons rouvert les yeux.

Et non seulement le souvenir, la rêverie et le rêve sont de même nature, mais il est malaisé d'établir entre eux des limitations précises. Pierre Janet raconte qu'un de ses malades lui demandait : *Comment doit-on s'y prendre pour distinguer ce qui est souvenir et ce qui est rêve*[269] ? Sans doute le souvenir se rapporte-t-il à la réalité, mais le rêve n'est pas sans s'appuyer sur elle. Et le fait que plusieurs êtres emportent du même événement des réminiscences dissemblables, et parfois opposées, dévoile la place restreinte que tient la réalité dans le souvenir. En ce sens, parler du souvenir, de la rêverie et du rêve, c'est établir des distinctions au cœur du même phénomène.

Rimbaud lui-même a pris conscience de la place que tenait le souvenir dans l'expression de ses idées. Et chez lui ce mouvement de l'esprit emprunte un sens infiniment moins restreint que celui dont les poètes ordinaires nous offrent la facile mélancolie. Il s'agit pour le Voyant d'une véritable méthode de connaissance, et le nom de Platon vient encore sous ma plume. L'esprit[270] ne pourrait rien apprendre s'il ne savait point tout à l'avance. Les notions, nouvelles en apparence, n'y peuvent être assimilées que par la reconnaissance dont elles sont l'objet, et seulement grâce aux rapports qu'il est possible d'établir entre elles et les notions déjà reconnues.

Il s'agit donc de faire réaliser à la conscience les richesses accumulées dans les zones obscures, mais infinies, du véritable moi dont l'omniscience est l'effet de sa participation à l'Âme universelle[271]. D'ailleurs, les souvenirs accumulés au cours des expériences antérieures, ou même de la vie présente, remontent les premiers à la surface de l'esprit[272] et seuls lui laissent des possibilités d'expression puisque leurs liens avec l'unité sont à retrouver.

Les calculs de côté, l'inévitable descente du ciel, et la visite des souvenirs et la séance des rythmes occupent la demeure, la tête et le monde de l'esprit[273].

Ta mémoire et tes sens ne seront que la nourriture de ton impulsion créatrice[274].

Et pour exprimer que le poète devenu Voyant ne s'arrête plus aux seuls aspects que peuvent percevoir les sens physiques : *Quant au monde, quand tu sortiras, que sera-t-il devenu ? En tout cas, rien des apparences actuelles.*

Le côté mystérieux que présente la vie de tous les jours, et que nous oublions à force de le voir, n'échappait pas à Rimbaud, et quelques pauvres faits de son enfance le frappèrent assez pour que les *Illuminations* en portent la trace. Ernest Delahaye a indiqué plusieurs de ces détails : ils nous suffisent pour entrevoir de quelles observations Rimbaud construisait parfois ses images. Il s'agit ici de souvenirs premiers, tels qu'en ont tous les hommes, mais leur particularité vient de la transposition que l'inconscient du poète leur fait subir dans un but qu'il faut bien qualifier de déterminé.

Au cours d'une journée d'hiver, Rimbaud se promenait sur les bords d'un étang. Et les mille roseaux qui le bordaient de toutes parts conservaient à leur sommet un léger dôme de glace que le vent, dans le balancement qu'il imprimait aux

tiges, envoyait rouler sur le verglas sonore. Un sens mystérieux et profond naquit pour le poète de ce tableau gelé. Et plus tard, le souvenir de son émotion lui fit écrire au cours d'un poème ce vers qui *replace*, d'une façon si émouvante, un détail banal dans la réalité, que nous sommes pris à le lire de ce trouble dont les hommes primitifs durent se sentir saisis à mesure qu'ils découvrirent le jeu des éléments :
Le vent de Dieu jetait des glaçons aux mares[275].

Autre exemple. Les traces que creusaient dans la boue les roulottes éclatantes d'un cirque, laissèrent dans l'esprit du poète de si définitives associations que l'image des unes devait[276] nécessairement entraîner dans sa mémoire l'évocation des autres. Il lui suffira un jour de suivre les ornières d'une route, au cours de ses immenses randonnées, pour que naisse en lui un tournoiement de couleurs et de formes étranges[277]. Dans le poème ainsi organisé, il est alors donné d'observer à quel travail d'enrichissement se livre l'imagination de Rimbaud pour créer une réalité originale à travers l'apport des souvenirs[278].

A droite l'aube d'été éveille les feuilles et les vapeurs et les bruits de ce coin du parc, et les talus de gauche tiennent dans leur ombre violette les mille rapides ornières de la route humide. Défilé de féeries. En effet : des chars chargés d'animaux de bois doré, de mâts et de toiles bariolées, au grand galop de vingt chevaux de cirque tachetés, et les enfants et les hommes sur leurs bêtes les plus étonnantes ; – vingt véhicules, bossés, pavoisés et fleuris comme des carrosses anciens ou de contes, pleins d'enfants attifés pour une pastorale suburbaine. – Même des cercueils sous leur dais de nuit dressant les panaches d'ébène, filant au trot des grandes juments bleues et noires[279].

Enfin, cette phrase détachée de la S*aison en enfer* : *Général, s'il reste un vieux canon sur tes remparts en ruines, bombardenous avec des blocs de terre sèche*[280], se rapporterait au fait que, pendant le bombardement que subit Charleville, en 1870, un garde national fut blessé par des morceaux de terre durcie que projeta contre lui l'explosion d'un obus. Rimbaud connut après la guerre le pauvre pantalonnard, et se servit de son aventure pour composer l'image que l'on vient de lire[281].

L'enchaînement des idées qui s'effectue dans une conscience, non par nécessité logique, mais suivant des lois plus mouvantes, caractérise proprement l'état de rêve à quelque degré qu'il se produise. Le poème *Ornières* contenait un mode de rappel des souvenirs fréquents dans les *Illuminations*[282], et généralement plus indiqué encore. Il n'est d'ailleurs pas le seul qu'on y puisse trouver, et une certaine variété de ressemblances préside encore à la succession des images. L'unité de sons dans la terminaison des mots suffit, par exemple, à entraîner[283] la pensée du poète dans une direction imprévisible :

> *— Calmes maisons, anciennes passions !*
> *Kiosque de la Folle par affection.*
> *Après les fesses des rosiers, balcon*
> *Ombreux et très bas de la Juliette.*
>
> *— La Juliette, ça rappelle l'Henriette,*
> *Charmante station du chemin de fer*
> *Au cœur d'un mont, comme au fond d'un verger*
> *Où mille diables bleus dansent dans l'air*[284] *!*

Le choix même des termes se fait à travers l'esprit du poète dont la volonté n'intervient que pour accepter l'enchaînement des assonances qui se déroule en dehors de son contrôle : *Des routes bordées de grilles et de murs, contenant à peine leurs bosquets, et les atroces fleurs qu'on appellerait cœurs et sœurs, Damas damnant de longueur*[285].

C'est que l'écriture involontaire[286], la rêverie, et le sommeil complet tendent tous à faire affleurer à la partie supérieure[287] de l'esprit les trésors que recèlent ses zones sombres. Les exemples que nous avons vus ne sont construits qu'autour de souvenirs immédiats. La mémoire à l'état normal n'est pas capable de plus grands dons. La rêverie et le rêve lui laissent un certain maximum de liberté qui ne s'amplifie que dans le cas d'une éducation particulière de l'esprit telle que Rimbaud dut en poursuivre une dans son effort de Voyance. À ce degré, la mémoire peut retrouver des souvenirs si lointains qu'il devient impossible de les localiser dans l'existence actuelle.

Ce phénomène explique les poèmes intitulés : *Vies*. À la vérité, le premier seul contient des réminiscences d'une existence antérieure. Mais nous en trouverons bien d'autres cas dans la *Saison en enfer*. Ici, Rimbaud se revoit en Orient, disciple d'un brahmane, et médite à propos de son exil actuel : *Ô les énormes avenues du pays saint, les terrasses du temple ! Qu'a-t-on fait du brahmane qui m'expliqua les Proverbes ? D'alors, de là-bas, je vois encore même les vieilles ! Je me souviens des heures d'argent et de soleil vers les fleuves, la main de la campagne sur mon épaule, et de nos caresses debout dans les plaines poivrées. – Un envol de pigeons écarlates tonne autour de ma pensée – Exilé ici, j'ai eu une scène où jouer les chefs-d'œuvre dramatiques de toutes les littératures*[288].

Cette dernière phrase me fait songer aux affirmations des occultistes touchant la science que peut acquérir un esprit particulièrement évolué, du rôle qui lui est assigné et des effets que son labeur doit produire. Et n'est-il pas émouvant de poursuivre en ce sens la lecture de cette pièce : *Je vous indiquerais les richesses inouïes. J'observe l'histoire des trésors que vous trouvâtes. Je vois la suite* ! Discours adressé aux Poètes et que nous commençons peut-être seulement à saisir.

Lorsqu'un message trop considérable est apporté à l'humanité par un de ces dieux, dont Rimbaud fut peut-être le plus grand, rien ne s'élève d'elle qu'un morne silence. Mais par une sorte d'action mystérieuse et magique, l'Œuvre agit sur les esprits, si bien que s'écroulent peu à peu les travaux trop dorés que leur temps glorifia. Jusqu'à l'heure, enfin venue, où il ne reste plus que cette Œuvre épouvantable et pure, devant nos âmes[289].
Ma sagesse est aussi dédaignée que le chaos. Qu'est mon néant, auprès de la stupeur qui vous attend ?

Une des formes les plus courantes de la Voyance est celle qui se pratique par la contemplation du feu. Et, coïncidence qui n'est pas sans intérêt, la rêverie devant les flammes occupe une place assez considérable dans les *Illuminations*. Les formes hallucinantes et rapides qui se succèdent dans le foyer sont pour l'esprit du poète un excitant si actif que, de ces mouvantes constructions[290], un vertige monte et le saisit. Les murs se creusent et disparaissent sous la poussée des paysages et les fenêtres, enfin libérées, s'envolent : *Un souffle ouvre des brèches opéradiques*[291] *dans les cloisons, – brouille le pivotement des toits rongés, – disperse les limites des foyers, – éclipse les croisées*[292].

Et le reste du poème s'élève dans une buée ardente où tournent des images bien caractéristiques de l'état de rêve, et partant de poésie, atteint par le Voyant : *Corbillard de mon som-*

meil, isolé, maison de berger de ma niaiserie, le véhicule vire sur le gazon de la grande route effacée. Nul poème peut-être n'est plus spontané chez Rimbaud ; et plus annonciateur de la technique surréaliste [293] que celui-là : *Postillons et bêtes de songe reprendront-ils sous les plus suffocantes futaies, pour m'enfoncer jusqu'aux yeux dans la source de soie.*

Et dans *Veillées*, une allusion encore aux visions qui doucement naissent du foyer et des lumières : *Les lampes et les tapis de la veillée font le bruit des vagues, la nuit, le long de la coque et autour du steerage*[294]. L'association d'idées se poursuit avec plus de charme encore. *La mer de la veillée, telle que les seins d'Amélie*[295]. Puis le poète, abandonnant cette suite d'images, pose les yeux autour de lui : *Les tapisseries, jusqu'à mi-hauteur, des taillis de dentelle, teinte d'émeraude, où se jettent les tourterelles de la veillée.* Et enfin : *La plaque du foyer noir, de réels soleils des grèves : ah ! puits des magies ; seule vue d'aurore, cette fois.*

Ailleurs, il semble que Rimbaud se soit livré à la forme de rêverie qui consiste à découvrir sur les taches d'un mur les mille figures dont une observation prolongée révèle l'existence : *La muraille en face du veilleur est une succession psychologique de coupes de frises, de bandes atmosphériques et d'accidences géologiques. – Rêve intense et rapide de groupes sentimentaux avec des êtres de tous les caractères parmi toutes les apparence*[296].

Le poète aimait encore à suivre derrière ses paupières closes les images qui s'y déroulent avant que ne vienne le sommeil[297] : *Je baisse les feux du lustre, je me jette sur le lit, et tourné du côté de l'ombre, je vous vois, mes filles ! mes reines*[298] !

VI / La carrière prophétique

Lorsque Rimbaud nomme ses pensées *mes filles, mes reines*, il cède à une tendance qu'Auguste Comte classerait dans l'état mystique : qu'il distingue des fées dans les rayons du soleil, ou des anges dans les clartés des nuages, souvent l'on trouve chez Rimbaud un goût pour la personnification des phénomènes et des forces abstraites [299] :

> *C'est la fée africaine qui fournit*
> *La mûre, et les résilles dans les coins.*
>
> *Plusieurs entrent, marraines mécontentes,*
> *En pans de lumière dans les buffets* [300]
>
> *L'ébat des anges ; — Non... le courant d'or en marche* [301].

Mais sans doute serait-il injuste et peu compréhensif de parler ici de procédé [302]. Cette tendance correspond à la période qu'il dénoncera plus tard dans la Saison en enfer lorsqu'il écrira : *Je m'habituai à l'hallucination simple* [303]. Des anomalies dans la perception attendent au début de son travail l'homme qui cherche à se détacher du sensible. Il ne les peut dominer qu'en poursuivant son labeur. Entre les aspects de la réalité et la réalité pure se presse la foule des hallucinations et des mirages. Les *Illuminations* sont les fruits de cette période intermédiaire où le Voyant a quitté les plans normaux de la pensée, mais n'est point encore parvenu à la fin qu'il s'assigne.

Basée sur les apports de l'inconscient, sa poésie est toute chargée de rêve. L'effort qu'il accomplit pour retrouver la totalité de son esprit [304] se poursuit à travers la destruction systématique de sa conscience [305]. Les premiers résultats obtenus sont sans doute cette liberté que la pensée reçoit, et qui lui permet de ne plus supposer des rapports entre les choses, mais de les vivre. Grisée de sa plénitude, elle prodigue au début ses révélations pour y introduire par moments une construction plus volontaire et plus serrée. Il ne sera pas sans intérêt de lire plusieurs poèmes de cette dernière sorte, et d'en dégager l'idée dominante.

VII[306]

Je suis un inventeur bien autrement méritant que tous ceux qui m'ont précédé ; un musicien même, qui ai trouvé quelque chose comme la clef de l'amour.
RIMBAUD

Il apparaît dès maintenant que les *Illuminations* comprennent trois courants assez distincts et que l'on peut ainsi déterminer : les pièces où Rimbaud expose sa vocation prophétique, celles qui valent purement en tant que poèmes et tendent à systématiser les lois du rêve, enfin celles qui sont chargées d'un enseignement et s'organisent sous la forme de symboles. L'idée qu'on trouve à la base de ces dernières est la croyance qui le domina lui-même pendant toute sa vie et qu'il emprunta aux[307] métaphysiques de l'Orient : la toute-puissance de l'Amour, et la possibilité par lui seul d'amener la rédemption du monde.

Rimbaud accepta cette force sous[308] toutes les formes qu'elle emprunte pour se manifester[309], depuis le simple désir physique jusqu'à l'altruisme le plus pur. En ce sens, son œuvre présente une progression des plus frappantes. Il nous avait montré l'Univers entier concourant à la création de Vénus, dans le *Quatrain* des premiers vers, si bien que cette divinité devient une sorte de symbole cosmique dont les membres sont reliés aux astres mêmes par de mystérieuses connexions, et que l'Homme étreint le monde au moment qu'il presse entre ses bras l'infini d'un corps féminin.

Maintenant, voici que le poète se penche de plus près sur la Femme, et qu'il nous en dévoile les aspects : sous le nom d'*Hortense*, il évoque en un raccourci plein de force la courtisane à travers les âges : *elle a été, à des époques nombreuses, l'ardente hygiène des races*. Mais maintenant : *Sa porte est ouverte à la misère. Là, la moralité des êtres actuels se décorpore en sa passion ou en son action*[310].

Et voilà encore la Femme dans cette glorieuse *Hélène*, personnification de la force amoureuse dont la pureté ardente semble pétrie de la clarté des étoiles et de la sève des forêts : *Pour Hélène se conjurèrent les sèves ornementales dans les ombres vierges et les clartés impassibles dans le silence astral*[311]. Le poème continue à se développer sous une forme symbolique. Des oiseaux muets représentent la chaleur accablante de l'été. Une barque immobile est l'image de l'indolence. Dans ce décor stylisé, voici Hélène pour l'enfance de qui *frissonnèrent les fourrures et les ombres – et le sein des pauvres, et les légendes du ciel*.

L'amour est partout. Impossible de s'en défaire. Il est notre seule raison d'être, et tous les mouvements humains sont parfaitement vains en face de sa puissance. Notre violence est un puéril mouvement, notre gaieté une folie sans grandeur. La révolte même ne peut s'adopter comme fin[312]. L'Amour reste la loi inéluctable : *Quand nous sommes très forts, – qui recule ? très gais, — qui tombe de ridicule ? Quand nous sommes très méchants, — que ferait-on de nous ?*
Parez-vous, dansez, riez. – Je ne pourrai jamais envoyer l'Amour par la fenêtre[313].

Les applications de la science pourront transformer la vie, donner à l'homme le goût d'un luxe monstrueux et développer en son esprit le sentiment de l'utilité jusqu'à lui retirer tout élan de désintéressement, l'Amour subsistera. Dans le poème intitulé : *Mouvement* [314], le poète nous montre :

> *Les voyageurs entourés des trombes du val*
> *Et du strom.*
> *Ce sont les conquérants du monde*
> *Cherchant la fortune chimique personnelle ;*

Et malgré la victoire sur la matière, accentuée au point qu'il semble que les lois de la nature ne doivent plus jouer que sous le contrôle de l'homme :

> *Aux accidents atmosphériques les plus surprenants*
> *Un couple de jeunesse s'isole sur l'arche,*
> *– Est-ce ancienne sauvagerie qu'on pardonne ? —*
> *Et chante et se poste.*

Mais l'Amour n'a pas que le sens restreint d'un instinct créateur. Ses formes sont innombrables, et la plus pure d'entre elles est la tendance à l'unité qui, selon la parole d'un poète hindou, pousse l'homme à se connaître au milieu des esprits comme une goutte d'eau perdue au cœur de l'Océan, et qui se sent à la fois elle-même et l'Océan tout entier. Ce sentiment ne s'atteint pas sans labeur. L'âme émanée de Dieu ne prend que peu à peu conscience de sa limitation, et de même ne réalise que lentement la destruction de cette conscience. Dieu crée l'âme par amour, et par amour l'âme s'abolit en lui. Ce mouvement se poursuit sur un certain nombre de plans que constituent les modalités de l'Univers [315], et qui vont du Créateur au plus bas degré de la matière [316].

Ce processus évolutif qu'engendre l'Amour a trouvé son expression dans le poème de *Scènes*. Sous le symbole d'une immense comédie, Rimbaud expose le drame cosmique [317]. On y retrouve le procédé qui consiste à poser dès la première phrase le sujet même du poème : *L'ancienne Comédie poursuit ses accords et divise ses Idylles* [318]. Cette image, en même temps qu'elle annonce le thème de l'Amour, fait pressentir les plans sur lesquels s'organise son développement et qui sont précisés par la dernière période de la pièce [319].

Le décor où *l'ancienne Comédie poursuit ses accords* n'était guère aisé à construire, puisque la figuration adoptée par le poète exigeait une scène de spectacle séparée en plusieurs compartiments [320], qui devaient représenter les plans multiples où se localisent tour à tour les phases de l'évolution. Au premier abord, la réalité courante ne présentait rien qui pût servir de base à cette description. Cependant le rappel des souvenirs allait encore aider [321] l'imagination de Rimbaud. Les propos qu'il entendit tenir, et les lectures qu'il fit dans son enfance, sur l'Exposition universelle de 1867, lui fournirent [322] de précieux éléments. J'ai sous les yeux un livre imprimé en 1872, où sous prétexte d'interpréter les prédictions de Nostradamus, il est donné un exposé prétendu anticipé de cette exposition : *Le palais se déroulera pour ainsi dire, comme une nappe d'eau à ondulations concentriques en sept anneaux formant autant de galeries tournantes. Les voies rayonnantes par lesquelles on traversera les galeries circulaires seront au nombre de douze, et l'intervalle de l'une à l'autre formera un secteur* [323]. Je demande qu'on se reporte à *Scènes* et suis assuré que l'on ne pourra qu'être frappé par la similitude qui existe entre les images dont [324] ces deux textes suscitent l'évocation. D'ailleurs le souvenir de l'Exposition de 1867 (qui dut faire les frais des conversations provinciales au moment qu'elle eut lieu) resta suffisamment vif dans la mémoire de Rimbaud pour qu'il en reprenne quelques détails dans *Villes I* : *Des fêtes amoureuses sonnent sur les canaux pendus derrière les chalets [...] Sur les passerelles de l'abîme et les toits des auberges l'ardeur du ciel pavoise les mâts*[325]. Et quelques autres dans *Villes II* : *L'acropole officielle outre les conceptions de la barbarie moderne les plus colossales [...] On a reproduit dans un goût d'énormité singulier toutes les merveilles classiques de l'architecture. J'assiste à des expositions de peinture dans des locaux vingt fois plus vastes qu'Hampton-Court [...] Le quartier commerçant est un circus d'un seul style, avec galeries à arcades [...] A l'idée de chercher des théâtres sur ce circus, je me réponds que les boutiques doivent contenir des drames assez sombres*[326].

La transposition de la réalité, si coutumière au Voyant, est pratiquée dans ces deux poèmes. On la retrouve encore plus marquée dans *Scènes*, où la Comédie de l'Amour se poursuit sur la terre entière, à travers les civilisations les plus différentes : *Des scènes lyriques accompagnées de flûte et de tambour s'inclinent dans des réduits ménagés sous les plafonds, autour des salons de clubs modernes ou des salles de l'Orient ancien*[327].

Enfin la dernière phrase reprend l'allusion du début et la précise.

L'opéra-comique se divise sur notre scène à l'arête d'intersection de dix cloisons dressées de la galerie aux feux.

Les métaphysiques de l'Orient enseignent que l'Univers est construit sur des plans qui se retrouvent dans la structure de l'homme, et sur lesquels ce dernier doit devenir successivement conscient avant que de parvenir au moment où toutes les réalités sont devenues subjectives[328]. Chacun de ces plans réalise un progrès sur celui qui le précède, depuis le plan physique, où tout est multiplicité, jusqu'au plan de l'Union absolue. C'est donc par un effort d'Amour que l'homme part du plan physique pour monter jusqu'à Dieu, et se retrouver en lui. La Comédie se poursuit sur ces degrés que Rimbaud nous dit être au nombre de dix — nombre parfait des Pythagoriciens et des Kabbalistes[329].

Mon interprétation est suffisamment[330] corroborée par le fait que, dans *Soir historique*, le poète ait appliqué les mêmes qualificatifs aux difficultés de l'Amour. Que l'on veuille bien comprendre[331] qu'il s'agit ici de l'embarras des esprits peu évolués devant les plus humbles de ses formes : *La comédie goutte sur les tréteaux de gazon. Et l'embarras des pauvres et des faibles sur ces plans stupides*[332] !

Parti[333] de la manifestation physique de l'Amour, Rimbaud va remonter peu à peu à travers ses aspects jusqu'à l'Idée pure qui les engendre. L'effort de connaissance qui le détermine à étudier sur le plan sensible toutes les formes du désir, exige également de lui une acceptation des cultes multiples par lesquels s'expriment les tendances mystiques de l'humanité. Il symbolise sous une forme ironique leur nombre et leurs formes dans le poème *Dévotion*, où il rend hommage *à tout culte en telle place de culte mémoriale et parmi tels événements qu'il faille se rendre, suivant les aspirations du moment ou bien notre propre vice sérieux*[334].

Quelques lueurs de vérité brillent le plus souvent au sein des erreurs[335] sans nombre dont sont chargées les religions. L'initié, qui s'efforce de parvenir au terme de son voyage métaphysique, peut au début s'en aider. Mais lorsqu'il entre dans la lumière il n'a plus que faire des pauvres flammes qui le guidaient :

A tout prix et avec tous les airs, même dans des voyages métaphysiques. – Mais plus alors.

L'Amour en tant qu'Idée pure contient tout par définition. Sa perfection même ne pourrait être conçue si quelque chose lui échappait. Elle n'admet pas en face d'elle un contraire qui la limite. Les notions du Bien et du Mal disparaissent donc devant celle de l'Amour. Il ne subsiste que des degrés entre le parfait et le pire, mais ces qualités ne sont que les attributs d'une même réalité. La communion des Bons et des Méchants est le corollaire de ce raisonnement dont les métaphysiques antérieures au Christianisme[336] enchaînèrent les démarches[337]. Rimbaud le connut et[338] s'en fit l'apôtre à ce point qu'on le peut nommer son idée fixe. Par ce fait seul, on conçoit à quelle incompréhension se résignent ceux qui veulent concilier son attitude et le catholicisme, à qui rien n'est plus ennemi que la négation du mal[339].

Verlaine, que Rimbaud prêcha comme on sait, nous a laissé dans *Crimen amoris* un aperçu des convictions dont son ami l'entretenait. La lâcheté du pauvre Lelian se reconnaît en ce que la fin de ce poème est un reniement de l'ange momentanément terrassé[340].

Les premières strophes décrivent l'humanité en proie au péché, et la révolte de Rimbaud devant cette impureté. Puis vient le discours que prononce le Voyant au moment qu'il cherche à détruire le système moral et les formes de civilisation dont l'Église est responsable[341]. Je me permets de signaler ce vers : *Oh ! je serai celui-là qui créera Dieu*[342] ! Il vient soutenir les conclusions auxquelles je suis parvenu au cours de cette étude, en ce qui concerne la conception du Moi et ses possibilités de développement. Tout le monologue que Verlaine prête à Rimbaud est à soigneusement relire, puisqu'il résume les efforts d'union dans l'Amour que ce dernier poursuivit avec tant de volonté tragique. Verlaine, en pleine crise de conversion, a terminé son poème par un hommage à la dualité chrétienne du Bien et du Mal[343].

Qu'on le veuille donc reprendre depuis son début[344]:

Crimen Amoris

à Villiers de l'Isle-Adam

Dans un palais, soie et or, dans Ecbatane,
De beaux démons, des Satans adolescents,
Au son d'une musique mahométane
Font litière aux Sept Péchés de leurs cinq sens.

C'est la fête aux Sept Péchés : ô qu'elle est belle !
Tous les Désirs rayonnaient en feux brutaux ;
Les Appétits, pages prompts que l'on harcèle,
Promenaient des vins roses dans des cristaux.

Des danses sur des rythmes d'épithalames
Bien doucement se pâmaient en longs sanglots
Et de beaux choeurs de voix d'hommes et de femmes
Se déroulaient, palpitaient comme des flots,

Et la bonté qui s'en allait de ces choses
Etait puissante et charmante tellement
Que la campagne autour se fleurit de roses
Et que la nuit paraissait en diamant.

Or le plus beau d'entre tous ces mauvais anges
Avait seize ans sous sa couronne de fleurs.
Les bras croisés sur les colliers et les franges,
Il rêve, l'oeil plein de flammes et de pleurs.
En vain la fête autour se faisait plus folle,
En vain les Satans, ses frères et ses soeurs,
Pour l'arracher au souci qui le désole,
L'encourageaient d'appels de bras caresseurs :

Il résistait à toutes câlineries,
Et le chagrin mettait un papillon noir
A son cher front tout brûlant d'orfèvreries :
O l'immortel et terrible désespoir !

Il leur disait : « Ô vous, laissez-moi tranquille ! »
Puis les ayant baisés tous bien tendrement
Il s'évada d'avec eux d'un geste agile,
Leur laissant aux mains des pans de vêtement.

Le voyez-vous sur la tour la plus céleste
Du haut palais avec une torche au poing ?
Il la brandit comme un héros fait d'un ceste :
D'en bas on croit que c'est une aube qui point.

Qu'est-ce qu'il dit de sa voix profonde et tendre
Qui se marie au claquement clair du feu
Et que la lune est extatique d'entendre ?
«Oh ! je serai celui-là qui créera Dieu !
»Nous avons tous trop souffert, anges et hommes,
»De ce conflit entre le Pire et le Mieux.
»Humilions, misérables que nous sommes,
»Tous nos élans dans le plus simple des voeux.

»*Ô vous tous, ô nous tous, ô les pécheurs tristes,*
»*Ô les gais Saints ! Pourquoi ce schisme têtu ?*
»*Que n'avons-nous fait, en habiles artistes,*
»*De nos travaux la seule et même vertu !*
» *Assez et trop de ces luttes trop égales !*
» *Il va falloir qu'enfin se rejoignent les*
» *Sept Péchés aux Trois Vertus Théologales !*
» *Assez et trop de ces combats durs et laids !*

» *Et pour réponse à Jésus qui crut bien faire*
» *En maintenant l'équilibre de ce duel,*
» *Par moi l'enfer dont c'est ici le repaire*
» *Se sacrifie à l'Amour universel !* »

La torche tombe de sa main éployée,
Et l'incendie alors hurla s'élevant,
Querelle énorme d'aigles rouges noyée
Au remous noir de la fumée et du vent.

L'or fond et coule à flots et le marbre éclate ;
C'est un brasier tout splendeur et tout ardeur ;
La soie en courts frissons comme de l'ouate
Vole à flocons tout ardeur et tout splendeur.

Et les Satans mourants chantaient dans les flammes
Ayant compris, comme ils étaient résignés
Et de beaux choeurs de voix d'hommes et de femmes
Montaient parmi l'ouragan des bruits ignés.

Et lui, les bras croisés d'une sorte fière,
Les yeux au ciel où le feu monte en léchant...
Il dit tout bas une espèce de prière
Qui va mourir dans l'allégresse du chant.

VII / La carrière prophétique

Il dit tout bas une espèce de prière,
Les yeux au ciel où le feu monte en léchant...
Quand retentit un affreux coup de tonnerre
Et c'est la fin de l'allégresse et du chant.

On n'avait pas agréé le sacrifice :
Quelqu'un de fort et de juste assurément
Sans peine avait su démêler la malice
Et l'artifice en un orgueil qui se ment.

Et du palais aux cent tours aucun vestige,
Rien ne resta dans ce désastre inouï,
Afin que par le plus effrayant prodige
Ceci ne fût qu'un vain rêve évanoui...

Et c'est la nuit, la nuit bleue aux mille étoiles ;
Une campagne évangélique s'étend
Sévère et douce, et, vagues comme des voiles,
Les branches d'arbre ont l'air d'ailes s'agitant.

De froids ruisseaux courent sur un lit de pierre ;
Les doux hiboux nagent vaguement dans l'air
Tout embaumé de mystère et de prière ;
Parfois un flot qui saute lance un éclair.
La forme molle au loin monte des collines
Comme un amour encore mal défini,
Et le brouillard qui s'essore des ravines
Semble un effort vers quelque but réuni.

Et tout cela comme un coeur et comme une âme,
Et comme un verbe, et d'un amour virginal
Adore, s'ouvre en une extase et réclame
Le Dieu clément qui nous gardera du mal.

Rimbaud avait écrit dans *Matinée d'ivresse* cette phrase : *On nous a promis d'enterrer dans l'ombre l'arbre du bien et du mal, de déporter les honnêtetés tyranniques, afin que nous amenions notre très pur amour*[345].

La première partie de sa vie fut réellement consacrée à l'accomplissement de cette promesse. On peut dire qu'il vint en prophète sur la terre. Et s'il ne fut accueilli que par des risées, ce fut le fait non de sa faiblesse, mais de l'indigence d'esprit de ses interlocuteurs. Un homme pourtant se laissa séduire par cet enfant miraculeux. Je n'ai pas à reprendre les communes épreuves de Paul Verlaine et d'Arthur Rimbaud ; la nature de leur sympathie m'est indifférente. Ce qui me passionne dans leurs rapports c'est la cause première qui les fit naître : *J'avais en effet*, avoue Rimbaud, *en toute sincérité d'esprit, pris l'engagement de le rendre à son état primitif de fils du Soleil*[346]. Il convient de ne pas voir là une simple originalité d'expression. Un sens profond se dégage de ces paroles : il transparaît dès qu'on songe que le Soleil représente pour les Kabbalistes le[347] symbole de l'Unité, et par conséquent de l'Amour. Les occultistes[348] de tous les temps s'accordent d'ailleurs pour voir en lui le reflet le plus pur de l'énergie universelle à l'intérieur de notre système. Il en est le Dieu même. Swedenborg a établi à ce sujet un intéressant parallèle : *Si le Seigneur dans le ciel apparaît comme Soleil, c'est parce qu'il est le Divin Amour, par lequel existent toutes choses spirituelles, et au moyen du Soleil du monde toutes les choses naturelles ; c'est cet Amour qui brille comme Soleil... C'est de là que dans la Parole, le Seigneur est comparé quant à l'amour au Soleil... C'est aussi de là que l'amour d'après le Seigneur pour le Seigneur est signifié par le Soleil*[349]...

VII / La carrière prophétique

La liaison de Rimbaud et de Verlaine s'éclaire donc d'une subite clarté. Faire prendre conscience à Verlaine de sa nature divine fut le labeur que Rimbaud entreprit[350]. Il le fit se connaître fils de Dieu et destiné à se perdre en son essence.

Le renoncement

VIII

> — *Je ne pouvais pas continuer, je serais devenu fou et puis... c'était mal.*
> (Paroles de Rimbaud à sa sœur)

On conçoit aisément à quels échecs s'exposait un esprit tout possédé de la monstrueuse ambition de changer la vie. Son génie seul ne le pouvait excuser auprès de gens qui n'avaient pas même le moyen d'en pressentir la force. Comme l'a écrit Léon Pierre-Quint : *Il est utile de savoir combien l'insuccès de Rimbaud à Paris fut complet, l'incompréhension totale. Jusqu'à présent la légende était différente : on voyait Victor Hugo consacrant l'enfant génial, les cénacles s'ouvrant à lui malgré la frayeur que leur causaient les manières du jeune forcené. En fait, il a été accueilli par la moquerie et bientôt exclu de partout*[351].

L'ampleur et la cruauté de sa déception n'avaient pas dû, malgré la rigueur de sa volonté, laisser intacte la confiance du jeune prophète. Et ce fut sans doute avec une sorte d'entêtement désespéré qu'il accepta de rendre à la *franchise première*[352] le pauvre Lelian dont il ne pouvait que mépriser le caractère inconsistant. On sait ce qu'il advint de leur aventure.

Le Voyant s'était depuis longtemps lassé de ce compagnon qu'il s'efforçait en vain d'arracher à son ivrognerie et à sa faiblesse, quand celui-ci vint ajouter à tant de lâchetés par la tentative de meurtre qui mit définitivement fin à leur liaison.

Le drame de Bruxelles marqua dans la vie de Rimbaud comme une cassure.

Il revint à Roche, le 20 juillet 1873[353]. Sa mère et ses sœurs déjeunaient quand il entra[354]. Cette physionomie tumultueuse et contenue, cette main blessée entraînèrent leurs questions. Sans rien répondre, il s'accouda à la table de famille, et brusquement s'abandonna à sa douleur. Il n'est pas impossible d'imaginer les remous de cet esprit farouche et dur au moment qu'il se laissait aller aux sanglots[355]. La folie de son ambition lui apparut subitement et la stupeur qu'il en conçut ne laissa place qu'à la détresse la plus profonde. Sa vie jusqu'à maintenant n'était qu'une longue suite d'erreurs. Absurde, ridicule et dégoûtant, voilà comme il fallait nommer son effort antérieur. Il se souciait peu désormais de la perte de la *Chasse spirituelle*. Plein d'acharnement contre ces fils de son orgueil, il souhaitait que tous ces poèmes eussent le même sort. Il livra lui-même aux flammes ceux qui lui restaient.

Il serait parfaitement faux de penser qu'à ce moment Rimbaud crut ses convictions erronées. Il fit simplement un retour sur lui-même, et comprit[356] la vanité de son attitude. Sur la voie de l'initiation mystique, il avait conçu tant de confiance en son esprit qu'il s'était présenté au monde comme un prophète, et bientôt comme un Dieu. Il revoyait sa carrière courte et folle depuis l'heure où, plein de dégoût pour nos formes d'existence, il s'était furieusement enfoncé dans la révolte et le goût du néant, jusqu'au moment où, plein de stupeur et de désespoir, il avait connu que par l'esprit on va à Dieu ! Pris entre cette réalité et sa haine de la religion qui le heurtait[357], Rimbaud remonta aux sources les plus pures de la métaphysique, et rencontra l'Orient. Il en apprit la vraie nature de l'homme, et son orgueil trouva dans cette révélation les nourritures les plus dangereuses. Puisque les hommes sont des dieux en devenir, le Poète n'est-il pas justement près d'atteindre cet absolu ? C'est à ce moment qu'il prépara *son bondissement par les choses inouïes et innommables*[358].

Et sans prendre une liberté abusive[359], il nous est encore donné ici de supposer les suites probables de sa tentative. L'examen de l'expérience mystique nous guide suffisamment dans cette voie, quel que soit le dogme dont elle peut subir le contrôle. Lorsqu'un *Voyant* a consommé son détachement du sensible, et qu'il connaît l'unité des choses, il les sent toutes en lui, et s'identifie avec elles. Cet état a nécessairement pour repartie[360] sur les plans de l'expression le silence le plus pur.

S'exprimer suppose en effet une volonté d'explication et par conséquent une dualité entre un sujet qui enseigne, et un sujet qui apprend. Le discours est encore basé sur la multiplicité des choses, et tend à expliquer leurs réactions les unes sur les autres. Impossible de communiquer un état, une saveur, une immanence. Or, dans l'union mystique, toute multiplicité est abolie, tout mouvement impensable. Il n'y a plus qu'une réalité en soi, une affirmation ineffable, un état qui se connaît comme tel et qui ne tend peut-être qu'à produire le mot « oui » :

> *Ordinairement je ne prie pas Dieu : je ne fais que lui adhérer, et je me trouve dans une telle ignorance et impuissance de lui exprimer ma soumission et ma dépendance totale, et tout autre chose que j'aurais à lui dire, même pour mes amis, que je suis réduite à m'exprimer par le mot : oui. Toutefois il arrive souvent que ce mot, pour n'être pas assez simple ni assez court, ne me contente plus. Je cherche donc une parole abrégée, qui puisse mieux énoncer la grandeur de cet être infiniment adorable et mon extrême anéantissement devant lui ; mais je n'en trouve point tel-*

lement que je demeure dans un bégaiement muet[361].

Cette citation, que j'emprunte à une mystique chrétienne, n'est pas sans intérêt pour notre étude[362]. Sans doute aurais-je pu aussi bien m'appuyer sur le témoignage d'un bouddhiste si j'avais pris le soin d'en chercher un : peu importe, avons-nous dit, le dogme qui contrôle l'expérience mystique ou même l'absence de dogme. Lorsque Rimbaud écrit : *Je comprends, et ne sachant m'expliquer sans paroles païennes, je voudrais me taire*[363], ou : *Ce Charme ! il prit âme et corps, Et dispersa tous efforts. Que comprendre à ma parole ? Il fait qu'elle fuie et vole*[364]*!* ou encore : *Je ne sais plus parler*[365] *!* il[366] cède à ce qu'on nomme en langage mystique la suspension des puissances.

Amené peu à peu à se taire par les lois d'un développement psychique inéluctable, Rimbaud, qui se pensait sur la voie du prophétisme, ne put transcrire dans ses poèmes que les points de départ de ses visions. Le fait de les organiser consciemment[367] autour de motifs raisonnés devint le signe de son abdication. Cette défaite subjective entraînait forcément un échec dans le monde extérieur. Mystique *pris de visions*[368], mais encore loin d'atteindre à l'état qui fait les fondateurs de religions, Rimbaud se perdit dans un élan à la fois orgueilleux et sublime.

À présent il ouvrait les yeux à la vérité. Archange foudroyé, il se sentait *rendu au sol, avec un devoir à chercher, et la réalité rugueuse à étreindre*[369]. Et non seulement il acceptait son destin avec une ardente patience, mais il voulait que l'abdication soit totale, l'épreuve sans concession. Toutefois, il devait laisser aux hommes une justification de sa faiblesse, un démenti de ses erreurs. Il fallait que l'on sût comment la charité fut *la sœur de la mort*[370] pour lui. C'est alors qu'il commença d'écrire la *Saison en enfer*.

IX

Rimbaud nous a donc laissé une histoire de sa vie morale. Son apparente confusion vient de la volonté qu'il eut d'en suivre les rythmes, plutôt que d'en ordonner artificiellement la succession [371]. Toutefois, parmi ces reprises et ses élans, il est aisé de dégager un processus d'idées qui correspond en tous points à celui qui s'est peu à peu construit sous nos yeux au cours des précédentes pages : révolte, découverte de l'Orient [372] et rejet du catholicisme, ambition prophétique. La *Saison en enfer* vient apporter un corollaire à nos explications et à nos hypothèses.

Dès le prologue, le poète expose la première phase du drame. Il évoque son enfance ornée de tous les dons et pourtant sourdement amère [373]. Et l'explosion de sa haine contre l'art, les systèmes sociaux, les contraintes spirituelles. Enfin le goût de la fureur qui ne se nourrit que de son propre feu : *J'ai appelé les bourreaux pour, en périssant, mordre la crosse de leurs fusils. J'ai appelé les fléaux, pour m'étouffer avec le sable, le sang. Le malheur a été mon dieu. Je me suis allongé dans la boue. Je me suis séché à l'air du crime. Et j'ai joué de bons tours à la folie.* Ce désir d'absolu, qui le poussait à rejeter toutes les acceptations dont il se sentait entouré, l'amenait logiquement à en vouloir détruire les effets, jusqu'à ne plus se retrouver que devant le néant le plus complet. Ce thème reparaît à maintes reprises. Le poète tend à une sorte de perfection négative dont l'aboutissement nous apparaîtra lorsque nous en aurons épuisé tous les aspects : *Encore tout enfant, j'admirais le forçat intraitable sur qui se referme toujours le bagne ; je visitais les auberges et les garnis qu'il aurait sacrés par son séjour ; je voyais avec son idée le ciel bleu et le travail fleuri de la campagne ; je flairais sa fatalité dans les villes. Il avait plus de force qu'un saint, plus de bon sens qu'un voyageur – et lui, lui seul ! pour témoin de sa gloire et de sa raison*[374].

Cette fiévreuse recherche conduisit enfin Rimbaud à exalter l'être primitif dont nulle civilisation n'a entamé la pureté[375]. Notre goût de l'action lui semble risible et humiliant[376] : *Quel siècle à mains ! – Je n'aurai jamais ma main. Après, la domesticité mène trop loin*[377]. Les étreintes dont nous nous contentons le navrent affreusement : *Je n'aime pas les femmes. L'amour est à réinventer, on le sait. Elles ne peuvent plus que vouloir une position assurée*[378]. Au contraire, l'homme sauvage ignore nos hypocrisies et nos compromissions. Son esprit vierge conserve seul quelque dignité. Le poète s'identifie avec lui : *Oui, j'ai les yeux fermés à votre lumière. Je suis une bête, un nègre. Mais je puis être sauvé. Vous êtes de faux nègres, vous maniaques, féroces, avares*[379].

Il est intéressant de remarquer l'influence de Jean-Jacques Rousseau dans cet effort de purification par le retour à la nature. Mais Rimbaud ne trouva dans l'œuvre du philosophe genevois qu'un système social dont sa soif d'absolu ne pouvait se satisfaire : la nudité est loin d'être sans concession. Plus réellement, il aspirait à une métaphysique du néant.

C'est alors qu'il se tourna vers l'Orient.

Comme la plupart des Occidentaux, il confondait soi-conscience et non-être. Il pensait trouver dans l'identification du sujet et de l'objet l'évasion définitive : *M'étant retrouvé deux sous de raison – ça passe vite ! – je vois que mes malaises viennent de ne m'être pas figuré assez tôt que nous sommes à l'Occident. Les marais occidentaux ! Non que je croie la lumière altérée, la forme exténuée, le mouvement égaré... Bon ! voici que mon esprit veut absolument se charger de tous les développements cruels qu'a subis l'esprit depuis la fin de l'Orient... Il en veut, mon esprit*[380] ! Et plus loin [381] : *je retournais à l'Orient et à la sagesse première et éternelle*[382].

Il est loisible de prévoir, dès maintenant, la suite de l'aventure. L'étude plus approfondie des théosophies orientales révéla bientôt au poète que *par l'esprit on va à Dieu*[383]. Tendre au néant, c'est vouloir l'Impossible. Il n'existe aucun espoir d'évasion : *Déchirante infortune*[384] !

Plutôt que de nourrir longtemps un inutile désespoir, il revint de son erreur avec un courage brusque. Son intelligence merveilleuse, l'âpreté même de son caractère le détournaient de concevoir la moindre indulgence vis-à-vis de lui-même, et de [385] s'obstiner dans une voie sans issue : *Ah ! cette vie de mon enfance, la grande route par tous les temps, sobre surnaturellement, plus désintéressé que le meilleur des mendiants, fier de n'avoir ni pays, ni amis, quelle sottise c'était. – Et je m'en aperçois seulement*[386] !

Il est évident que je simplifie à l'extrême l'évolution du poète. Elle s'est plus réellement déroulée en phases cruelles et violentes, dont la complexité nous est fidèlement rendue. Toutefois l'intelligence de la *Saison* exigeait d'abord une ordonnance de ses remous, au détriment même de leur tumultueuse grandeur. Mon souci d'indiquer d'une manière concise la courbe que décrit la pensée de Rimbaud lorsqu'elle part de la révolte pour aboutir à l'Orient m'a fait momentanément garder le silence sur la lutte qu'il eut à mener contre le souvenir de sa religion première. Je n'emploie pas ici le mot lutte au hasard. Au moment qu'il aspirait au néant, le poète ne put abolir d'un coup les convictions de son enfance. On le voit véritablement mener une sorte de corps à corps avec ses souvenirs[387].

Au début de cet essai, nous avons suivi Rimbaud dans la crise de destruction qui aboutit au rejet de la religion catholique. Mais il ne nous était donné d'apercevoir que les effets de sa colère. Au contraire, les pages de la *Saison en enfer* nous en dévoilent le côté intérieur. Rimbaud eut à se débattre contre une éducation religieuse dont il conservait fortement l'empreinte. Il nous a laissé lui-même le témoignage des contraintes qui pesaient à ce sujet sur ses jeunes années[388] :

> *Il craignait les blafards dimanches de décembre,*
> *Où, pommadé sur un guéridon d'acajou,*
> *Il lisait une Bible à la tranche vert-chou*[389].

Il n'est donc que normal de voir l'adolescent subir les assauts de son ancienne foi, au moment pathétique où il dut choisir une direction définitive. Il eut à la renier dans sa poursuite du néant. Il en sentit encore la douceur impérieuse l'entraîner par à-coups, après qu'il eut, à travers l'Orient, connu la vraie nature de la perfection. De là sont nés les nombreux passages où Rimbaud fait allusion au Christ et à l'Église dans la relation de son combat spirituel. De là les interprétations, de bonne foi ou non, qui tendent à faire de lui un poète catholique. Or, non seulement il nous est apparu que jusqu'ici son œuvre et sa vie furent le plus éclatant démenti qu'on puisse fournir à ces affirmations, par ailleurs insoutenables, mais il n'est pas un paragraphe de la *Saison en enfer* qui ne soit un reniement absolu de la religion chrétienne. Il suffit pour s'en convaincre de relire les phrases qui, au cours de l'ouvrage, marquent les mouvements du poète vers le Christ[390] :

Le sang païen revient ! L'Esprit est proche, pourquoi Christ ne m'aide-t-il pas, en donnant à mon âme noblesse et liberté. Hélas ! l'Évangile a passé ! l'Évangile ! l'Évangile[391].

Il n'en est pas qui n'expriment l'éloignement ou qui ne soient couronnées par un refus[392] :

*— Ah ! je suis tellement délaissé que j'offre à n'importe quelle divine image des élans vers la perfection.
Ô mon abnégation, ô ma charité merveilleuse ! ici-bas, pourtant !
De profundis Domine, suis-je bête*[393] *!*

Et lorsque Rimbaud a compris que *l'amour divin seul octroie les clefs de la science*[394] et que, renonçant à la révolte, il s'écrie : *Adieu chimères, idéals, erreurs,* il a le souci de déclarer en même temps : *Je ne serais plus capable de demander le réconfort d'une bastonnade. Je ne me crois pas embarqué pour une noce avec Jésus-Christ pour beau-père. Je ne suis pas prisonnier de ma raison. J'ai dit : Dieu. Je veux la liberté dans le salut : comment la poursuivre*[395] *?*

Plus loin encore, au cours du conflit qu'il mène contre le fils de l'homme, Rimbaud fait entendre ces plaintes amères : *Un homme qui veut se mutiler est bien damné, n'est-ce pas ? Je me crois en enfer, donc j'y suis. C'est l'exécution du catéchisme. Je suis esclave de mon baptême. Parents, vous avez fait mon malheur et vous avez fait le vôtre. Pauvre innocent ! L'enfer ne peut attaquer les païens*[396].

Impossible de trouver en quelque endroit que ce soit une acceptation du catholicisme. Il n'y a là qu'un combat sans merci contre des traditions que le poète subit et méprise[397]. Par moment, il se laisse aller à balbutier des mots qu'il prononçait tout enfant, mais pour bientôt sabrer d'un sarcasme son attendrissement d'une seconde :

Pitié ! Seigneur, j'ai peur. J'ai soif, si soif ! Ah ! l'enfance, l'herbe, la pluie, le lac sur les pierres, — le clair de lune quand le clocher sonnait douze... le diable est au clocher, à cette heure. Marie ! Sainte-Vierge !... – Horreur de ma bêtise[398].

Enfin, dans la pièce intitulée l'*Impossible*, que nous venons de voir et où Rimbaud a synthétisé les phases de sa révolte, il accable définitivement la religion occidentale sous les traits de son ironie :

... n'y a-t-il pas un supplice réel en ce que, depuis cette déclaration de la science, le christianisme, l'homme se joue, se prouve les évidences, se gonfle du plaisir de répéter des preuves, et ne vit que comme cela ! Torture subtile, niaise ; source de mes divagations spirituelles. La nature pourrait s'ennuyer, peut-être ! M. Prudhomme est né avec le Christ[399].

Voici donc, exprimée par lui-même, l'attitude que Rimbaud ne cessa d'avoir vis-à-vis du catholicisme. Poursuivi par ses souvenirs, mais jamais vaincu par eux, nous le voyons stigmatiser sans cesse la notion du Péché, en même temps qu'il se tourne avec avidité vers une autre lumière. Plein de dégoût pour la civilisation que l'Église a engendrée, il s'exclame enfin : *Tout cela est-il assez loin de la pensée de la sagesse de l'Orient, la patrie primitive*[400] ?

X

Le Voyant a poursuivi sa confession impitoyable sans s'épargner la relation des mouvements les plus douloureux à son orgueil. Il s'est accablé lui-même sous le mépris le plus ardent. Seul, un accent infiniment brisé vient par moment révéler son effondrement intérieur. Il reconstruit son personnage et le fait évoluer sous nos yeux avec une sincérité farouche. Il se montre à nu dans le délire qui s'empara de son esprit lorsqu'il prit conscience de ses facultés transcendantes :

Je vais dévoiler tous les mystères : mystères religieux ou naturels, mort, naissance, avenir, passé, cosmogonie, néant. Je suis maître en fantasmagories.
Écoutez !...
J'ai tous les talents ! — Il n'y a personne ici et il y a quelqu'un : je ne voudrais pas répandre mon trésor. — Veut-on des chants nègres, des danses de houris ? Veut-on que je disparaisse, que je plonge à la recherche de l'anneau ? Veut-on ? Je ferai de l'or, des remèdes[401].

Mais il n'y avait là qu'une parade assez basse. Elle correspond aux premières lectures de Rimbaud sur la magie. Ne doutons pas qu'il sut s'élever rapidement et remonter aux sources mêmes de l'occultisme. Le développement psychique qu'il poursuivit alors, et les études qu'il fit des métaphysiques orientales l'exaltèrent assez pour qu'il[402] se crut digne de se présenter comme un nouveau messie[403] : *Fiez-vous donc à moi, la foi soulage, guide, guérit. Tous, venez, — même les petits enfants, — que je vous console, qu'on répande pour vous son cœur, — le cœur merveilleux ! — Pauvres hommes, travailleurs ! Je ne demande pas de prières ; avec votre confiance seulement, je serai heureux*[404].

Maintenant, hélas ! il sentait la vanité de cette prétention. L'état misérable où il se trouvait n'était que le juste effet de sa tentative : *J'ai de la chance de ne pas souffrir plus. Ma vie ne fut que folies douces, c'est regrettable*[405].

Rimbaud a multiplié tout au long de la *Saison en enfer* les évocations de son aventure métaphysique, mais les *Délires I et II* en expriment particulièrement les phases. Verlaine parle dans le premier : c'est à travers lui que nous apercevons les gestes de Rimbaud. Dans le second poème, le Voyant s'explique lui-même sur ses efforts.

Les paroles que prononce la Vierge folle révèlent assez le dédain que Rimbaud ne cessa de ressentir pour Verlaine, malgré la tâche qu'il entreprit de le rendre à son état de fils du Soleil : *Mais que voulait-il avec mon existence terne et lâche ? Il ne me rendait pas meilleure, s'il ne me faisait pas mourir ! Tristement dépitée, je lui dis quelquefois : « Je te comprends. » Il haussait les épaules*[406].

On peut dire que le poète s'est ici placé au point de vue de ses interlocuteurs, pour s'attacher ensuite à leur révéler les ressorts secrets de son évolution[407]. La personnalité de Verlaine lui est assez précieuse en tant que symbole d'un observateur sans lumières : le public tout entier ne partagea-t-il pas son incompréhension lamentable ? Le pauvre Lelian s'exprime avec une stupeur égarée sur ce prophète enfant, tour à tour féroce et plein de charité. L'alternance de la révolte et de l'amour, dont fut un temps agité l'esprit de Rimbaud, donnait à ses gestes un aspect d'inconséquence épouvantable. Verlaine y puisait une terreur pleine de passion : *Parfois il parle, en une façon de patois attendri, de la mort qui fait repentir, des malheureux qui existent certainement, des travaux pénibles, des départs qui déchirent les cœurs. Dans les bouges où nous nous enivrions, il pleurait en considérant ceux qui nous entouraient, bétail de la misère. Il relevait les ivrognes dans les rues noires. Il avait la pitié d'une mère méchante pour les petits enfants. — Il s'en allait avec des gentillesses de petite fille au catéchisme. — Il feignait d'être éclairé sur tout, commerce, art, médecine. — Je le suivais, il le faut*[408]. Cet évangélisme trouve encore son expression dans ces paroles de l'Époux infernal : *Puis il faut que j'en aide d'autres : c'est mon devoir. Quoique ce ne soit guère ragoûtant..., chère âme...* Par quels détours fut-il amené à cette ambition de *changer la vie* et dans quelle courbe put s'inscrire cette évolution qui de l'art aboutit au mysticisme ? La pénétration de son œuvre nous l'a déjà expliqué. Mais Rimbaud tint à préciser lui-même ses points d'essor. Ce fut l'affaire du poème *Délires II*.

À moi. L'histoire d'une de mes folies[409], commence le Voyant. Et par là on apprend qu'il exige une distinction tout au moins temporaire[410] entre sa tentative littéraire et son ambition messianique. *L'Alchimie du Verbe* exprime les rapports étroits qui les lient[411]. Elle débute par une pétition de principes : *Depuis longtemps je me vantais de posséder tous les paysages possibles, et trouvais dérisoires les célébrités de la peinture et de la poésie moderne.* Ce rejet d'une esthétique et d'une littérature consacrées à l'expression des mouvements qu'engendre dans l'esprit la découverte objective, marque tout d'abord la position intellectuelle de Rimbaud. Sa conception du Moi l'empêche de reconnaître une valeur aux effets d'un système basé sur une opposition entre le monde et la conscience. Il ne s'intéresse pas davantage au culte de la personnalité puisqu'elle ne vaut, avec ses dons singuliers, qu'en tant que contraire d'un absolu spirituel.

En revanche, les réactions sans apprêt par quoi se révèle une sorte de génie collectif, et qui sont réellement les produits d'un peuple au moment où nul souci d'art ne vient troubler sa franchise[412], le charmaient étrangement pour la marque d'une réalité universelle qu'il y sentait sourdre : *J'aimais les peintures idiotes, dessus de portes, décors, toiles de saltimbanques, enseignes, enluminures populaires ; la littérature démodée, latin d'église, livres érotiques sans orthographe, romans de nos aïeules, contes de fées, petits livres de l'enfance, opéras vieux, refrains niais, rythmes naïfs.*

Sa méfiance du particulier le poussait encore à rechercher avec ferveur les mouvements humains dont aucun trait original ne subsiste, et dont l'action même n'a point laissé de souvenir[413] : *Je rêvais croisades, voyages de découvertes dont on n'a pas de relations, républiques sans histoires, guerres de religion étouffées, révolutions de mœurs, déplacements de races et de continents : je croyais à tous les enchantements.*

Ces derniers mots sont une allusion aux découvertes métaphysiques du poète et annoncent le paragraphe suivant où il va nous être loisible de déceler l'influence des lectures qu'il fit à cette époque, et dont il devait subir si fortement l'influence. Dans la lettre du 15 mai 1871, il écrivait : *Du reste, toute parole étant idée, le temps d'un langage universel viendra! [...] Cette langue sera de l'âme pour l'âme, résumant tout, parfums, sons, couleurs, de la pensée accrochant la pensée et tirant*[414]. La recherche d'une expression transcendante est proprement ce qu'il nomme Alchimie du Verbe. On la retrouve exprimée sous une autre forme : *Je réglai la forme et le mouvement de chaque consonne, et, avec des rythmes instinctifs, je me flattai d'inventer un verbe poétique accessible, un jour ou l'autre, à tous les sens. Je réservais la traduction.*

Ce fut d'abord une étude. J'écrivais des silences, des nuits, je notais l'inexprimable. Je fixais des vertiges.

Le moment me paraît venu de rappeler ici qu'un occultiste de la fin du XVIIIe siècle, Saint-Martin le philosophe inconnu[415], disciple de Martines de Pasqually[416], et auteur de l'*Homme de Désir* et de *Des Erreurs et de la Vérité*, a construit toute une doctrine propre à ramener par la charité un âge d'or dont le symbole serait une *langue unique*. Rencontre ou réminiscence ? La seconde hypothèse m'apparaît la plus vraisemblable ; mais je reste entre elles sans préférence d'autant mieux qu'elles justifient pareillement mon interprétation[417].

En même temps qu'il continuait en profondeur ses recherches verbales, Rimbaud s'attachait à rejoindre intuitivement le monde des idées. Dans sa poursuite de l'absolu, il ne séparait pas la connaissance de l'expression. *Toute parole étant idée*, il attendait de la combinaison intuitive des rythmes une révélation dont le phénomène de la conscience le privait momentanément. Et comme il n'existe pas de distinction réelle entre le Verbe et l'Esprit, la révélation du premier devait aller de pair avec l'émancipation du second. Rimbaud s'apprêtait donc à détruire méthodiquement la limitation qu'apporte au véritable Moi ce qu'on nomme la conscience[418] :

Je m'habituai à l'hallucination simple : je voyais très-fran-

chement une mosquée à la place d'une usine, une école de tambours faite par des anges, des calèches sur les routes du ciel, un salon au fond d'un lac ; les monstres, les mystères ; un titre de vaudeville dressait des épouvantes devant moi.

Puis j'expliquai mes sophismes magiques avec l'hallucination des mots[419] *!*

À travers les troubles et les souffrances qui accompagnent le détachement du sensible, Rimbaud parvint momentanément à une inconscience pleine de torpeur. Ce premier état, où l'esprit concentre en lui-même toutes ses facultés, de telle sorte que la disparition de leurs effets dans le monde extérieur fait croire un temps à la suppression de ces facultés mêmes, est celui qu'il faut d'abord s'attendre à rencontrer sur la voie de l'extase. Il semble qu'au lieu de s'élever, l'homme s'amène au contraire à un néant intellectuel qui le rapproche de la simplicité animale : *Je finis par trouver sacré le désordre de mon esprit. J'étais oisif, en proie à une lourde fièvre : j'enviais la félicité des bêtes, – les chenilles, qui représentent l'innocence des limbes, les taupes, le sommeil de la virginité*[420] *!*

La Chanson de la plus haute tour est justement consacrée à la poursuite d'une innocence primitive où le Bien et le Mal coexistent dans l'âme, de même que le bon grain et l'ivraie poussent côte à côte dans la terre libre :

> *Telle la prairie*
> *A l'oubli livrée,*
> *Grandie, et fleurie*
> *D'encens et d'ivraies.*

Les goûts du futur Voyant vont alors aux images du néant, aux états neutres : *J'aimai le désert, les vergers brûlés, les bou-*

X / Le renoncement

tiques fanées... Il demande au soleil d'incendier la cité de son feu pur, de ravager le monde de lumière : *Fais manger sa poussière à la ville. Oxyde les gargouilles. Emplis les boudoirs de poudre de rubis brûlante...*

Cette volonté d'abolir la multiplicité des formes sensibles pour retrouver Dieu par *le dedans* exigeait d'abord l'affaiblissement des puissances charnelles qui, pour un temps, localisent une parcelle de l'Âme cosmique et lui imposent l'illusion de la personnalité. Ce fut l'affaire d'un ascétisme dont nous avons entrevu la nature. Le poète y fait allusion avec le poème intitulé *Faim* :

> *Mes faims, tournez. Paissez, faims,*
> *Le pré des sons.*
> *Attirez le gai venin*
> *Des liserons*[421].

La destruction graduelle du centre de conscience permet à l'esprit de [422] s'identifier avec l'Âme universelle, de même qu'une étincelle au cœur de la flamme qui l'engendre s'y dissout peu à peu jusqu'à se sentir flamme elle-même : *Comme d'un feu éclatant jaillissent de toutes parts des milliers d'étincelles de nature identique, ainsi les créatures innombrables procèdent de l'Être indestructible et y retournent*[423]... Rapprocher de la phrase qu'on va lire ce verset déjà cité des *Upanishads*, rend inutile, je pense, tout autre commentaire[424] : *Enfin, ô bonheur, ô raison, j'écartai du ciel l'azur, qui est du noir, et je vécus, étincelle d'or de la lumière* nature. *De joie, je prenais une expression bouffonne et égarée au possible*[425].

L'abolition de la multiplicité entraîne après soi la suppression de l'espace et du temps pour laisser place au sentiment de l'Éternité ! Plus de distinction entre les éléments, mais une interpénétration de toutes choses :

> *Elle est retrouvée !*
> *— Quoi ? — l'Éternité.*
> *C'est la mer mêlée*
> *Au soleil*[426].

Plus d'attente et plus de changement dès qu'on s'abandonne à ce gel vorace par qui toutes formes sont consumées.

> *Plus de lendemain,*
> *Braises de satin,*
> *Votre ardeur*
> *Est le devoir*[427].

Ainsi donc, le glissement du plan littéraire au plan métaphysique s'est produit. La volonté d'une expression absolue avait pour répartie nécessaire une connaissance absolue. L'obtention de celle-ci ne pouvait que révéler d'un coup la faillite de l'art : exprimer l'absolu, ce serait prononcer de manière efficace la Parole d'où l'univers est né. En admettant pour un instant qu'une nouvelle création ne soit pas impensable, il faudrait encore conclure à son *inutilité en tant que révélation*[428].

La seule manière de réaliser l'absolu est d'en prendre conscience à travers le détachement des apparences sensibles[429]. L'évolution de l'humanité n'est rien d'autre que cette marche ascendante vers une perfection que Rimbaud nomme *fatalité de bonheur*[430]. La Poésie a donc pour fin la connaissance subjective. Tant que le poète ne fait que tirer du rapprochement des réalités les étincelles d'une lumière qu'il pressent, les hommes peuvent se guider sur ces grandes lueurs arrachées au mystère. Mais qu'il atteigne enfin l'union infinie à laquelle toutes ses forces tendaient, et son silence restera désormais le signe de sa volupté.

Une contradiction nette apparaît dès maintenant entre les affirmations de la *Lettre du Voyant* qui tendaient à fournir au moyen de l'Art[431] une révélation *communicable* et le silence auquel aboutit la réalisation de l'Unité. L'évolution poétique que subit Rimbaud devait donc l'amener à un résultat bien différent du didactisme transcendant qu'il espérait[432].

Toute expression purement révélatrice est impossible. Et pareillement toute autre rédemption que la sienne propre est[433] une tentative vouée d'avance à l'insuccès. Pourtant, Rimbaud n'avait-il pas déclaré que grâce à lui l'énormité deviendrait *norme absorbée par tous*[434] — et que la rédemption de tout Péché serait faite, *lui étant, et étant aimé*[435] ? C'est qu'en effet, la conviction que les hommes sont des dieux en devenir, et la conscience très sûre de ses facultés supérieures, l'avaient entraîné par une sorte de raisonnement sophistique à se déclarer parvenu au point ultime de son évolution spirituelle, et doué des pouvoirs mêmes de Dieu : *Aucun des sophismes de la folie, — la folie qu'on enferme, — n'a été oublié par moi : je pourrais les redire tous, je tiens le système*[436].

L'échec métaphysique qu'il subissait désorganisa suffisamment sa volonté pour que les souvenirs mal contenus de sa religion première revinssent un moment le hanter. *Sur la mer, que j'aimais comme si elle eût dû me laver d'une souillure, je voyais se lever la croix consolatrice*[437]. Mais la facilité d'une doctrine basée sur la valeur de l'acte et la distinction du Bien et du Mal ne le pouvait satisfaire[438]: *l'action n'est pas la vie, mais une façon de gâcher quelque force, un énervement. La morale est la faiblesse de la cervelle,* avait-il déclaré[439]. À présent encore il repoussait de toutes ses forces une religion qui pose la nécessité de la vie en vue de l'éternité, plutôt que de prêcher sa suppression au profit de l'absolu[440]. Si la conception occidentale de l'existence entraîne l'homme à continuer le mouvement créateur dont il fait partie, et à s'individualiser de plus en plus dans le culte de la *force,* et d'une certaine *beauté* formelle, la sagesse orientale l'amène au contraire à considérer l'acte comme une limitation qu'il convient d'abolir pour retrouver, par l'identification du Moi et du monde extérieur, l'Unité momentanément perdue. La vie et la perfection sont des valeurs inconciliables. La loi[441] de causalité sur le plan spirituel enchaîne le cycle des réincarnations : *À chaque être, plusieurs autres vies me semblaient dues*[442]. Ce n'est que par le renoncement à la pensée et à l'action qu'il est possible de supprimer la multiplicité et de réaliser le Bonheur[443]: *Le Bonheur était ma fatalité, mon remords, mon ver : ma vie serait toujours trop immense pour être dévouée à la force et à la beauté*[444].

La hantise de ce Bonheur le poursuivait sans cesse. Elle le dominait à chaque manifestation de l'espérance humaine : *chant du coq,* — ad matutinum, *au* Christus venit, — *dans les plus sombres villes*[445].

Il avait eu l'ambition de le réaliser personnellement et d'entraîner l'humanité à sa suite dans la lumière. Sautant successivement les degrés de la Beauté jusqu'à ne plus se retrouver que devant son Idée pure[446], il avait cru pouvoir la révéler absolument par un verbe spiritualisé :

J'ai fait la magique étude
Du bonheur, qu'aucun n'élude[447].

La cruauté de son échec nous est suffisamment apparue. *Maintenant*, devait-il conclure, *je puis dire que l'art est une sottise*[448]. Phrase qu'il remplaça sur le texte définitif par celle que l'on connaît : *Cela s'est passé. Je sais aujourd'hui saluer la beauté*[449], et qui pareillement exprime sa volonté d'une dévotion silencieuse.

XI

> *Le sage qui le connaît ne parle de rien autre,*
> *il vit dans l'Atman ; il trouve sa joie dans l'Atman.*
> *Et cependant il accomplit sa tâche terrestre.*
> Mundaka Upanishad, III, 1-4.

Mon sort dépend de ce livre[450], annonçait Rimbaud au moment qu'il commençait d'écrire la *Saison en enfer*. Et par là sans doute entendait-il que son destin restait étroitement uni à la rémission de son orgueil et à l'issue de ses propres réflexions. Il ne se résignait point à renier sa tentative sans en laisser une justification qui permît de la pénétrer. Enfin il lui fallait en quelque sorte faire le point de son existence dans le chaos où elle venait de se perdre[451].

La nécessité de ce retour sur lui-même explique la succession que le Voyant donna à ses poèmes. Ils sont ordonnés selon une durée fidèlement reproduite. Toutefois, son goût pour la magie et l'exercice de ses facultés transcendantes firent qu'il remonta dans son passé bien plus loin qu'on eût pu s'y attendre[452]. C'est par une évocation de ses vies antérieures que s'ouvre *Mauvais sang*. Le poète en écrivit les premières lignes comme un préambule à ses actuels tourments. Nous avons suivi la représentation qu'il nous en laissa jusqu'au moment où, plein d'épouvante, il connut la vanité de son ambition prophétique[453]. Son dernier effort de ressaisissement et la décision qui le suivit achèveront, lorsque nous les connaîtrons, d'éclairer la grandeur de cette vie étonnante.

Dès qu'il eut compris l'impossibilité de s'évader ailleurs qu'en Dieu, Rimbaud mit à le gagner la frénésie qu'il avait antérieurement prodiguée à poursuivre un néant définitif. Ses dons innés et les pratiques qui les fortifièrent lui permirent d'atteindre à une connaissance surnormale dont il développa avec complaisance toutes les conséquences possibles. Nous avons vu dans un chapitre précédent que l'ascétisme peut donner à l'esprit une liberté momentanée qui l'enivre, jusqu'au moment où il perçoit son illusion, et la nécessité d'une évolution régulière. Rien ne corrobore mieux cette loi que le cri de Rimbaud après que fut consommée la faillite de son espoir. L'humanité avance lentement vers une fatalité de bonheur qu'il lui a reconnue. Le salut n'est-il pas dans les pauvres moyens qui, malgré tout, la conduisent progressivement à la perfection ? Ce que l'Orient accomplit d'un coup par l'esprit, l'Occident le réalise peu à peu grâce à son labeur matériel : *La science, la nouvelle noblesse ! Le progrès. Le monde marche ! Pourquoi ne tournerait-il pas ?*

C'est la vision des nombres. Nous allons à l'Esprit. C'est très certain, c'est oracle, ce que je dis[454], avait-il déjà proclamé au début de son conflit intérieur. Il avait bientôt préféré à ce mysticisme scientiste les[455] voies plus rapides de salut que lui proposait l'Orient. Mais sans doute n'était-il pas prêt à s'y engager, et son ambition l'amenait-elle à forcer le jeu normal des lois évolutives : *L'esprit est autorité, il veut que je sois en Occident. Il faudrait le faire taire pour conclure comme je voulais*[456]. Et maintenant que le destin lui imposait encore l'angoisse d'un choix, il songeait à reprendre place dans les rangs de l'évolution humble et lente qu'il avait dédaignée : *Le travail humain ! c'est l'explosion qui éclaire mon abîme de temps en temps*[457]. Voici l'Éclair fugace mais aveuglant vers lequel va se diriger à tâtons le poète abandonné de ses illusions. La dernière phase du drame est elle-même entamée.

XI / Le renoncement

Les suprêmes refus de cette âme violente sont encore le fait d'un orgueil qui ne veut accepter qu'un dilemme : le néant ou Dieu. L'état intermédiaire qui est le sort de l'humanité lui paraît insupportable à seulement penser[458]. Si Rimbaud rejeta avec tant de brutalité le labeur occidental, c'est qu'il lui parut puéril de s'astreindre à un mode de connaissance qui s'exerce depuis des siècles sans soupçonner encore les réalités que l'intuition a depuis longtemps découvertes : *Qu'y puis-je ? Je connais le travail ; et la science est trop lente. Que la prière galope et que la lumière gronde... je le vois bien*[459]. Mais le souvenir des sophismes construits par son orgueil sur de grandes vérités ne lui laisse plus désormais qu'un immense dégoût pour luimême. Il se sait incapable de reprendre les voies suivies sans retomber dans les mêmes erreurs. Et d'autre part, le travail humain, seule issue qui ne lui soit pas fermée, lui paraît indigne d'engloutir son désespoir. Minute horrible où le poète se sent mordu par une bouche de cendre. Le suicide le plus total n'est-il pas d'accepter le cabotinage des attitudes humaines ? *Ma vie est usée. Allons ! feignons, fainéantons, Ô pitié ! Et nous existerons en nous amusant, en rêvant amours monstres et univers fantastiques, en nous plaignant et en querellant les apparences du monde, saltimbanque, mendiant, artiste, bandit, — prêtre ! Sur mon lit d'hôpital, l'odeur de l'encens m'est revenue si puissante ; gardien des aromates sacrés, confesseur, martyr*[460]...

Remarquons en passant que dans l'énumération des états qui symbolisent pour lui l'hypocrisie, Rimbaud place en dernier lieu celui de prêtre, comme une sorte de couronnement à leur succession[461]. Et à l'instant où il subit le souvenir de vagues mysticités chrétiennes, il s'exclame avec mépris[462] : *je reconnais là ma sale éducation d'enfance...* On peut dire qu'il n'est point dans la *Saison* une réminiscence du catholicisme qui ne soit[463] immédiatement suivie d'un violent refus.

Le poète va-t-il donc retourner à sa volonté de destruction et à sa soif horrible du néant ? — *Non ! non ! à présent je me révolte contre la mort*[464] *!* Et pourtant il ne se peut encore résoudre à l'abdication finale. La médiocrité humaine lui paraît inacceptable. Une perte infinie n'était-elle point due à son ambition infinie ? *Le travail paraît trop léger à mon orgueil : ma trahison au monde serait un supplice trop court. Au dernier moment, j'attaquerais à droite, à gauche*[465]... Mais qu'adviendra-t-il de lui si au dernier moment, comme il le prévoit, sa fureur le rejette à la poursuite d'un néant qui est véritablement l'Impossible ? *Alors, — oh ! — chère pauvre âme, l'éternité serait-elle pas perdue pour nous*[466] *!*

La nuit où fulgura L'Éclair se dissipe et fait place au Matin : un silence plein de stupeur succède au conflit spirituel. Voici l'heure étale qui précède un définitif recommencement : *N'eus-je pas une fois une jeunesse aimable, héroïque, fabuleuse, à écrire sur des feuilles d'or, — trop de chance ! Par quel crime, par quelle erreur, ai-je mérité ma faiblesse actuelle*[467] *?* Ce crime, nous venons d'assister à sa naissance et son achèvement. Le poète a fini *la relation de son enfer.* Le moment d'une décision est venu. Du néant qu'il poursuivit, à la nuit où son orgueil l'entraîna, le Voyant eut sans cesse des élans vers une religion qui ne sut ni l'émouvoir ni le satisfaire[468]. Mouvements qu'il résume dans cette phrase : *Du même désert, à la même nuit, toujours mes yeux las se réveillent à l'étoile d'argent, toujours, sans que s'émeuvent les Rois de la vie, les trois mages, le cœur, l'âme, l'esprit*[469]. Une dernière solution est donc à trouver, à accepter.

Avec un immense courage, Rimbaud va se jeter enfin dans les rangs de l'évolution commune. La flamme de *L'Éclair* hallucine encore son regard. Il sait que le labeur obscur de l'humanité l'a[470] conduit avec lenteur et certitude vers une *fatalité de*

XI / Le renoncement

bonheur. Il décide de se laisser porter par ce courant solennel : *Quand irons-nous, par-delà les grèves et les monts, saluer la naissance du travail nouveau, la sagesse nouvelle, la fuite des tyrans et des démons, la fin de la superstition, adorer — les premiers ! — Noël sur la terre !*

Le chant des cieux, la marche des peuples ! Esclaves, ne maudissons pas la vie[471].

Et à présent voici l'*Adieu*.

Rimbaud a retracé dans ce chant final les trois grandes phases de son combat spirituel : goût du néant, ambition prophétique, et acceptation d'une évolution normale. Il nous offre, pour finir, une brève synthèse de la *Saison*, et partant de son existence.

La première période de sa vie normale, celle où, plein d'une fureur destructrice, il marchait de ville en ville, est tout d'abord évoquée : *Ah ! les haillons pourris, le pain trempé de pluie, l'ivresse, les mille amours qui m'ont crucifié*[472] ! Il nous souvient que sa haine du catholicisme[473] prit naissance à ce moment même. Aussi la phrase suivante est-elle consacrée à l'expression de sa révolte vis-à-vis d'un dogme qui admet le péché, et par conséquent attache à l'acte une valeur sans limites[474] : *Elle ne finira donc point cette goule reine de millions d'âmes et de corps morts et qui seront jugés !* Les souvenirs de ces anciens jours se lèvent dans son esprit. Voici que défilent en lui les heures de misère qu'il connut, soit qu'à travers les campagnes il dût mendier son pain dans les fermes, soit que dans la capitale il errât par les rues des jours entiers sans nourriture et sans abri : *Je me revois la peau rongée par la boue et la peste, des vers plein les cheveux et les aisselles et encore de plus gros vers dans le cœur, étendu parmi les inconnus sans âge, sans sentiment, ... J'aurais pu y mourir... L'affreuse évocation ! J'exècre la misère. Et je redoute l'hiver parce que c'est la saison du comfort*[475]!

Ce rappel douloureux laisse bientôt place à l'évocation de la période où il conçut ses ambitions prophétiques[476]. Les mirages de cette époque rayonnent dans sa mémoire : *Quelquefois je vois au ciel des plages sans fin couvertes de blanches nations en joie. Un grand vaisseau d'or, au-dessus de moi, agite ses pavillons multicolores sous les brises du matin.* Hélas ! le Voyant s'amenait aux erreurs les plus funestes. Après s'être cru Dieu, il avait tenté de créer un monde plus parfait : *J'ai essayé d'inventer de nouvelles fleurs, de nouveaux astres, de nouvelles chairs, de nouvelles langues. J'ai cru acquérir des pouvoirs surnaturels. Eh bien ! je dois enterrer mon imagination et mes souvenirs ! Une belle gloire d'artiste et de conteur emportée !*

Et après qu'il a de cette manière confessé son échec[477], Rimbaud revient à la décision qu'il lui reste à prendre : *Moi ! moi qui me suis dit mage ou ange, dispensé de toute morale, je suis rendu au sol, avec un devoir à chercher, et la réalité rugueuse à étreindre ! Paysan !*

La pensée qu'il doit à son amour de l'humanité de s'être laissé entraîner à des prétentions si vastes lui tire cette[478] plainte émouvante : *Suis-je trompé ? la charité serait-elle sœur de la mort, pour moi ?* Mais non. Son erreur ne réside pas dans le but qu'il a poursuivi, mais dans le fait de s'être cru capable de le réaliser à lui seul, et sur-le-champ... *Enfin, je demanderai pardon pour m'être nourri de mensonge. Et allons. Mais pas une main amie ! et où puiser le secours ?*

Ce sentiment d'isolement va céder à la conscience de la victoire acquise. Le moment de l'acceptation est enfin venu. Goût du néant, ambition prophétique sont définitivement abolis : *Tous les souvenirs immondes s'effacent.* Il renie du plus profond de lui-même son admiration d'autrefois pour les âmes sau-

XI / Le renoncement

vages et révoltées : *Mes derniers regrets détalent, — des jalousies pour les mendiants, les brigands, les amis de la mort, les arriérés de toutes sortes. — Damnés, si je me vengeais !*

Toute la suite exprime la volonté du poète de ne plus jamais varier dans sa décision, et de rester fidèle à son vœu de silence : *Point de cantiques : tenir le pas gagné.* Les paroles qu'il emploie ont une allure biblique qui est la dernière marque de son éducation d'enfance : *Le combat spirituel est aussi brutal que la bataille d'hommes ; mais la vision de la justice est le plaisir de Dieu seul.*

Et si au moment d'élaborer une méthode de connaissance qui le devait mener à un état transcendant, il s'était autrefois exclamé : *Petite veille d'ivresse, sainte*[479], — aujourd'hui qu'il s'engage dans la voie du salut, il emploie des termes semblables, mais avec une rigueur qui leur confère enfin une valeur d'immutabilité : *Cependant c'est la veille. Recevons tous les influx de vigueur et de tendresse réelle. Et à l'aurore, armés d'une ardente patience, nous entrerons aux splendides villes.*

Que parlais-je de main amie !... L'allusion qu'il fit à sa solitude est ici reprise. Mais ce n'est plus pour en gémir. Elle lui devient un prétexte pour signifier son éloignement de l'amour physique au profit de l'union spirituelle avec un principe qu'il va s'attacher à retrouver. Sur ce point les convictions de Rimbaud restent inchangées. Il accepte d'être en Occident et d'adopter ses formes d'évolution, mais il sait que par la concentration de l'amour l'homme atteint la réalité qu'il porte en lui, tandis que la dispersion de cette force au profit des apparences charnelles tend à le maintenir au degré le plus misérable de la vérité : *Que parlais-je de main amie ! Un bel avantage, c'est que je puis rire des vieilles amours mensongères, et frapper de honte ces couples menteurs, – j'ai vu l'enfer des femmes là-bas ; — et il me sera loisible de* posséder la vérité dans une âme et un corps.

La Saison en enfer fut le seul ouvrage que Rimbaud s'occupa de faire imprimer. À quelle cause attribuer au juste ce souci de publicité ? *Mon sort dépend de ce livre,* avait-il déclaré dans une lettre à Delahaye[480]. Et l'on trouve à la fin de la Saison : *Enfin, je demanderai pardon pour m'être nourri de mensonge. Et allons*[481]. Il est donc assez clair que le poète eut à la fois le désir de renier son attitude et d'en expliquer les raisons. Peut-être espérait-il que ses contemporains comprendraient enfin et ne l'accableraient point[482]. Peut-être aurait-il aimé à accomplir sa tâche terrestre auprès des siens, dans une retraite calme. Le vœu que pendant ses années d'exil il exprima toujours de revenir en France pour s'y marier, semble indiquer ce goût d'une existence simple. Mais son orgueil, bien que maîtrisé, lui interdisait encore de vivre parmi des gens qui, selon sa propre expression, ne le pouvaient juger que *ridicule, absurde et dégoûtant*[483]. S'il tenta une dernière fois de leur faire entrevoir son âme, ce fut dans un besoin d'humilité et de rémission, qui s'exerça d'ailleurs en pure perte. Devant l'incompréhension absolue qu'il rencontra toujours, il détruisit les exemplaires de la *Saison* qu'il possédait, et décida de s'enfoncer dans les contrées horribles où l'on sait qu'il consuma le reste de ses jours.

Il mit en œuvre, avec une inflexible volonté[484], la décision qu'il avait prise de s'adonner à un labeur matériel et de ne manifester plus la moindre préoccupation littéraire, ni métaphysique. On a dit avec raison qu'il serait vain de chercher dans sa correspondance une phrase qui pût faire songer qu'il existe un Art, et peut-être un Dieu. Nous savons les titres des livres qu'il commandait à sa famille : *Livre de poche du Charpentier, le Petit Menuisier, le Peintre en bâtiments, Manuel du Fondeur, Manuel du Charron, Manuel du Tanneur, Traité de Minéralogie, Traité des Puits artésiens, Exploitation des Mines, Hydraulique agricole, Guide de l'Armurier, Manuel de Télégraphie, Manuel du Verrier, du Potier, du Faïencier,* etc.

Il devait s'attacher à ne plus montrer de curiosité que pour les progrès de la connaissance occidentale, et d'admiration que pour la science. Tel passage de ses lettres est à cet égard des plus significatifs : *Hélas ! à quoi servent ces allées et venues, et ces fatigues et ces aventures chez des races étranges, et ces langues dont on se remplit la mémoire, et ces peines sans nom, si je ne dois pas un jour, après quelques années, pouvoir me reposer dans un endroit qui me plaise à peu près et trouver une famille, et avoir au moins un fils que je passe le reste de ma vie à élever à mon idée, à orner et à armer de l'instruction la plus complète qu'on puisse atteindre à cette époque, et que je voie devenir un ingénieur renommé, un homme puissant et riche pour la science*[485] ?

Il alla jusqu'à rédiger un rapport géographique fort précis sur certaines régions de l'Ogaden, qu'il fut le premier à parcourir[486]. Mais sous l'homme d'action, il nous est loisible de deviner l'apôtre d'autrefois, le saint. Son amour de l'humanité ne le quitte pas un instant, à travers les préoccupations purement matérielles qu'il affecta d'avoir désormais : *Sa charité très discrète et très large fut probablement une des bien rares choses qu'il fit sans ricaner ou crier à l'écœurement,* écrit Alfred Bardey. Et les lignes suivantes, que j'emprunte à la correspondance du poète, nous éclairent involontairement sur la manière dont au Harar il traitait les indigènes : *Ces stupides nègres s'exposent à la phtisie et à la pleurésie, en restant nus sous la pluie. Rien ne les peut corriger. Il m'arrive souvent de rentrer chez moi nu dans mon burnous, pour en avoir habillé quelques-uns en route*[487]. Enfin son côté mystérieux, presque divin, ne disparut point assez pour que les êtres simples qui l'entouraient ne vinssent à s'en émouvoir. Qu'il me suffise de citer à ce sujet une curieuse lettre de M. Lagarde, ancien gouverneur d'Obock, à Paul Claudel : *Rimbaud devait être au Harar en effet, lors de mon arrivée sur les côtes de la mer Rouge. Il y luttait d'une part pour la vie (quelle rude vie !) et rêvait ensuite de choses que les indigènes et les chefs musulmans de l'entourage de l'Émir du moment ne comprenaient point... Ils le considéraient cependant comme d'inspiration céleste, tant et si bien que des « fidèles » s'empressèrent autour de lui, suscitant les jalousies et les haines des cadis et des muphtis menacés dans leurs affaires par le nouveau prophète qu'ils essayèrent, du reste, de faire tuer sur place*[488].

Je n'ai point à reprendre, après les biographes de Rimbaud, sa vie au Harar, et sa fin dans l'un des hôpitaux de Marseille. Sa sœur Isabelle rapporte que sur ses instances, il accepta de recevoir au moment presque de mourir la visite de l'aumônier, qui le trouva trop faible pour communier, mais fut édifié par sa foi. Que Rimbaud crût à une réalité supérieure, nous le savions déjà. Mais est-il possible d'interpréter cette croyance comme une conversion au catholicisme ? Davantage est-il moyen d'avancer que cette prétendue conversion fut la suite logique de sa vie, et qu'on y peut trouver la clef de son œuvre ?

Je me permets de ne le pas penser[489].

Notes justificatives et complémentaires [490]

Ce petit livre s'adresse à ceux qui vivent depuis longtemps dans l'intimité d'Arthur Rimbaud, et se sont posé à son sujet, les questions d'usage : sens de son œuvre et de sa vie. Plus encore, il tend à *orienter* les lecteurs [491] que minent des curiosités particulières : sens précis de telle phrase ou tel poème.

Jusqu'ici, les commentateurs de Rimbaud s'occupèrent à construire autour de son œuvre des interprétations ingénieuses qu'ils ne soutinrent d'aucune justification. Je me suis efforcé d'analyser ses poèmes phrase par phrase. D'où une allure didactique fort pénible, mais qui m'a fourni des lueurs que je considère comme précieuses.

J'ai cru nécessaire d'écrire cette esquisse pour déterminer vers quoi nous entraîne l'influence de Rimbaud et à cause de cette phrase du poète lui-même : *Vous qui prétendez que des bêtes poussent des sanglots de chagrin, que des malades désespèrent, que des morts rêvent mal, tâchez de raconter ma chute et mon sommeil* [492].

Que l'on ne s'illusionne pas : l'influence de Rimbaud perce à peine. Je n'en vois partout que des amorces. Paul Claudel le nomme son père spirituel[493]. Si Rimbaud, esprit oriental, fut inquiété par le Christ, j'admets que Claudel, esprit catholique, se sente entraîné vers l'Orient, mais je ne perçois pas entre eux d'autre point de contact. Si ce n'est que Claudel emprunta à Rimbaud l'idée centrale de son fameux drame l'*Annonce faite à Marie*. On se souvient que la vocation monastique y est symbolisée par la lèpre. Qu'on relise ces vers de Rimbaud, et l'on comprendra ce que je veux dire :

Qui dira ces langueurs et ces pitiés immondes,
Et ce qu'il lui viendra de haine, ô sales fous,
Dont le travail divin déforme encor les mondes,
Quand la lèpre à la fin mangera ce corps doux[494] ?

Paul Valéry emploie tout son génie à mettre en œuvre le conseil de Rimbaud : *La première étude de l'homme qui veut être poète est sa propre connaissance, entière ; il cherche son âme, il l'inspecte, il la tente, l'apprend*[495].

Les surréalistes sont les disciples les plus orthodoxes du demi-dieu. La grandeur de leur révolte m'apparaît tout entière dans l'affirmation de l'un d'eux : *Je suis un esprit qui ne peut se satisfaire que de sa perte qui le rapproche enfin de l'infini*. Mais ces poètes ne me semblent pas avoir célébré encore tous les Mystères qu'il leur a laissés.

Rimbaud se fit et se défit si loin de la terre que l'éclat de sa réalité commence seulement à rayonner jusqu'à nous.

ANNEXES

Annexe 1

Préface à l'édition de 1947

Si je me décide à replacer aujourd'hui sous les yeux des lecteurs ce petit livre qui eut la faveur d'être successivement très loué et fort combattu, c'est que la thèse qu'il soutient me paraît encore fondée. À près de vingt ans de distance, je le sens suffisamment détaché de moi pour tenter de le juger à mon tour sans passion. Les louanges que l'on voulut bien lui décerner lors de sa parution me paraissent souvent trop indulgentes, car elles passent généreusement sur certains excès de langage, et sur certains défauts d'expression auxquels j'ai tenté d'obvier dans la proportion où j'ai pu le faire sans récrire entièrement l'ouvrage, et lui enlever de la sorte sa spontanéité. Elles semblent encore faire état d'une découverte que j'aurais eu la chance d'accomplir et qui bouleverserait les données du problème rimbaldien, alors que je n'ai véritablement rien fait de plus que de lire avec attention les écrits de Rimbaud, et de juxtaposer les conceptions et les desseins de l'auteur, de sorte qu'une doctrine s'en est elle-même dégagée. Les reproches qu'on a faits d'autre part au présent essai, bien qu'ils entraînent parfois mon assentiment, se bornent trop souvent à battre en brèche l'hypothèse qu'il soutient, sans tenir compte des confirmations que lui apportent maintes phrases de Rimbaud lui-même, le sens général de son œuvre, et le poème de Verlaine intitulé *Crimen amoris*, qui retrace l'expérience de Rimbaud telle que je l'ai décrite.

J'ai ressenti quelque surprise, en mil neuf cent vingt-neuf, à voir que les critiques éprouvaient une sorte de stupeur, après avoir lu le présent essai, à découvrir que les poèmes de Rimbaud étaient les effets d'un système de pensée cohérent. Sans doute s'étaient-ils accoutumés à les juger comme les produits d'une sorte de délire qui ne valaient que par leur beauté littéraire.

À la vérité, je ne me reconnaissais d'autre mérite que d'avoir suivi, phase par phase, l'expérience poétique de Rimbaud, comme j'aurais pu le faire de celle de bien d'autres poètes qui commencèrent, à l'aurore du XIXe siècle, à s'interroger sur la nature et les conditions de leur art, auquel ils avaient la volonté de restituer les pouvoirs et la suprématie que les civilisations de l'antiquité reconnurent toujours à la Poésie. Que le poète soit un mage et un prophète comme l'ont soutenu tour à tour Hugo, Nerval, Poe, Blake, Novalis et tant d'autres, cette assertion ne pouvait surprendre que de modernes occidentaux, oublieux de toute tradition, et dont la culture n'avait commencé qu'aux accidents, selon l'expression de Rimbaud, c'est-à-dire aux points de rupture à partir desquels l'homme moderne, imbu de son « bon sens », n'a plus rien voulu connaître de ce qui se passait au-delà de son champ d'investigation, à vrai dire fort étroit.

Le fait que la culture de son âme, et l'étude des pouvoirs du langage aient amené Rimbaud à des découvertes métaphysiques qui se retrouvent dans les grands courants de la pensée qui de l'Orient ancien ont rayonné jusqu'à nous à travers les Mystères orphiques, les philosophies de la Grèce antique et les spéculations des divers penseurs ésotériques du Moyen Âge, m'a incité à confronter les acquisitions du poète avec celle de cette sagesse traditionnelle, et à m'interroger sur la conscience qu'il eut sans doute d'une telle concordance.

La *Lettre du Voyant* et divers autres indices m'ont encouragé dans cette entreprise. Mais il va de soi que pas plus dans l'hypothèse où Rimbaud ne nous eût point fait part lui-même de son intention de renouer avec la conception que l'antiquité grecque se fit de la Poésie, et de sa volonté de *se faire voyant*, et d'*arriver à l'inconnu*, que dans celle où il ne lui eût point été donné l'occasion de faire à la bibliothèque de Charleville les lectures qui l'engagèrent à méditer sur les formes diverses que la pensée traditionnelle emprunta pour se perpétuer jusqu'à nous, la parenté qui existe entre cette pensée et les découvertes du poète n'en fût demeurée moins éclatante. Elle n'est d'ailleurs pas particulière à l'expérience personnelle de Rimbaud, mais inhérente à l'expérience poétique qui procède essentiellement par analogies, mythes, symboles, et relève de l'esprit de participation, de même que les grands messages métaphysiques de l'humanité, tels que les Védas, les Upanishads, les écrits de Lao-Tseu, l'Ancien et le Nouveau Testament, usent de paraboles, de mythes, d'images, et déroulent leurs axiomes et leurs écrits selon le processus de pensée analogique pour découvrir à l'homme sa nature véritable et la place qu'il occupe dans l'univers.

Je n'ai point le souvenir qu'un essayiste ait jamais tenté de donner une interprétation de la *Lettre du Voyant* qui en suive méthodiquement le contenu, je veux dire : 1° l'exposé de la dégénérescence que la poésie n'a cessé de subir après qu'elle eût abouti à la poésie ; 2° la critique de la conception moderne du moi par opposition à celle de l'antiquité qui concevait la personnalité du poète comme une entité à travers laquelle s'exprimait l'Intelligence universelle ; 3° la nécessité pour l'homme de se connaître lui-même (le « connais-toi toi-même » des Mystères grecs) afin de se faire *voyant et parvenir à l'inconnu* ; 4° l'étude de la nature de la parole et la conception d'un langage universel qui se déduit nécessairement de l'affirmation suivant laquelle toute parole est idée ; 5° une critique de la poésie française à partir des principes précédemment énoncés, et qui aboutissent à reconnaître en Baudelaire seul un *vrai Dieu*.

Je persiste à penser qu'il n'est pas possible de projeter sur cette lettre-manifeste de Rimbaud une lumière qui n'emprunte pas son rayonnement au message philosophique et mystique de la Grèce antique, relais occidental et suprême de la sagesse orientale.

J'ai donc tenté de montrer le système de pensée rimbaldien tel que la *nécessité interne* de l'œuvre du poète en commande la structure et les développements, et de replacer ce système dans la tradition que Rimbaud invoque lui-même à diverses reprises dans la *Lettre du Voyant* pour se plaindre qu'elle ait été rompue : celle que la poésie antique a perpétuée jusqu'à la poésie grecque, et qui fut ensuite abandonnée. Cette tradition prend sa source dans la conception que l'Orient se fit de la Poésie — cette action (comme le rappelle Rimbaud) qui amène l'homme à créer son univers, et lui permet de pénétrer analogiquement l'acte de l'émanation universelle. Il était dans la logique de mon effort que je me reporte à la source orientale de la tradition invoquée par Rimbaud, même si le poète n'en connut que les projections occidentales, et n'eut pas l'occasion d'étudier les textes qui furent à l'origine de ces dernières. L'esprit de confusion, qui semble l'un des vices majeurs de notre temps, ne manqua pas d'inspirer à certains critiques des assertions selon lesquelles j'aurais prétendu que Rimbaud fût initié aux religions de l'Extrême-Orient et devint une sorte de yogi. La méthode critique qui consiste à faire avancer à un auteur des affirmations qu'il n'a point émises, a, j'en conviens, l'avantage d'en permettre une réfutation aisée, en même temps que de rejeter dans une ombre propice la thèse véritable que l'on n'a pas les moyens de combattre[496]. Je ne lui vois pas d'autre valeur, et suis persuadé que l'on me pardonnera de ne m'y point attarder.

Bien que Rimbaud ait lui-même situé son expérience dans un courant de pensée déterminé lorsqu'il écrivait dans la *Saison en enfer* : « *Je retournais à l'Orient et à la sagesse première et éternelle* », je n'ai point voulu avancer faute de preuve, qu'il eût directement connaissance de tel texte auquel telle de ses phrases semble faire écho, mais j'ai tenté de les éclairer l'un par l'autre, et par cette confrontation de mettre le lecteur, selon l'expression de René Daumal, « *face à face avec le Feu poétique dont la splendeur subtile pénètre toute vraie poésie, gonfle les paroles des prophètes et les révélations des illuminés, s'exprime dans les formidables explosifs que sont les Védas, les livres de Lao-Tseu, la Kabbale et les innombrables réservoirs de pétrole qui furent bâtis autour*[497] ».

Et à propos de la Doctrine dont l'expérience poétique semble n'être qu'un aspect et une illustration, René Daumal continuait en ces termes : « *Cette Doctrine, dont le plus pur aspect luit à l'Orient aryen, s'est transmise vers l'Occident, et du fond des siècles sages jusqu'au nôtre, par trois voies. La première est la voie philosophique, le long de laquelle, lumineux encore dans les Dialectiques éphésienne et éléatique et dans la Dialectique de Platon, le pur enseignement se dégrade en s'accommodant aux nécessités de la technique qui organise les sociétés et construit les machines, pour sombrer dans le pragmatisme, après avoir passé dans la Dialectique de Hegel, traître déjà lorsqu'elle s'abaisse à prétendre justifier l'ordre impérialiste, et dans la Dialectique de Hamelin, qui a presque tout à fait oublié sa resplendissante origine pour n'être plus qu'une logique. La deuxième qui est la voie initiatique, celle de la tradition occulte. Les écoles de kabbalistes, d'hermétistes, d'alchimistes, d'astrologues qu'elle engendre, ont bien la volonté de se transmettre l'une à l'autre la totalité intégrale des mystères primitifs. Ce n'est pourtant pas sans qu'il y ait des trahisons ; et je ne fais pas seulement allusion aux mascarades de la franc-maçonnerie moderne (Ô Hiram !), mais surtout aux réussites beaucoup plus terribles de certaines dépravations des chapelles initiatiques que furent les Églises ? la voie poétique est la troisième. Le Père lumineux de la vraie connaissance, celui des initiés, est aussi celui des poètes, des vrais poètes que lie la chaîne d'une radieuse, d'une mystérieuse parenté.* » Et à propos du présent essai, René Daumal ajoutait : « *Cette unité des trois traditions fait qu'il m'importe peu de savoir si tel poète fut initié à tel mystère ou connut telle philosophie ; il est évident que les découvertes poétiques doivent s'accorder avec les découvertes de l'occultisme. Que Rimbaud ait lu des livres de kabbale et de magie, cela n'a, dans le livre de Renéville, qu'un intérêt documentaire, émouvant il est vrai, mais non de critique. Je préférerais peut-être que ce soit faux, et ne vienne pas faire croire à certains que Rimbaud aurait* « *appris* » *ses révélations dans les livres.* »

Si j'ai longuement cité René Daumal, c'est qu'il m'a plu de faire entendre, pour éclairer les intentions de cet ouvrage, la voix d'un homme, aujourd'hui disparu, qui fut mon ami, et sut vivre, plus implacablement que je n'eus la force de le faire moi-même, les vérités dont toute poésie digne de ce nom porte le feu.

4 novembre 1946.

Introduction aux Œuvres complètes de Rimbaud (La Pléiade, 1956) suivie de l'Avertissement à l'édition de 1965

L'œuvre mince et fulgurante que, à la fin du XIXe siècle, Arthur Rimbaud nous abandonna avec une sorte de dédain et sans avoir pris la peine d'en presque rien publier, apparut propre à prolonger par sa nature la stupeur que les dons et l'attitude de son auteur avaient commencer d'engendrer. Cette œuvre innovait en passant plusieurs systèmes d'images, des prosodies qu'elle délaissait aussitôt qu'esquissées, une morale et une dialectique dont les termes paraissaient issus de la matière éclatante et fluide des symboles qui leur donnaient forme. Elle exprimait un univers intérieur dont elle nous permettait d'entrevoir les contrées et les cieux criblés d'éclairs, sans que nous fussions admis à en pénétrer d'un coup toutes les épaisseurs. Et de même que tout devenait possible dès que l'on considérait le personnage d'Arthur Rimbaud, toutes les interprétations semblaient autorisées lorsque l'on se penchait sur ses écrits. De sorte que le trouble, les malentendus, l'inquiétude que son existence terrestre avait provoqués se prolongèrent indéfiniment au fur et à mesure que son œuvre fut révélée et commença de vivre parmi nous.

La précocité prodigieuse qui lui fit produire entre treize et dix-neuf ans une œuvre dont notre littérature reste bouleversée, les arcanes d'une pensée qui tour à tour semble nier les valeurs religieuses et atteindre aux sommets de l'expérience mystique, qui fait entendre les aphorismes de la subversion sociale la plus exaltée, et brusquement paraît se plier aux conventions de la communauté des hommes, un silence sans rémission qui s'accompagne d'un tel détachement de l'expression littéraire que la correspondance même de l'auteur ne porte plus, après qu'il a eu lieu, la trace d'un quelconque pouvoir sur les mots, toutes ces marques d'une destinée située en dehors de nos catégories eussent peut-être dû avertir que l'être qui en fut l'objet ne pouvait que buter sur nos positions spirituelles sans pouvoir renoncer en face de chacune d'elles à l'attitude de refus sur laquelle s'appuient et se terminent tous ses élans. Cependant cette grandeur faite de révolte et d'acceptation, de refus et d'avidité également farouches, n'allait pas décourager les tentatives d'élucidation qui consistent à choisir parmi les traits d'un auteur ceux qui peuvent concourir à composer de lui un personnage simple, et pour tout dire rassurant, à l'exclusion des caractéristiques en absolue contradiction avec le mythe ainsi élaboré. De sorte que l'on peut avancer que l'aventure rimbaldienne s'est perpétuée à travers ses critiques : le malentendu qui ne cessa d'accompagner la montée au jour et le déclin d'un homme et d'une œuvre sur lesquels nos communes mesures restent sans prise, ne fit que s'accroître à mesure que l'on entreprit de le dissiper.

Mais il y a plus. Si l'on peut admettre que l'intelligence des actes comme des œuvres d'Arthur Rimbaud ait été affectée d'un désarroi qui correspond aux ruptures de son sort et aux difficultés de ses écrits, et qu'elle ne se soit formée qu'avec lenteur et parmi bien des contradictions, à travers des générations successives de lecteurs et de critiques, l'on ne peut éviter d'éprouver de la surprise à constater que la confondante destinée du poète ait encore donné sa marque à la révélation purement matérielle qui fut faite de ses poèmes et de sa correspondance.

Les *Illuminations* publiées pour la première fois par La Vogue, en 1886, avec une notice de Paul Verlaine, et qui ne contenaient pas toutes les pièces qui nous sont parvenues sous ce titre général, n'étaient pas absolument conformes au manuscrit. Des phrases entières furent alors omises dans certaines pièces. Plusieurs erreurs typographiques et des fautes de lecture reproduites dans les éditions successives des *Illuminations*, et notamment dans l'édition parue en 1892, chez Vanier, en affectaient le sens. Enfin, la teneur d'*Une saison en Enfer*, datée de 1873, et dont l'ensemble constitue un adieu à la Poésie, était implicitement contredite par la phrase sur laquelle s'ouvrait la notice de Verlaine placée en tête des *Illuminations* : « Le livre que nous offrons au public fut écrit de 1873 à 1875 parmi des voyages tant en Belgique qu'en Angleterre et dans toute l'Allemagne [498] » M. Marcel Coulon a suggéré que Verlaine tendit à effacer par ce jeu de dates la responsabilité qui lui incombait dans la rupture qu'Arthur Rimbaud consomma dès 1873 avec la vie littéraire. Selon ce critique, l'exercice de la Poésie restait associé dans l'esprit de Rimbaud aux années désespérantes qu'il venait de vivre en compagnie du pauvre Lelian. Dans l'état présent des recherches, l'intuition de M. Marcel Coulon paraît confirmée tant par les biographies de Verlaine et de Rimbaud que par le sens général de l'œuvre rimbaldienne.

La version des *Illuminations* que Paterne Berrichon publia en 1912, dans le tome des *Œuvres* éditées au Mercure de France avec une préface de Paul Claudel, est débarrassée de toute affirmation chronologique. Toutefois Paterne Berrichon qui n'a pas eu, comme nous, la fortune d'étudier le manuscrit des *Illuminations*, manifesta, dans le but d'améliorer la présentation du texte en cause, une bonne volonté qui eut pour effet de l'éloigner encore de sa version originale. En effet, le beau-frère du poète conserva les omissions et les erreurs de ses prédécesseurs, et y adjoignit une ponctuation de son fait. Il transporta le quatrième paragraphe de *Jeunesse* dans *Veillées*, et remplaça ce quatrième paragraphe par le petit poème intitulé *Guerre*. Il adopta enfin un classement des poèmes entièrement différent de celui auquel Rimbaud s'était arrêté.

Nous avons tenté de remédier à ces divers errements dans la mesure de nos possibilités. Grâce au Docteur Lucien-Graux, qui a bien voulu nous permettre d'étudier le manuscrit des *Illuminations* qu'il possédait, nous avons pu rétablir le texte de l'ouvrage dans sa teneur, et replacer les poèmes dans leur ordre primitif. Nous avons de la sorte la satisfaction de donner pour la première fois une version des *Illuminations* conforme au texte original.

Depuis que le premier tirage de la présente édition a vu le jour en 1946, M. de Bouillane de Lacoste a publié en 1949 aux éditions du Mercure de France une très remarquable édition critique des *Illuminations*, dont la leçon ne s'éloigne pas sensiblement de la nôtre, à quelques détails près que nous avons rectifiés d'après elle (étant d'autre part entendu que nous faisons les plus expresses réserves sur la thèse, à notre sens erronée, qu'il développe dans l'introduction de son ouvrage quant à la date de composition des *Illuminations*).

Les *Poésies* d'Arthur Rimbaud furent publiées en 1891, par L. Genonceaux, avec une préface de Rodolphe Darzens, sous le titre *Reliquaire*. On sait que ce recueil comportait quatre sonnets apocryphes : *Poison perdu, le Limaçon, Doctrines, les Cornues*, dont le premier figure encore dans les *Poésies complètes* de Rimbaud publiées, avec préface de Verlaine, par L. Vanier en 1895, et ne sera définitivement éliminé qu'en 1898, dans les *Œuvres de J.-A. Rimbaud*, préface de Berrichon et Delahaye, aux éditions du Mercure de France.

Les éditions de Verlaine et de Paterne Berrichon marquaient un progrès sur celle de Darzens. Toutefois, le classement des pièces effectué par Verlaine ne suit nullement l'ordre chronologique de leur composition. Quant à celui qu'adopta Paterne Berrichon, il apparaît plus arbitraire encore : en 1912, réalisant le vœu antérieurement formulé par Verlaine, Paterne Berrichon rejeta en appendice la plupart des pièces composées par Rimbaud dans la première période de sa vie littéraire. Bien entendu ces diverses éditions n'indiquaient aucune variante et n'apportaient pas de précision sérieuse sur la version des poèmes à laquelle elles s'arrêtaient. Il fallut attendre la très belle édition critique des *Poésies* de Rimbaud que M. H. de Bouillane de Lacoste publia en 1939 au Mercure de France, pour posséder un texte authentique des *Poésies*, accompagnées des variantes que l'on retrouve sur les manuscrits.

Nous avons généralement reproduit le texte de M. de Bouillane de Lacoste : nous indiquons avec soin les endroits où nous nous en écartons. À l'ordre chronologique que le savant éditeur tente d'établir pour les poésies de 1870, nous avons préféré le classement de Rimbaud dans les deux manuscrits qu'il donna en 1870 à Demeny. Quant au classement des poésies de 1871 et de 1872, notre édition diffère en plus d'un endroit de celle de M. de Bouillane de Lacoste.

Nous avons généralement écarté de notre édition les interprétations des textes de Rimbaud. Les lecteurs nous sauront probablement gré de leur avoir présenté ces derniers en dehors de tout commentaire capable d'en altérer le sens. Par contre nous avons reproduit les témoignages des anciens condisciples ou amis du poète tels qu'Ernest Delahaye et Georges Izambard, chaque fois que leurs souvenirs nous ont paru éclairer la genèse de tel poème écrit presque sous leurs yeux.

Nous donnons à la suite des *Poésies* les vers de l'*Album zutique* récemment révélés aux lettrés par M. Pascal Pia, et dont certaines pièces sont égales aux meilleures œuvres de Rimbaud. L'une d'elles, *Remembrances du Vieillard idiot*, inaugure les descriptions de « complexes » que la psychanalyse devait mettre si fort à la mode un demi-siècle plus tard.

Nous complétons enfin le cycle des *Poésies* par l'adjonction des trois sonnets connus sous le titre de *Stupra*, qui ne furent admis jusqu'à présent que dans l'édition des œuvres de Rimbaud parue chez Stolz en 1931. Verlaine fait allusion dans sa correspondance à ces pièces érotiques dont nous n'avons nul motif de contester l'authenticité. Il nous a paru que la pudeur qui retint jusqu'à présent les éditeurs de joindre ces poésies à celles que l'on connaît de Rimbaud relevait de l'inconséquence qui permet à une certaine morale de supporter l'étalage et la justification des pires tares spirituelles, ou les iniquités les plus criantes, mais s'offusque d'une allusion quelconque à ce qu'elle nomme « les parties honteuses », sans désigner le moins du monde par cette expression le cœur ou le cerveau de la personne humaine telle qu'elle la conçoit.

Nous reproduisons le texte de *Une saison en Enfer* suivant l'édition originale publiée par Rimbaud lui-même en 1873, et nous la faisons suivre des brouillons de *Mauvais Sang* que MM. Matarasso et de Bouillane de Lacoste publièrent en fac-similé dans les Cahiers d'Art en 1948 ainsi que de *Fausse Convention* et d'*Alchimie du Verbe*, que Paterne Berrichon déchiffra le premier, et que M. de Bouillane de Lacoste a donnés dans son édition critique en y apportant de très importantes corrections de lecture.

La correspondance de la vie littéraire du poète parut par fragments dans diverses revues : *la Revue Blanche, la Nouvelle Revue Française, le Mercure de France, la Revue Européenne*, et fut réunie pour la première fois en volume par les soins de Roger Gilbert-Lecomte aux éditions des Cahiers libres en 1929. Un second recueil fut donné par Jean-Marie Carré, en 1931, aux éditions de la N.R.F. L'édition de Roger Gilbert-Lecomte est moins complète, mais plus exacte que celle de Jean-Marie

Carré. La version des lettres donnée par ce dernier est en effet fautive en divers endroits[499].

Nous avons eu la bonne fortune d'étudier chez M. Alfred Saffrey les originaux de huit lettres très importantes à Delahaye et à Demeny, entre autres la fameuse *Lettre du Voyant*, et nous avons corrigé notamment sur cette dernière plusieurs fautes graves de lecture. Quant aux autres lettres, nous reproduisons le texte des premières publications quand nous n'avons pu nous reporter aux originaux (ou à un fac-similé). Nous donnons ainsi aujourd'hui dans leur intégralité toutes les lettres de la vie littéraire du poète qui sont venues jusqu'à nous.

Notre effort a porté tout spécialement sur l'établissement du texte authentique de la correspondance de Rimbaud en Afrique. La version qu'en a donnée Paterne Berrichon, en 1899, au Mercure de France, sous le titre : *Lettres de Jean-Arthur Rimbaud (Égypte, Arabie, Éthiopie)* est si peu conforme au texte original que l'on est presque en droit d'avancer que la correspondance de Rimbaud en Afrique est demeurée jusqu'à ce jour inconnue dans sa teneur véritable. M. Marcel Coulon avait pris déjà l'initiative de signaler dans un article paru dans le *Mercure de France*, le 15 mars 1929, quelques-unes des transformations que Paterne Berrichon avait fait subir au texte de Rimbaud. Les libertés prises par le beau-frère du poète avec la version originale de sa correspondance en Afrique allèrent beaucoup plus loin encore que ne le pensait M. Marcel Coulon. Le lecteur pourra s'en convaincre en se reportant aux notes que nous avons établies à la fin du volume et dans lesquelles nous reproduisons tous les passages de la *Correspondance* dus à la plume de Paterne Berrichon, et publiés par ce dernier sous le nom d'Arthur Rimbaud. Mlle Marie Dormoy, l'aimable conservatrice de la bibliothèque Jacques-Doucet, a bien voulu mettre à notre disposition, avec l'assentiment de M. le Recteur de l'Université de Paris, les lettres de la *Correspondance* de Rimbaud en Afrique qui font partie des collections qu'elle a sous sa garde. Malheureusement la bibliothèque Jacques-Doucet ne possède que 28 lettres écrites par Rimbaud pendant son séjour au Harar sur les 113 publiées par Paterne Berrichon. Les 85 lettres qui ne se trouvent pas à la bibliothèque Jacques-Doucet ont été dispersées lors de ventes successives dans les mains de divers collectionneurs, et nous n'avons pu en retrouver qu'une douzaine, aux librairies Blaizot et Bérès notamment. Les circonstances de guerre ont contrarié nos recherches. Espérons que dans l'avenir un chercheur plus heureux que nous aura la possibilité de compléter sur ce point notre travail et de publier le texte authentique de toutes les lettres écrites par Rimbaud pendant la seconde partie de son existence.

Nous avons complété la *Correspondance* de Rimbaud en Afrique en y adjoignant plusieurs lettres parues depuis au *Mercure de France*, à la *Revue de France*, dans *Fontaine, la Table Ronde, Inventario*, etc.

Nous avons intercalé chaque fois que cela nous a été possible les réponses des correspondants du poète. Quelques-unes des lettres de ce dernier nous en ont paru recevoir un jour nouveau.

L'œuvre et la vie de Rimbaud concourant à constituer l'une des plus hautes manifestations poétiques des temps modernes, nous n'avons pas cru pouvoir nous permettre un choix parmi les reliques qui nous restent de son passage parmi nous. Il nous a donc paru indispensable de donner, outre les fragments de poésies perdues que la mémoire des amis d'enfance de Rimbaud nous a conservés, et les ébauches du poème : *Ô Saisons, ô Châteaux*, et celles d'*Une saison en Enfer* qui permettent de surprendre l'auteur en plein travail, les paroles attribuées au poète par ceux qui l'ont connu, les pièces relatives au Procès de Bruxelles, etc.

Les inédits de Rimbaud sont de plus en plus rares. Notre édition en contient pourtant quelques-uns : deux poésies, *Cocher ivre* et *l'Angelot maudit* ; et cinq lettres : aux siens (24 et 25 août 1887), au Consul de France à Aden (3 novembre 1887), à M. Deschamps (27 janvier 1891), et au Commandement de recrutement de Marseille (juillet 1891).

Inédites également six lettres de Mme Rimbaud, deux de Frédéric et huit d'Isabelle.

Il nous reste à exprimer nos remerciements à tous ceux qui ont bien voulu faciliter notre tâche : M. de Bouillane de Lacoste, qui nous a autorisés à reproduire les textes de Rimbaud établis par ses soins ; M. Le docteur Lucien-Graux qui a mis très aimablement le manuscrit des *Illuminations* à notre disposition [500]; Mme Ronald Davis et M. Maurice Chalvet, qui nous ont communiqué de précieux documents sur Rimbaud ; M. Alfred Saffrey, fils du bibliophile Henri Saffrey, chez qui nous avons consulté les manuscrits du poète recueillis par Rodolphe Darzens (lettre de Rimbaud à Demeny et à Delahaye, *Un cœur sous une Soutane*, etc.) ; M. H. Matarasso, à qui nous devons les lettres les plus intéressantes de Mme Rimbaud et les ébauches de deux poèmes en prose de Rimbaud : *A Samarie* et *l'Air léger et charmant de la Galilée* ; M. Georges Blaizot, qui nous a communiqué sa copie des poèmes de Rimbaud de l'*Album zutique* ; M. Pierre Petitfils, qui nous a fait bénéficier de ses recherches bibliographiques (encore inédites) sur Rimbaud ; M. Pierre Cailler, éditeur à Genève, qui nous a permis de reproduire, et joindre ainsi pour la première fois la *Lettre du Baron de Petdechèvre* aux œuvres complètes de Rimbaud, après la découverte qu'en fit en 1948 M. Jules Mouquet ; M. le Recteur de l'Université de Paris, ainsi que Mlle Marie Dormoy, grâce auxquels nous avons pu établir les lettres de Rimbaud qui se trouvent à la bibliothèque Jacques-Doucet, et en reproduire le texte authentique ; enfin MM. Henri

Mondor, Paul Éluard et Yves-Gérard Le Dantec qui nous ont permis d'emprunter à leurs bibliothèques personnelles un certain nombre d'ouvrages actuellement introuvables.

A. R. de R.

Avertissement à la réédition de 1965

Les *Œuvres complètes* d'Arthur Rimbaud dans la collection de la Bibliothèque de la Pléiade ont paru en 1946 par les soins de M. Jules Mouquet et de moi-même.

En 1954, soit cinq ans après la perte douloureuse que les lettres avaient faite dans la personne de M. Jules Mouquet en 1949, les Éditions de la N.R.F. se trouvèrent dans l'obligation de procéder en 1954 à un second tirage des *Œuvres complètes* d'Arthur Rimbaud et voulurent bien m'en confier la révision et la mise à jour. Je pus ainsi ajouter aux textes de Rimbaud les proses *A Samarie* et *En Galilée* publiées pour la première fois par M. H. Matarasso et H. de Bouillane de Lacoste dans *le Mercure de France* du 1er janvier 1948, la *Lettre du Baron de Petdechèvre* que M. Jules Mouquet avait découverte et publiée en 1949 chez Pierre Cailler, éditeur à Genève, et la lettre de Rimbaud à Franzoj de septembre 1885, publiée par la revue *la Table ronde* dans son n° de janvier 1950.

En 1962 un troisième tirage de notre édition est devenu nécessaire. Dès 1954, et malgré l'obligation dans laquelle je me suis trouvé de compléter ou de modifier certaines notes et présentations de textes, je me suis efforcé de conserver à notre édition l'esprit dans lequel nous l'avions conçue en commun en 1946 et à laquelle M. Mouquet avait apporté une contribution majeure. J'ai tenu notamment à conserver la chronologie traditionnelle de l'Œuvre d'Arthur Rimbaud selon laquelle les *Illuminations* furent composées dans leur totalité avant *Une saison en Enfer*. M. Mouquet avait eu l'occasion de lire la thèse de H. de Bouillane de Lacoste, *Rimbaud et le problème des Illuminations,* parue en 1949, quelques mois avant son décès, et n'avait été nullement convaincu de son bien fondé. Il avait été frappé comme moi par la fragilité d'un point de vue qui, s'appuyant sur l'analyse graphologique des manuscrits de Rimbaud se refusait à tenir compte du fait pourtant capital que le manuscrit des *Illuminations* que nous possédons n'est qu'une mise au net, de sorte qu'elle ne saurait évidemment apporter d'indice sur la date de composition de l'œuvre comme eût pu le faire la série des brouillons si Rimbaud ne les avait pas détruits après les avoir recopiés. Pour exprimer sa conviction M. Mouquet avait préparé un article qui demeure inédit et doit se trouver avec ses papiers entre les mains de Mme Mouquet.

En 1962, j'ai conservé la chronologie traditionnelle des œuvres de Rimbaud qui me paraît toujours justifiée tant par les témoignages du plus désintéressé de ses amis Ernest Delahaye et par lui-même dans *Alchimie du Verbe* que par le peu de poids des arguments des tenants de la thèse d'H. de Bouillane de Lacoste, notamment de son disciple M. Antoine Adam. À cet égard, je ne me sens pas seul en face de la critique universitaire puisque M. Charles Chadwick a opté lui aussi pour la chronologie traditionnelle de l'Œuvre de Rimbaud[501].

Extrait de Rimbaud et ses témoins. (Inédit.)[502]

La lettre dite du Voyant, adressée par Rimbaud à Paul Demeny le 15 mai 1871 est maintenant bien connue : mon dessein est ici de souligner avant tout que la théorie que Rimbaud y construit apporte une complète confirmation aux dires d'Ernest Delahaye, selon lesquels le poète, qui songeait en 1870 à instaurer une poésie apparentée à celle de la Sybille, était parvenu à élaborer en 1871 une doctrine d'art visionnaire dont il lui retraça verbalement les grandes lignes en ajoutant : « La littérature c'est cela[503] ! », puis commença à en poursuivre l'application en juillet 1871, avant de quitter sa famille pour aller habiter Paris.

Dès le début de la lettre du Voyant, Rimbaud conçoit la poésie grecque comme le point d'aboutissement de tous les mouvements qui la précédèrent, et affirme que depuis son apparition rien de valable n'a été fait en matière de poésie pendant près de deux mille ans, c'est-à-dire jusqu'au XIXe siècle :

— Voici de la prose sur l'avenir de la poésie —Toute poésie antique aboutit à la poésie grecque ; Vie harmonieuse. — De la Grèce au mouvement romantique, — moyen âge, — il y a des lettrés, des versificateurs. D'Ennius à Theroldus, de Theroldus à Casimir Delavigne, tout est prose rimée, un jeu, avachissement et

gloire d'innombrables générations idiotes...

Lorsqu'il aura terminé l'exposition de sa théorie, Rimbaud s'exclamera : « Au fond, ce serait encore un peu de la Poésie grecque », de sorte que son nouvel art poétique se trouvera encadré par cette double référence à la Grèce antique. En quoi consiste ce nouvel art poétique ? Avant tout, en une critique de la notion moderne de personnalité. Si en 1870 l'exemple de la Sybille invoqué par Rimbaud, selon Delahaye, et la volonté d'abolir la suprématie de la raison qui « nous cache l'infini [504] » telle que le poète l'a exprimé dans *Soleil et chair*, nous ont permis de pressentir de sa part l'élaboration d'une doctrine selon laquelle l'homme doit, pour devenir poète, se laisser traverser par la force créatrice qui, sous les espèces mythiques de Vénus, compose incessamment l'Univers, nous trouvons en 1871 une telle conception affermie et amplifiée dans les affirmations doctrinales exposées par Rimbaud à Paul Demeny.

Il admet que les Romantiques ont enfin rompu avec ce « jeu » qui « de la Grèce au mouvement romantique » dura deux mille ans, mais ne leur attribue nullement la nette conscience de leur retour à la vraie poésie. Selon lui les Romantiques furent incapables de bien juger leur propre mouvement, étant donné, assure-t-il, qu'ils « prouvent si bien que la chanson est si peu souvent l'œuvre : c'est-à-dire la pensée chantée *et comprise* du chanteur ». Et après cette phrase introductive à une critique du moi, il passe à l'exposé de sa conception :

Car Je est un autre. Si le cuivre s'éveille clairon, il n'y a rien de sa faute. Cela m'est évident : j'assiste à l'éclosion de ma pensée : je la regarde, je l'écoute : je lance un coup d'archet : la symphonie fait son remuement dans les profondeurs, ou vient d'un bond sur la scène.

Si les vieux imbéciles n'avaient pas trouvé du moi que la signification fausse, nous n'aurions pas à balayer ces millions de squelettes qui, depuis un temps infini, ont accumulé les produits de leur intelligence borgnesse, en s'en clamant les auteurs !

Qu'est-ce donc que cet autre qu'est le véritable *Je* ? Les critiques contemporains n'ont émis que des commentaires embarrassés et d'ailleurs remarquablement brefs, à propos de cette assertion d'un poète qu'ils font profession d'admirer. Il apparaît impossible de l'isoler de tout ce que Rimbaud nous a déjà confié sur sa conception de la prédestination poétique dans *Le Songe de l'écolier*[505], du rôle que, selon lui, l'Homme pourra tenir dans le concert universel, lorsqu'il aura cessé de se considérer comme une entité séparée de la Nature, ainsi qu'il l'exprime dans *Soleil et chair*, ni d'éviter de la rapprocher de l'affirmation adressée deux jours auparavant (soit le 13 mai 1871) par Rimbaud à Izambard sur le même sujet : « C'est faux de dire : Je pense : on devrait dire : on me pense ». Moins encore de détacher cette assertion de son contexte ! Pour Rimbaud le poète est un être prédestiné : « il faut être fort, être né poète, et je me suis reconnu poète », déclare-t-il à Izambard. Selon ce qu'il expose presque au même moment à Paul Demeny, le poète doit poursuivre « sa propre connaissance entière afin de parvenir à l'inconnu ». Cette affirmation fait écho à l'aphorisme grec qui recommandait à l'homme de se connaître lui-même pour connaître l'univers.

Une telle accession à « l'inconnu » suppose l'acquisition d'un mode de connaissance dont l'homme « pas encore éveillé, ou pas encore dans la plénitude du grand songe », ne saurait naturellement disposer : « Je dis qu'il faut être *voyant*, se faire *voyant*. Le Poète se fait voyant par un long, immense et raisonné dérèglement de tous les sens. »

Ce que Rimbaud entend par ces phrases succinctes, et qui prêtent aux pires malentendus, paraît s'éclairer lorsqu'on les rapproche de la conception du dérèglement des sens que Baudelaire conçut comme la contrepartie nécessaire de la doctrine des Correspondances. Puisque tous les aspects du monde sensible (résumés dans la trilogie sensorielle : parfums, couleurs et sons) se confondent « dans une ténébreuse et profonde unité[506]» et sont interchangeables, le poète n'en peut connaître et exprimer la réalité profonde que par l'unification de ses propres sens:

> *Ô métamorphose mystique*
> *De tous mes sens fondus en un !*
> *Son haleine fait la musique,*
> *Comme sa voix fait le parfum*[507] *!*

Ressentir une impression auditive en respirant un parfum, ou à l'inverse, éprouver la sensation de respirer un parfum en écoutant une voix musicale, c'est sans doute là pour le vulgaire jouir de facultés anormales et disposer de sens déréglés, mais c'est pour le poète user d'un mode de connaissance à la faveur duquel l'unité de l'univers se découvre à son regard intérieur. Ses images porteront désormais la lumière d'une telle révélation, non plus seulement évoquée mais vécue.

La *voyance* acquise par un raisonné *dérèglement de tous les sens* telle que la décrit Rimbaud doit être située dans la perspective ouverte par la doctrine des Correspondances, que Baudelaire put sans doute rencontrer dans Swedenborg, mais dont la véritable origine est platonicienne — ce qui nous ramène à la Grèce antique. Et le fait que toute la partie critique de la lettre du 15 mai 1871 aboutisse, comme nous allons le voir, au fait que Rimbaud nomme Baudelaire « le premier voyant, roi des poètes, un *vrai Dieu* » ne peut que renforcer la portée d'un rapprochement de textes que tout ici paraît justifier.

Il semble que ce soit de Baudelaire encore que Rimbaud a hérité la conception d'une Morale absolue au regard de laquelle le Mal et le Bien cessent de s'opposer. C'est en tout cas quatorze ans après que Baudelaire eût publié en volume les poésies dans lesquelles il s'était efforcé, selon sa propre expression, d'« *extraire la beauté du Mal*[508] » que Rimbaud expose à son tour une doctrine poétique empreinte d'un apparent « satanisme », aux termes de laquelle le poète se fait « l'âme monstrueuse », comme « un homme s'implantant et se cultivant des verrues sur le visage », et se donne pour tâche d'éprouver « toutes les formes d'amour, de souffrance, de folie ». Les poisons respirés par la Sybille deviennent sous sa plume les images symboliques d'une attitude d'esprit : « il épuise en lui tous les poisons, pour n'en garder que les quintessences », écrit-il, et les mots qu'il emploie nous ramènent à la fois au vieux mythe biblique du péché de la Connaissance : « Ineffable torture où il a besoin de toute la foi, de toute la force surhumaine, où il devient entre tous le grand malade, le grand criminel, le grand maudit, — et le suprême Savant ! » et à l'antique mythe grec de Prométhée : « Donc le poète est vraiment voleur de feu »... Par la connaissance de lui-même qu'il a acquise, le poète parvient à prendre conscience de l'analogie qui préexiste entre son âme et l'âme universelle dont il devient ainsi le Traducteur : « Le poète définirait la quantité d'inconnu s'éveillant en son temps dans l'âme universelle ».

Cette conception du poète prédestiné, qui placé *en avant* de l'Humanité la guide dans la pénétration des mystères, et apporte à la muette interrogation des Cieux la réponse de l'Homme, reflète dans sa coloration démiurgique l'antique tradition prométhéenne. Il n'est pas indifférent de noter ici que la remise au jour du mythe grec n'était pas seulement au XIXe siècle le fait de Rimbaud. En l'absence même d'une référence précise au mythe de Prométhée, la tendance à considérer la poésie comme un mode de connaissance et d'action créatrice, susceptible de réintégrer l'Homme dans sa condition divine, en relevait nécessairement. La conscience de son caractère maudit ne pouvait que se renforcer au contact du mythe hébraïque de la Connaissance, étroitement associé à celui de la création. Les mouvements inhérents à la structure de notre esprit dont rendent compte en effet le mythe de la Révolte et celui de la Connaissance, paraissent avoir trouvé dans les temps modernes leur nouvelle incarnation mythique tant dans la révolte que dans l'ambition messianique dont les œuvres des poètes les plus novateurs du XIXe siècle présentent les marques. Le messianisme qui s'exprime à travers les affirmations de Rimbaud concernant les pouvoirs et le rôle du poète, au cours de sa lettre du 15 mai 1871 à Paul Demeny, a son équivalent dans l'œuvre de Victor Hugo qui conçut le Poète comme le porte-parole du « Dieu fluide » coulant dans ses veines. La révolte de Baudelaire tend, comme celle de ses grands émules, à montrer dans les effets de l'activité poétique (et d'une façon plus générale dans ceux de la mise en œuvre des Arts) le témoignage que l'Humanité est en mesure d'apporter à Dieu sans se montrer indigne de lui ni d'elle-même.

Selon Rimbaud, le poète, conscient de la prédestination, observe dans son âme les mouvements créateurs qui sont en correspondance avec ceux dont l'âme universelle est soulevée. Devenu *voyant*, toujours en avance sur les autres hommes « il est chargé de l'humanité, des animaux même » et devient « un multiplicateur de progrès ! »

Ainsi donc la pensée de Rimbaud concilie dans son élan l'ambition prométhéenne et le messianisme biblique. Au moment où il conçoit le poète comme l'homme capable de dérober le feu divin, pour en animer ses créations, il voit en lui l'être d'exception qui a la possibilité dangereuse, et par avance maudite, de retrouver en lui-même la Science et les facultés créatrices qui sont les attributs de la Puissance divine, et qui devient de la sorte le guide et l'instructeur de l'Humanité. D'où la double origine (tantôt grecque, tantôt hébraïque) des images que nous le voyons employer pour définir sa doctrine.

Les réserves que Rimbaud exprime à l'égard de ses contemporains sont de deux sortes, selon qu'elles concernent l'un ou l'autre groupe qu'ils forment : les Romantiques ont sans doute retrouvé l'antique tradition de la prédestination poétique, mais comme ils n'ont pas cultivé leur âme, ils demeurent prisonniers de la conception individualiste la plus étroite, et se croient des créateurs alors qu'ils n'ont pris possession que d'une part restreinte de leur propre esprit : « Les premiers romantiques ont été *voyants* sans trop bien s'en rendre compte : la culture de leurs âmes s'est commencée aux accidents : locomotives abandonnées, mais brûlantes, que prennent quelque temps les rails. »

Quant à ceux que l'on devait nommer plus tard les parnassiens ou qui furent leurs précurseurs sous l'épithète de seconds romantiques (Théophile Gautier, Leconte de Lisle, Théodore de Banville), Rimbaud déclare tout d'abord qu'ils sont très voyants. Sans doute ont-ils eu le mérite de revenir au culte de la Beauté antique, et par là de redonner vie à la tradition grecque. Toutefois ils n'ont pas su « inspecter l'invisible et entendre l'inouï » et n'ont fait que « reprendre l'esprit des choses mortes. » C'est alors que Rimbaud décerne à Baudelaire qu'il considérait comme le plus grand créateur de son temps le titre même que Prométhée osa ravir à Jupiter : un vrai Dieu.

La théorie exposée par Rimbaud dans la *Lettre du Voyant* ne présente sans doute pas les contours arrêtés et précis d'un système philosophique au sens rigoureux du terme : elle résulte évidemment d'un complexe d'influences. Si la doctrine rimbaldienne prend pour point de départ les conceptions pré-chrétiennes du monde antique, elle tient compte des idées révolutionnaires qui continuaient d'avoir cours du temps où elle fut conçue et tout particulièrement des idées saint-simoniennes.

Tout d'abord, si la notion d'une Morale absolue dans laquelle les notions antinomiques de Bien et de Mal se confondent, porte une coloration baudelairienne, il est certain que Rimbaud put en trouver le pressentiment, voire même la préfiguration, bien ailleurs que dans *Les Fleurs du mal*, et notamment, pour ne s'en tenir qu'au seul domaine littéraire de son temps, dans le poème intitulé *Paris*, au cours duquel Alfred de Vigny évoqua « l'abri » que l'école saint-simonienne préparait à l'Humanité :

> *... Et c'est un temple : un temple immense, universel,*
> *Où l'homme n'offrira ni l'encens, ni le sel,*
> *Ni le sang, ni le pain, ni le vin, ni l'hostie,*
> *Mais son temps et sa vie en œuvre convertie,*
> *Mais son amour de tous, son abnégation*[509]
> *De lui, de l'héritage et de la nation.*
> *Seul, sans père et sans fils, soumis à la parole,*
> *L'union est son but et le travail son rôle,*
> *Et selon celui-là qui parle à Jésus*
> *Tous seront appelés et tous seront élus.*

Certains des mots dont devait user Verlaine en 1873 pour décrire au cours de son poème *Crimen amoris* l'ambition que, selon lui, Rimbaud avait conçue d'abolir, au profit de l'Amour universel, les notions chrétiennes de Bien et de Mal, et de parvenir ainsi à la réunion des « pécheurs » et des « saints », sont presque les mots mêmes que Vigny employa, et souligna, pour évoquer le but que les Saint-Simoniens poursuivaient, en opposition avec la sentence évangélique selon laquelle il y aurait beaucoup d'appelés et peu d'élus :

> *Et pour répondre à Jésus qui crut bien faire*
> *En maintenant l'équilibre de ce duel,*

Par moi l'enfer dont c'est ici le repaire
Se sacrifie à l'Amour universel[510] *!*

Que Rimbaud ait lu en 1871 le poème de Vigny intitulé *Paris* est très probable : il semble que les deux poèmes, malheureusement perdus, auxquels il fait allusion dans la lettre du 15 mai 1871 à Paul Demeny : *Amants de Paris* et *Mort de Paris*, aient des titres inspirés des deux pièces de Vigny : *Les Amants de Montmorency* et *Paris*. D'autre part nous savons par Izambard et Delahaye qu'en 1871 Rimbaud avait lu de nombreux ouvrages des premiers socialistes français.

La critique de la notion de personnalité qui d'autre part constitue la base de l'exposé doctrinal de Rimbaud, et la référence à l'âme universelle dont, selon lui, le poète doit se reconnaître un Traducteur, semblent faire écho au système du saint-simonien Pierre Leroux[511].

On sait que Pierre Leroux développe dans ses ouvrages une théorie qui, procédant de Pythagore et de Leibniz, admettait que Dieu était l'âme universelle incréée — elle-même constituée par l'ensemble des monades, ou intelligences, qui se manifestent à travers les hommes et les animaux. D'où peut-être l'affirmation de Rimbaud : « Il [le poète] est chargé de l'humanité, des *animaux* même. » En retrouvant dans les théories des premiers socialistes français, dont les constructions politiques comblaient par ailleurs ses tendances révolutionnaires[512], un courant de pensée qui se donnait comme issu de Pythagore et de Platon, et par conséquent appuyé sur la tradition antique si chère à son cœur, Rimbaud ne pouvait manquer d'y reconnaître la remise au jour, sous des espèces modernes, de ce qu'il concevait comme un ensemble de vérités momentanément obscurcies par le dogme chrétien. Il semble qu'il ait voulu étendre au domaine de la Poésie ce qui, pour son juvénile enthousiasme, se présentait comme une renaissance des idées qu'il admettait comme les seules vraies. En dehors même des grandes lignes de la doctrine rimbaldienne que nous venons d'entrevoir, certains des détails qui s'y trouvent précisés paraissent confirmer une telle vue.

Le passage dans lequel Rimbaud expose ce qu'il attend de la réhabilitation de la femme, en même temps qu'il manifeste une volonté de rupture à l'égard du préjugé défavorable que la légende biblique fait peser sur elle, apparaît accordé tant au rôle que Pythagore reconnaissait à la femme, qu'au prestige dont elle jouissait dans la doctrine de Saint-Simon et dans celle de Fourier : « Quand sera brisé l'infini servage de la femme, quand elle vivra pour elle et par elle, l'homme, — jusqu'ici abominable, — lui ayant donné son renvoi, elle sera poète, elle aussi ! La femme trouvera de l'inconnu ! Ses mondes d'idées différeront-ils des nôtres ? — Elle trouvera des choses étranges, insondables, repoussantes, délicieuses ; nous les prendrons, nous les comprendrons. »

Le monisme même que suppose toute adhésion à un universalisme panthéistique, lui permit de se référer aux valeurs pythagoriciennes du *Nombre* et de l'*Harmonie*, en mettant l'accent sur la coloration matérialiste d'une conception pour laquelle l'antagonisme esprit-matière est aboli : « Cet avenir sera matérialiste, vous le voyez : — Toujours pleins du *Nombre* et de l'*Harmonie*, ces poèmes seront faits pour rester. — Au fond, ce serait encore un peu la Poésie grecque. »

Rimbaud a-t-il lu en 1871 des livres d'occultisme, comme Paterne Berrichon et à sa suite la plupart de ses biographes l'ont avancé, et a-t-il eu avec son ami Bretagne grand amateur de philosophie ésotérique, des conversations sur l'occultisme ? Le sens général de la *Lettre du Voyant*, et plusieurs allusions de Rimbaud à l'alchimie (jusqu'au titre même d'*Alchimie du verbe*) le donnent à penser. L'illuminisme maçonnique si fort à la mode au XVIIIe siècle a laissé des traces visibles dans les œuvres d'une époque qui précéda la Révolution française, et son influence se prolongea dans les écrits des Saint-Simoniens et de Fourier. Il est certain que le passage de la *Lettre du Voyant* dans lequel Rimbaud affirme l'existence d'une identité entre la parole et l'idée, et annonce que l'évolution des mots, parallèle à celle des idées, doit aboutir à l'avènement d'un langage universel, rappelle de façon fort précise la théorie martiniste énoncée par Claude de Saint-Martin et par son disciple Court de Gébelin au XVIIIe siècle, et qui se retrouve dans le *Louis Lambert* de Balzac[513] : « Du reste, écrit Rimbaud, toute parole étant idée, le temps d'un langage universel viendra ! Il faut être académicien, — plus mort qu'un fossile, — pour parfaire un dictionnaire, de quelque langue que ce soit. Des faibles se mettraient à *penser* sur la première lettre de l'alphabet, qui pourraient vite ruer dans la folie ! »

Si les penseurs du XVIIIe siècle, dans leur souci d'échapper aux impératifs du dogme romain, entreprirent l'étude de l'histoire des religions, et si un grand nombre d'entre eux, sous l'influence des « prophètes maçonniques », s'adonnèrent à l'attrait des sciences dites occultes, les réformateurs sociaux du début du XIXe siècle, et en particulier les fouriéristes et les saint-simoniens, cherchèrent dans l'occultisme une justification métaphysique à leurs vues. Quant aux écrivains du siècle naissant, on peut citer nombre d'entre eux qui crurent y découvrir une lumière dont le mystère chrétien lui-même leur paraissait éclairé et magnifié : on sait maintenant que Victor Hugo, Honoré de Balzac, Joseph de Maistre, Charles Baudelaire, Gérard de Nerval demandèrent à l'occultisme la plupart des idées dont leurs systèmes personnels sont construits. Or, ce qu'on nomme l'occultisme est formé en Occident par un ensemble de traditions et de symboles dans lesquels se sont réfugiés les courants philosophiques du monde pré-chrétien. Du panthéisme grec aux spéculations des grands écrivains du début du XIXe siècle, en passant par les théories des premiers socialistes français, héritiers des penseurs du XVIIIe siècle, Rimbaud retrouvait, exprimé sous des formes diverses, un fond commun d'idées qui correspondait à ses tendances, et dont il se fit à son tour le porte-parole[514].

Cet *autre* qui se manifeste à travers le Je du poète, dont Rimbaud nous entretient dans la *Lettre du Voyant*, en précisant plus loin que le poète doit définir « la quantité d'inconnu s'éveillant en son temps dans l'âme universelle », s'il nous fait songer à cette âme universelle que compose l'ensemble des monades ou intelligences, pour le saint-simonien Pierre Leroux, nous ramène en fin de compte à la conception que Pythagore se faisait de la Divinité. Pythagore jugeait en effet, comme l'a rappelé Montaigne, que : « la connaissance de cette cause première, et être des êtres, devait être indéfinie, sans prescription, ni déclaration ; que ce n'était autre chose que l'extrême effort de notre imagination vers la perfection, chacun de nous en amplifiant l'idée selon sa capacité[515]. »

En 1871, Rimbaud avait donc mis au point son système de voyance, comme Delahaye nous l'a affirmé. Selon ses propres mots sur lesquels se termine la lettre du 15 mai 1871, il travaillait alors « à se rendre voyant ». Le portrait dans lequel Delahaye nous a montré son ami, en juillet 1871, déjà sous l'influence de « la possession visionnaire », concorde avec ce que Rimbaud annonçait lui-même à Paul Demeny quinze jours auparavant. Ses poèmes de 1871 prennent d'ailleurs un caractère d'originalité que n'avaient pas encore ceux de l'année précédente. Ils s'évadent des influences, et se chargent d'images nettement visionnaires qui sont les amorces de celles des *Illuminations*. Le dernier poème de 1871, *Le Bateau ivre*, écrit par Rimbaud quelques jours avant son départ pour Paris, nous entretient sans doute d'un navire, mais d'un navire qui parle à la première personne, et avec lequel le poète s'identifie. Et il est difficile de n'être pas frappé par la concordance prophétique qui s'aperçoit entre l'histoire de ce navire, et ce que devait être la destinée de Rimbaud depuis qu'il ne se sentit plus « guidé par les haleurs » jusqu'à son retour, « martyr des pôles et des zones [516] », vers cette eau d'Europe, à peine perceptible, mais dont le souvenir allait lui revenir du fond de son enfance : « la flache [517] » des forêts ardennaises.

Annexe II

Rimbaud le Voyant et la critique

Rimbaud le Voyant *est l'ouvrage de Rolland de Renéville qui a engendré le plus de réactions, hostiles ou non. Ceci n'a rien d'étonnant si l'on veut bien considérer l'aspect novateur qu'il représentait à son époque dans les recherches rimbaldiennes jusqu'alors confinées pour l'essentiel aux biographies stéréotypées. Avec cet ouvrage, Rolland de Renéville inaugure une nouvelle orientation, celle qui vise à tenter une élucidation de la pensée de Rimbaud. Une telle entreprise, si elle fut saluée par certains critiques, prêtait évidemment le flanc à de nombreuses réactions hostiles. Le plus étrange reste sans doute leur étalement dans le temps : de 1929, date de l'édition princeps, à 1962, date de la parution du deuxième tome du* Mythe de Rimbaud *d'Etiemble, année qui est aussi celle de la disparition de Renéville, en passant par 1946 et son édition des* Œuvres complètes *de Rimbaud dans la Pléiade ou encore 1947 et la réédition de* Rimbaud le Voyant, *les réactions seront constantes. Devant une telle masse, il a fallu opérer un choix le plus représentatif possible. Tous les articles et extraits d'ouvrages sont donnés dans l'ordre chronologique.*

Albert Thibaudet : « Arthur Rimbaud », Nouvelles littéraires, 8 juin 1929.

[…] M. Rolland de Renéville vient de publier au « Sans-Pareil », sous le titre *Rimbaud le Voyant*, un livre qui, jusqu'ici, représente certainement l'œuvre la plus considérable de notre troisième section[518].

C'est même un excellent morceau de ce qu'on peut appeler la critique qui, au lieu de contempler un auteur comme une chute d'eau où passe l'arc-en-ciel, le transforme en énergie utilisable. Nul ne s'y prête mieux que Rimbaud, à cause de la quantité de génie authentique incluse en lui, à cause de ce sentiment nécessaire qu'il provoque au-delà des paroles, d'un appel d'air de l'au-delà de la littérature. Le danger est de se laisser entraîner par un verbalisme facile et une extase déraisonnée. L'auteur a évité ce péril.

M. Rolland de Renéville a fait, dans une certaine mesure, pour Rimbaud, quelque chose d'analogue à ce que Jean Royère a réalisé dans son *Baudelaire mystique de l'amour*. Il a transformé un grand poète en un génie mystique qui pénètre dans les espaces, qui prend contact avec le cœur du monde, et dont la lecture ou la méditation révèlent les secrets de l'être. Entre Baudelaire et Rimbaud, il y a d'ailleurs un pont. C'est Rimbaud qui, dans la lettre importante à Izambard, du 15 mai 1871[519] que *La Nouvelle Revue française* a publiée, écrit : « Inspecter l'invisible et entendre l'inouï étant autre chose que reprendre l'esprit des choses mortes, Baudelaire est le premier voyant, un vrai Dieu. Encore a-t-il vécu dans un milieu trop artiste, et la forme si vantée en lui est mesquine. Les inventions d'inconnu réclament des formes nouvelles. »

Baudelaire étant, pour M. Rolland de Renéville, le premier voyant de la littérature, Rimbaud devient le second, et plus grand que lui, l'Alexandre de ce Philippe. Plus grand d'abord parce qu'il a été plus loin dans la découverte, et qu'il a réalisé plus authentiquement l'« invention d'inconnu ». Plus grand ensuite parce que cette invention et son génie sont bien moins liés que chez Baudelaire, ce lucide intellectuel, à l'intelligence discursive, et qu'ils appartiennent davantage aux profondeurs de l'intuition pure. Plus grand enfin, parce que c'est la littérature qui a quitté Baudelaire, tandis que c'est Rimbaud qui a quitté la littérature, que cette rupture complète, absolue, avec la chose écrite, cette cassure de rocher qui dresse un Cervin sur l'horizon littéraire, cet enfant prodigieux qui disparaît dans l'homme avec le naturel, le nécessaire et l'irrévocable d'un couchant dans la nuit étoilée, tout cela héroïse cette carrière en une destinée, ce feu en une constellation. Pour désigner et nommer cette constellation, M. Rolland de Renéville fait grand cas d'une curieuse lettre de M. Lagarde, ancien gouverneur d'Obock, à Paul Claudel : « Ils (les chefs musulmans) le considéraient cependant comme d'inspiration céleste, tant et si bien que des fidèles s'empressèrent autour de lui, suscitant les jalousies et les haines des cadis et des muphtis, menacés dans leurs affaires par le nouveau prophète qu'ils essayèrent du reste de faire tuer sur place. »

On lira dans *Rimbaud le Voyant* l'analyse patiente de l'œuvre de Rimbaud, envisagé de ce point de vue, sa vie transportée singulièrement sur ce plan (avec une documentation parfois insuffisante ! M. Carré a bien prouvé que la participation du poète à la Commune n'est pas une légende [520] et je ne crois guère aux inspirations gnostiques de Rimbaud [521]), et surtout de curieux rapprochements de Rimbaud avec les mystiques. L'auteur a écrit exactement ce qu'il faut pour être lu avec une attention enthousiaste par M. l'abbé Brémond et pour déployer du rouge devant M. Paul Souday [522]. Son livre le classe, en tout cas, comme critique de bonne espérance, et surtout contribue à élever, avec de nouvelles raisons, le problème Rimbaud à côté du problème Mallarmé, dans la haute région des glaciers et des sources.

Albert Valentin, « Rimbaud le Voyant par Rolland de Renéville », Bruxelles, Variétés, n°3, 15 juillet 1929, pp. 220-221.

Il se fait quelque progrès dans l'intelligence des exégètes de Rimbaud en qui Paul Claudel se plaisait à voir un produit de sacristie. Rimbaud n'est aucunement réductible à Dieu, ni, quoiqu'en pense M. de Renéville, à Bouddha. Tout le début de l'ouvrage nous empoisonne de considérations sur les

Upanishad, les mystères orphiques, le Bhagavad Gita, la Vie, la Matière, l'Unité, Pythagore, le Brahmanisme, le Krishnaïsme, les Yogas. Tout ça pour conclure à l'influence que l'Orient exerça sur Rimbaud. Mais qu'à propos de celui-ci, on veuille bien nous foutre la paix avec toutes les mystiques. Il y a assez de farine déjà au moulin des gens de droite, et par gens de droite nous entendons la race la plus ignoble du monde. On n'en veut pour preuve que l'étude inspirée par M. René de Planhol, dans l'Action Française, par le livre de M. Rolland de Renéville. Le bref morceau que voici donne la mesure d'une certaine bassesse qu'ont en partage tous ces messieurs sans en excepter un seul.

« Ce surréalisme qui tourne à des simagrées de dévotion nous manifeste du moins ce que déguisaient naguère ses allures mystificatrices. Les extravagances de forme et de verbe ne peuvent plus nous dissimuler l'intention qui l'anime, dérisoire sans doute et qui n'a pas laissé cependant d'exercer trop de ravages. Ce qu'il exècre et ce qu'il entreprend de détruire, c'est la suprématie de la raison et de l'expérience du réel, c'est ce que M. Rolland de Renéville appelle "le hideux génie français". A l'égard d'un Rabelais, d'un La Fontaine, d'un Musset, notre auteur n'a que mépris et sarcasmes dont la niaiserie est réjouissante. Et il ajoute que cette "haine de la France n'a d'égale dans le coeur de Rimbaud que la fureur qu'il ressent contre l'Église catholique et romaine. La première parce qu'elle représente le plus purement la civilisation occidentale, et la seconde en tant que responsable de cette civilisation." M. Rolland de Renéville n'a pas tort d'attribuer ce fanatisme à Rimbaud que, par un défi à son œuvre et à l'évidence, notre fameux ambassadeur-poète et quelques amateurs de paradoxes nous travestissent en Père de l'Église. Mais il se leurre en professant que sa religion lui vient d'Orient. Elle n'arrive pas de si loin. Il n'est, avec ses camarades, que dupe ou complice d'une conjuration judéogermanique qui, depuis la guerre, a importé chez nous, d'une Allemagne en pourriture morale et mentale, le corydonisme, le surréalisme, le culte de l'inconscient, la divinisation des instincts, les cauchemars pseudo-critiques, le freudisme et autres saletés ou sottises qui, mortelles à l'esprit français, souillent et abêtissent notre littérature[523]. »

Pour parler encore du volume de M. de Renéville, il est juste de reconnaître qu'il témoigne de quelque honnêteté dans sa seconde partie, où la position de Rimbaud à l'égard de la religion catholique est nettement définie. Mais on savait à quoi s'en tenir. (Éd. Au Sans Pareil).

Louis Aragon : « À propos de "Rimbaud le Voyant". Une lettre d'Aragon », Bruxelles, Variétés, n°4, 15 août 1929, p.306.

À la suite de la publication, ici-même, d'une note sur *Rimbaud le Voyant*, de Rolland de Renéville, Albert Valentin a reçu d'Aragon la lettre que voici :

Mon cher Valentin,

Non, nous ne sommes pas d'accord touchant le livre de Rolland de Renéville. Croyez m'en, il témoigne de quelque chose de mieux que de quelque honnêteté dans sa seconde partie. Les bassesses de l'Action Française, que vous citez, devraient suffire à vous ranger aux côtés de l'homme sur lequel un Planhol les déverse. Je ne me trouve pas d'accord sur tous les points avec l'auteur de *Rimbaud le Voyant*, il n'en reste pas moins que ce livre contient la première tentative d'explication vraiment humaine de l'œuvre et de la vie de Rimbaud. Il a le mérite sans précédent de souligner l'importance de la lettre dite du voyant pour l'intelligence de Rimbaud, de sa poésie et son existence, et ceci d'une façon telle que toute tentative d'interprétation rimbaldienne devra désormais tenir compte de ce texte, au delà des fantaisies des historiographes. Enfin, permettez-moi d'ajouter que si nous savons, nous autres, à quoi nous en tenir sur l'ordure catholique et les falsifications de M. Claudel, ambassadeur escroc et poète pour flics, les écrits qui manifestent notre opinion sont si terriblement rares par rapport aux périodiques déjections des enfants de Marie et autres mouches à drapeaux que cette opinion risque bien de disparaître sous ces merdes bien françaises auxquelles je préfère encore les Upanishad, les mystères orphiques, etc.

Bien amicalement à vous, mon cher Valentin, et ne veuillez voir ici que le même désir que vous ressentez de ne pas être complice de la belle confusion caractéristique de cette année 29.

Aragon [524].

Jean Wahl : « Rimbaud le Voyant, par André Rolland de Renéville », La Nouvelle Revue française n° 193, octobre 1929.

Pour M. Rolland de Renéville, Rimbaud a exposé une doctrine très précise ; cette doctrine, il la tient des occultistes. On peut faire des réserves sur ces thèses, en particulier sur la seconde. Il n'en restera pas moins vrai que jamais le contenu de l'œuvre de Rimbaud n'a été étudié d'aussi près ni aussi profondément. Après une phase de révolte absolue, nous dit M. de Renéville, Rimbaud a reçu la révélation de la sagesse orientale ; puisque le moi est une illusion, il faut cultiver en soi l'inattention, le « *désintérêt* » ; il faut par les hallucinations déformer le réel, puis détruire la multiplicité des apparences, enfin abolir la conscience, — par l'ascétisme saisir dans son essence notre faim, notre soif, notre désir, par l'alchimie du verbe voir l'unité des choses, par l'amour coïncider avec cet acte d'amour qui forme et consume à la fois l'univers. Dès lors, par-delà le bien et le mal sera instituée cette communion des bons et des méchants que chante « *le plus beau de tous les mauvais anges* » dans le poème de Verlaine dont nous trouvons ici une interprétation frappante. Et en même temps que le voyant fera naître partout des nouveautés, « *nouvelle harmonie* », « *nouvel amour* », la communion de toutes choses, « *la mer mêlée au soleil* », nous mettra en présence de l'éternité. Mais la tentative de Rimbaud échoue doublement : faillite extérieure — c'est le drame de Bruxelles ; « *la charité serait cette sœur de la mort pour moi ?* » ; faillite intérieure, car prenant conscience de la suspension des puissances telle que les grands mystiques l'ont décrétée, Rimbaud voit qu'il ne peut communiquer ses certitudes : « *Je ne sais plus parler* ». Il se sent un Messie qui ne peut ni se révéler ni racheter les autres. L'enfer ne peut rien contre lui ; mais il n'a rien pu contre l'enfer. Les paroles comme les actes se résorbent dans le néant divin. La *Saison* nous montre l'échec de la doctrine des *Illuminations*.

Doctrine inspirée de l'occultisme, héritier lui-même de l'Orient, de l'orphisme, de Pythagore et de Platon, nous dit M. de Renéville. Nous dirions plutôt, sans chercher des influences, mais pour noter des parentés, évangile mystique et romantique qui rappelle l'idéalisme magique de Novalis (« *Les phénomènes s'émurent* ») et le mariage du ciel et de l'enfer conçu par Blake (« *L'encens et l'ironie* »). Peut-être conviendrait-il cependant de signaler l'influence de Hugo sur plusieurs des thèmes de Rimbaud. Mais cette question des sources est secondaire. M. Rolland de Renéville nous a expliqué maint texte obscur ; et grâce à ce petit livre riche d'idées où l'enthousiasme, l'audace et le sérieux s'unissent d'une façon qui éveille la sympathie, nous apercevons plus nettement encore toutes les raisons que nous avions d'admirer tant Rimbaud.

Benjamin Fondane : Rimbaud le Voyou, Denoël et Steele, 1933.

Bien qu'appartenant également au groupe du Grand Jeu, M. de Renéville, auteur de *Rimbaud le Voyant*, nous oblige à un examen particulier. En effet, afin d'éviter de « réduire à des proportions humaines, c'est-à-dire naines un être dont la grandeur est par elle-même trop effrayante[525] », M. de Renéville s'est trouvé sur les bras avec un Rimbaud absolument vide à force d'être pur, d'où tout le drame a été chassé pour faire place « à de la pensée accrochant de la pensée et tirant ». Nécessairement, cette pensée occupée uniquement d'elle-même, devait finir par prendre conscience d'elle-même, je veux dire aboutir à un « système logique ». « Énormité devenant norme absorbée par tous », tel était devenu le but inavoué de M. de Renéville. Le voici donc un multiplicateur de Progrès ! Malheureusement, pour cela, il n'était pas possible de se résigner à résumer, telle quelle, la pensée de Rimbaud. Cette pensée présentait des « confusions », des ellipses, était rien moins que logique. Et voilà M. de Renéville obligé de combler les trous, de meubler les terrains vagues, cherchant un moyen de « situer » cette pensée qu'il avait arrachée à un individu tellement vivant qu'il n'accepte d'en être séparé qu'à la condition de s'évanouir.

Pour une fois que l'occasion se présentait d'une pensée vécue, d'un tout absolument indivisible, il est malheureux que M. de Renéville l'ait laissée s'échapper et se soit donné le tort de la morceler, de jeter le vivant et de conserver le poids mort. Aussi, au lieu de « situer » Rimbaud entre Dostoïevski et Kierkegaard, en plein centre de la culture occidentale dont il marque une crise et une cime, M. de Renéville, avec la seule « pensée » de Rimbaud entre ses mains, s'est mis à lui trouver des sources pures et à lui faire faire un voyage livresque à travers l'histoire de la philosophie hindoue, de la Cabale et des gnostiques. Loin de remarquer que ce qui était *le plus important* c'était Rimbaud lui-même, homme européen par excellence, *somme des antinomies* véritables de tout être d'aujourd'hui, il est allé à des idées qui, pour le seul fait de n'être que des idées, ne pouvaient guère lui livrer grand chose. Des idées, on en avait tant vu ! et de tant de sortes ! il n'y a là, rien de nouveau sous le soleil. Mais des idées vécues et tellement vécues, que la pensée arrive à n'être que la fonction vitale elle-même, que son instinct de conservation, son besoin d'autodestruction, ses tropismes, qu'elle se confonde avec les premiers besoins : manger, boire, aimer, haïr, marcher, craindre la mort, le cas est tellement exceptionnel, que cela valait la peine d'être envisagé autrement. La fonction de penser, telle qu'on la trouve chez Rimbaud, est de taille à proposer une nouvelle définition de l'acte de penser. Ici, la pensée est un acte : elle ne pense pas ; elle décide, elle marche, elle crie, elle se tue ; elle n'agit ni ne se déroule d'un seul homme, qui est Rimbaud : « Je est un autre ! » — avait-il dit. Sans Rimbaud, il n'y a pas de pensée rimbaldienne, comme sans Job il n'y a pas de pensée, de prière, ni de lamentation de Job. Je sais qu'on ne peut reprocher à l'essai de Renéville ni la mauvaise foi, ni l'intention déloyale. Point de parti pris, mais de l'objectivité parfaite. D'autant plus irritant qu'il semble engagé sur la seule voie de la vérité. Mais que reste-t-il de Rimbaud là-dedans ? Comme penseur, bien d'autres l'ont dépassé. Comme voyant, la flamme est courte. Comme système logique, c'est absolument piètre. Il y a une terrible différence entre une idée et un exemple, entre une idée et une vie. Que vaudraient un Christ, un Socrate, sans leur mort ? sans le *scandale* de leur enseignement ?

Ma sympathie irait tout entière à l'essai de Renéville si celui-ci avait passé inaperçu. Je lui aurais tenu compte de sa bonne foi, de son habileté. Mais il a eu du succès, on aime beaucoup en France réduire au « système logique », même les choses les plus absurdes. Aussi, personne ne s'est avisé qu'il s'agissait là d'un mensonge, sinon d'une terrible erreur, et qu'un Rimbaud normalien et racinien, était en train de faire oublier l'existence la plus odieuse, la plus scandaleuse qui fût. Nous avons assez de génies à mettre au Panthéon, assez de Voltaire lucides et grimaçants, pour pouvoir nous passer d'un Rimbaud à allonger cette sauce. Si Rimbaud n'est que ce qu'en a fait M. de Renéville, autant dire que nous n'avions pas besoin d'un Rimbaud — que Rimbaud n'a jamais existé.

M. de Renéville procède d'abord par petites explications, il cherche de petites clefs pour de grands vers. Dans :

Ô saisons, ô châteaux,
Quelle âme est sans défaut ?

« Par saison il entend vies terrestres et par châteaux les âmes », écrit M. de Renéville. Mais alors qu'entend-il, Rimbaud, par âme ? De même dans les vers suivants :

Ô vive lui chaque fois
Que chante le coq gaulois

« ... il convient ici de se souvenir que le coq était tenu pour sacré dans l'antiquité et que la liturgie catholique », etc.

Que Rimbaud écrive : « Il est l'affection et le présent puisqu'il a fait la maison ouverte à l'hiver écumeux et à la rumeur de l'été, lui qui a purifié les boissons et les aliments », M. de Renéville voit un Rimbaud qui s'est peint là sous les traits du génie, voire même de Dieu : « Bien mieux, c'est en véritable Dieu qu'il se peint. Et ce qui nous semble un monstrueux orgueil, n'est à ce moment qu'une conséquence logique de son système : si "je est un autre", il suffit de remonter à son essence pour s'identifier à Dieu. Et Dieu rassemble en lui tous les contraires. » Et de citer Platon, Mundaka, les Upanishad, le Krishnaïsme, Pythagore, le catéchisme des Acousmatiques, de nous avertir que les Orphiques s'abstenaient de manger de la viande et portaient des vêtements blancs, etc., etc.

Je ne crois pas que : on me pense, veuille dire : Je suis Dieu, n'ayant jamais lu de Dieu cette étrange définition : « Dieu est ce qui est pensée ! » À moins que M. de Renéville ne me fasse observer qu'il a bien écrit : « en remontant à son essence Rimbaud s'identifie à Dieu », dans le même sens que le R. P. Sertillange, écrivant : « En portant à l'absolu l'action bergsonienne, l'élan vital, l'évolution créatrice, opération qui, on le sait, les désessencie, on peut retrouver l'acte pur ». Ces opérations d'essencier ou désessencier sont d'usage courant en langage philosophique.

Ailleurs, M. de Renéville divise la substance de tel poème en dialogue, dès que le sens lui semble tant soit peu contradictoire et que s'embrouille dans Rimbaud, ou que n'apparaît pas très claire, « la conséquence logique de son système »!

« *Ô mon* Bien ! *ô mon* Beau ! Cela commença sous le rire des enfants, cela finira avec eux. » — « D'abord enfants par l'incompréhension, commente M. de Renéville, les hommes deviendront enfants par la pureté qu'ils auront recouvrée. Avec cette phrase change la disposition du discours. La parole passe aux auditeurs du voyant : « le poison va rester dans nos veines même quand, la fanfare tournant, nous serons rendus à l'ancienne inharmonie[526]. »

Il se pourrait bien qu'il y ait là contradiction ; mais à mon gré, cela ne devrait pas inciter M. de Renéville à couper la parole à Rimbaud et à la passer à ses auditeurs, comme la demoiselle du téléphone coupe la communication et la passe à je ne sais quelle voix qui, dans le récepteur, vous fait la plaisanterie de vous contredire. Dans l'exégèse de Rimbaud, M. de Renéville fait, gratuitement, l'office de la demoiselle du téléphone. Et c'est pour éviter une pénible gaffe à Rimbaud, car peut-on lui permettre de se contredire ? Et que ferait-on alors de « la conséquence logique de son système » — « Le droit de se contredire — écrivait M. Breton, au sujet du même Rimbaud — oui, mais enfin ! »

Malheureusement, on n'avait pas besoin d'aider Rimbaud, il était de par lui-même on ne peut plus clair. Et M. André Dhotel, auteur d'un livre l'*Œuvre logique de Rimbaud* (décidément, on ne veut que d'un Rimbaud logique !), de nous éclairer ce paragraphe qui a donné tant de mal à M. de Renéville.

[...]

De même, au sujet de l'étrange idée de Rimbaud : « Cet avenir sera matérialiste, vous le voyez ! », M. de Renéville écrit : « Plus exactement, il faudrait dire qu'il n'y a ni esprit ni matière, mais un esprit-matière... » et encore : « La confusion qu'établit Rimbaud entre la parole et l'idée résulte directement de la solution que fournit au problème de la matière la métaphysique dont il s'est pénétré. On y trouve que la matière existe parce que Dieu la pense et la prononce... » Inutile de dire que l'on ne trouve aucune trace de cette métaphysique-là dans Rimbaud et que l'on n'arrive à des traductions de cette sorte qu'avec le correctif : « Plus exactement, Rimbaud veut dire... »

Il est infiniment regrettable que M. de Renéville ait choisi d'exprimer la pensée de Rimbaud « plus exactement » que Rimbaud lui-même. Mais si on enlève ce « plus exactement » que reste-t-il encore de « Rimbaud le Voyant » ?

(pp. 241-247 de la réédition Complexe, 1990.)

RENÉ ETIEMBLE & YASSU GAUCLÈRE : RIMBAUD, GALLIMARD, 1936.

M. Rolland de Renéville schématise ainsi le destin de Rimbaud : « Les phases de l'évolution spirituelle de l'humanité apparaissent bien nettes : dépouillement des illusions du monde physique qui nous obligent à l'individualisme, compréhension de l'unité universelle et réalisation de cette unité par l'amour » ; dès lors, le poète n'est plus un simple assembleur de syllabes ; il glisse « du plan poétique au plan mystique », renie « le monde occidental dominé par une religion et des institutions individualistes ». La littérature de la Grèce ancienne le fit « accéder à la métaphysique de l'Orient. Platon le conduisit à Pythagore et de ce dernier il remonta jusqu'aux mystères orphiques que l'Orient transmit à la Grèce. » [...]

Est-il besoin d'appeler à la rescousse toute la « grande tradition orientale » pour comprendre « j'assiste à l'éclosion de ma pensée » ? Tous ceux qui réfléchissent se dédoublent. [...] C'est la loi de l'esprit. Rien ne m'est plus lointain que la pensée qui va surgir dans ma conscience. Lorsqu'elle se manifeste, ce pourrait être l'œuvre d'un autre, de l'autre qui est moi.

Une formule si concise — Je est un autre — permet, nous l'accordons, toutes les fantaisies. Nous imaginons sans peine un psychiatre qui construirait là-dessus un Rimbaud dépersonnalisé, étudierait son état premier, puis son état second, et se livrerait à mille facéties ingénieuses. Mieux vaut la prendre pour ce qu'elle est, pour l'expression de la plus élémentaire conscience.

Après avoir doué Rimbaud d'un tel « Je » qui parle de soi tantôt au singulier, tantôt au pluriel, s'identifiant ainsi, lui créateur, avec ses créatures, M. Rolland de Renéville lui confère une volonté de divinisation. Au « jeûne volontaire ou forcé » s'adjoignit une « chasteté quasi totale » pendant la plus grande partie de l'adolescence. [...]

M. Rolland de Renéville fait état de macérations réputées ascétiques. Et quand il eût été puceau, Jean-Arthur Rimbaud — il ne l'était sûrement pas — la belle raison pour soutenir qu'il se macérait avec l'intention de se diviniser. [...]

Non ! Ni Dieu, ni prophète.

Il se peut que M. de Renéville ait découvert dans Ernest Delahaye l'idée directrice de *Rimbaud le Voyant*. Mais il n'y a pas découvert toutes ces fantaisies. La magie, l'occultisme, la kabbale, les philosophies de l'Orient ? Ce sont très précisément les doctrines qui lui sont chères. Il considère l'ésotérisme comme une «loi essentielle de la vie de l'esprit » ; il a donc été conduit à transformer Rimbaud en poète ésotérique ; il lui a prêté toutes ses espérances, tous ses désirs, et, qui sait, toutes ses déceptions. [...]

Que reste-t-il de *Rimbaud le Voyant* ?

Ceci : Rimbaud n'est ni un vulgaire voyou, ni, malgré la *Vierge folle* et les *Stupra*, un banal inverti. Le livre de M. Rolland de Renéville réagit contre une interprétation tendancieuse, celle qui, par exemple, se trahissait par la bande publicitaire d'un ouvrage en effet maladroit [...] Que Rimbaud se saoule et couche avec Verlaine, la belle affaire ! Nous ne mesurons pas notre admiration au nombre de verres d'eau que boit un écrivain, ni au nombre d'enfants légitimes dont sa femme a pu accoucher. Mais nous nous indignons lorsque des indiscrets se permettent d'attiser le scandale. M. Rolland de Renéville s'attaque à ces goujats. Il faut lui en savoir gré.

Lui savoir gré aussi de montrer que le problème de Rimbaud, qui se formule accessoirement en termes poétiques, se pose d'abord en termes métaphysiques (et non « mystiques », selon l'expression de Renéville).

Lui savoir gré enfin de « constater à quel point Rimbaud est loin de la religion catholique ».

(Extraits des pp. 19-32.)

Chronologie

1903   8 juillet : naissance d'André Albert Marie Rolland de Renéville à Tours.

1923   publie à compte d'auteur sa première plaquette : De l'Adieu à l'oubli.

1925   entame des études de droit.
Publie, toujours à compte d'auteur, une deuxième plaquette : Pour Elle.
Contacte Artaud pour lui demander une préface à ses Ténèbres peintes, mais Artaud refuse.

1926   décembre : Les Ténèbres peintes paraissent à Paris chez Radot avec une préface de Philippe Soupault.

1927   rédige Rimbaud le Voyant à La Béchellerie, propriété d'Anatole France.
Novembre : rencontre René Daumal et Roger Gilbert-Lecomte chez Léon Pierre-Quint.
Décembre : Kra refuse Rimbaud le Voyant, estimant l'ouvrage destiné à un public trop restreint.

1928   janvier : début de sa correspondance avec Saint-Pol-Roux.
Avril : début de sa collaboration aux Cahiers du Sud.
Juin : parution du premier numéro du Grand Jeu dans lequel il publie un poème ainsi qu'une lettre à

	Saint-Pol-Roux.

1929 — Septembre : passe devant le conseil de réforme avocat stagiaire à Tours. Opte pour la carrière de magistrat.
Parution de Rimbaud le Voyant au Sans Pareil.

Mai : parution du deuxième numéro du Grand Jeu : il y publie « L'élaboration d'une méthode », extrait de Rimbaud le Voyant.

1930   juin : début des relations conflictuelles avec certains membres du Grand Jeu (Delons et Audard).

Octobre: parution du troisième et dernier numéro du Grand Jeu : il y publie « La Parole », extrait de L'Expérience poétique. Réussit son concours d'entrée dans la magistrature.

1931   janvier : installation à Paris.

Juillet : début de sa collaboration à la N.R.F.

Novembre : début de relations amicales avec Artaud.

1932   rencontre Cassilda Miracovici, peintre roumaine.

Janvier : refuse de signer une pétition en faveur d'Aragon inculpé pour son poème « Front rouge ».

Février : rédige « Dernier état de la poésie surréaliste » (N.R.F. n°221), article qui lui vaudra les foudres de Delons et Audard.

Septembre : publie « Persécuteur persécuté » (N.R.F. n°228) dans lequel il explique son refus de signer la pétition en faveur d'Aragon.

Octobre : pressenti pour participer à une direction collégiale de la N.R.F. aux côtés de Paulhan, Michaux, Artaud, Daumal, Jouhandeau, Rougemont et Supervielle.

Novembre : Audard et Delons démissionnent du Grand Jeu. Harfaux et Henry se déclarent solidaires des démissionnaires.

	30 novembre : « procès » de Renéville chez Gilbert-Lecomte. L'éclatement du Grand Jeu est effectif.
1933	août : projette pour septembre le lancement d'une nouvelle revue, prolongement du Grand Jeu, ayant pour vocation d'étudier les conditions d'apparition de la poésie, sa définition, le but vers lequel elle nous entraîne ; dirigée par Renéville et Daumal, elle aurait eu pour principaux collaborateurs Gilbert-Lecomte et Michaux.
1934	nommé juge à Châteauroux. Mai : collabore à la revue Hermès. Septembre: demande à Daumal des éclairages sur l'enseignement de Mme de Salzmann.
1935	1er novembre : épouse Cassilda Miracovici.
1936	Michaux le rejoint au comité de rédaction d'Hermès. Avril : publie « Poètes et Mystiques » dans Mesures. 1er juillet : lecture publique de L'Expérience poétique à la Maison du livre.
1937	Septembre : travaille à son étude sur Martinès de Pasqually, Swedenborg et Wronski qui ne paraîtra que 10 ans plus tard.
1938	réédition de Rimbaud le Voyant chez Denoël. Avril : parution de L'Expérience poétique chez Gallimard. L'ouvrage sera couronné par le prix Paul Flat de la critique décerné par l'Académie française. Août-septembre : séjour à Bucarest. Novembre : Michaux lui offre un tableau.
1940	substitut à Charleville. Fin avril : retour à Paris qu'il quitte en juin pour Tours. Novembre : rencontre Henri Mondor avec lequel il va entretenir une longue correspondance à propos de Mallarmé. 6 décembre : décide de poursuivre sa collaboration à la

N.R.F. de Drieu La Rochelle.

1941 vend le manuscrit de Rimbaud le Voyant à Henri Mondor.

1943 septembre : entame ses recherches afin de rassembler les Œuvres complètes de Rimbaud dans la Pléiade.
31 décembre : mort de Roger Gilbert-Lecomte.

1944 février : travaille à la correspondance de Rimbaud.
Mars : rencontre Jules Mouquet, détenteur de nombreux inédits de Rimbaud, qui lui offre sa collaboration.
20 mai : dernière visite à Daumal qui meurt le 23.
Novembre : parution de Univers de la parole chez Gallimard.

1945 avril : début de sa collaboration à La Nef qui se poursuivra jusqu'en 1949.
Juin : incite Véra Daumal à écrire l'introduction au Mont Analogue.

1946 janvier : parution de La Nuit l'Esprit chez Gallimard.
Avril : parution des Œuvres complètes de Rimbaud dans la Pléiade.

1947 dirige Les Cahiers d'Hermès (2 numéros seulement) dont l'ambition est de dresser un parallèle entre l'expérience poétique et le mysticisme. Il y publiera son étude « Sciences maudites et Poètes maudits ».
Février : Rimbaud le Voyant, remis à jour, paraît à La Colombe.
Décembre : Vice-président du Tribunal civil de Pontoise.

1948 se procure, par l'intermédiaire d'Henri Hoppenot, ambassadeur à Berne, de la streptomycine pour soigner Cassilda atteinte de tuberculose.
Mai : tente vainement de publier Sciences maudites et Poètes maudits à La Baconnière.

	5 août : décès de sa mère.

5 août : décès de sa mère.
Réédition de L'Expérience poétique à La Baconnière.
1950 printemps : publie dans les Cahiers de la Pléiade « Verlaine, témoin de Rimbaud », important fragment de Rimbaud et ses témoins, réfutation de la thèse de Bouillane de Lacoste sur la datation des Illuminations.
1952 écrit la préface au Mont Analogue de Daumal.
Décembre : Président de la chambre civile du Tribunal de première instance de la Seine.
1953 publie ses derniers poèmes inédits dans Les lettres.
1955 22 novembre : mort de Cassilda. Songe au suicide.
Début de rapports conflictuels avec Paulhan qui ne donne pas suite à l'hommage à Cassilda que Renéville voulait publier dans la N.R.F.
1956 janvier : décès de son père.
Juin : brouille définitive avec Paulhan. Renéville se retire de la vie littéraire.
1957 rencontre Marie Gheorghiu, future Marie Rolland de Renéville en 1961.
1960 octobre : parution de son hommage à Supervielle, dernier texte publié de son vivant (N.R.F.)
1962 août : voyage en Grèce. Malade, il est rapatrié à Paris.
23 août : décède à l'âge de 59 ans.
1985 reprise de Rimbaud le Voyant chez Thot.
1997 parution de Sciences maudites et Poètes maudits au Bois d'Orion.
La revue Courant d'Ombres lui consacre un dossier.
2003 nouvelle édition intégrale de Rimbaud le Voyant et de L'Expérience poétique aux éditions Le Grand Souffle.

Bibliographie

ŒUVRES DE ROLLAND DE RENÉVILLE :

— *De l'Adieu à l'oubli*, Blois, Jardin de la France, 1923.
— *Pour Elle*, Tours, Imprimerie historique, 1925.
— *Les Ténèbres peintes*, préface de Philippe Soupault, Paris, Radot, 1926.
— *Rimbaud le Voyant*, Paris, Au Sans Pareil, 1929 ; Denoël et Steele, 1934 ; La Colombe, 1947 (édition revue et corrigée) ; Thot, 1985 (reprise de l'édition de 1929).
— *L'Expérience poétique*, Paris, Gallimard, 1938 ; La Baconnière, 1948 ; Le Grand Souffle, 2003.
— *Univers de la parole*, Paris, Gallimard, 1944 sous le titre *De Rimbaud à Michaux*.
— *La Nuit, l'Esprit*, Paris, Gallimard, coll. « Métamorphoses », 1946.
— *Sciences maudites et Poètes maudits*, éd. établie par Patrick Krémer, Le bois d'Orion, 1997.

ŒUVRES D'ARTHUR RIMBAUD :
(Seules sont mentionnées les éditions les plus récentes.)

— *Œuvres complètes*, éd. André Rolland de Renéville et Jules Mouquet, Paris, Gallimard, Bibliothèque de La Pléiade, [1946], 1963.
— *Œuvres complètes*, éd. Antoine Adam, Paris, Gallimard, Bibliothèque de La Pléiade, 1972.
— *Œuvres complètes*, éd. Louis Forestier, Paris, Robert

Laffont, coll. « Bouquins », [1992] 2000.
— *Œuvres*, éd. Suzanne Bernard et André Guyaux, Paris, Classiques Garnier, 1960, revue en 2000.
— *Poésies, Illuminations, Une saison en enfer*, 3 volumes, éd. Jean-Luc Steinmetz, Paris, GF Flammarion, 1989.
— *Œuvres complètes*, éd. Pierre Brunel, La Pochothèque, 1999.

BIOGRAPHIES DE RIMBAUD:

BOURGUIGNON Jean et HOUIN Charles : *Vie d'Arthur Rimbaud*, éd. établie, préfacée et annotée par Michel Drouin, Paris, Payot, 1991.

CARRÉ Jean-Marie : *La Vie aventureuse de Jean-Arthur Rimbaud*, Paris, Plon, 1926.

ETIEMBLE RENÉ & GAUCLÈRE Yassu : *Rimbaud*, Paris, Gallimard, coll. « Les Essais », 1936 et 1950.

PETITFILS Pierre : *Rimbaud*, Paris, Julliard, 1982.

STARKIE Enid : *Rimbaud*, traduit et présenté par Alain Borer, Paris, Flammarion, 1982.

OUVRAGES SUR RIMBAUD:

La revue des lettres modernes. Arthur Rimbaud, images et témoins, n° 323-326, 1972.

Le Pont de l'épée n° 76 : La Chasse spirituelle et la critique, 1982. Contient, entre autres, les réactions à la fausse Chasse de : Rolland de Renéville, André Breton, Henri de Bouillane de Lacoste, Etiemble, Maurice Nadeau, Pascal Pia, Jean Paulhan, etc.

Cahiers de l'Herne n° 64, sous la direction d'André Guyaux, 1993.

BRUNEL Pierre : *Arthur Rimbaud ou l'éclatant désastre*, Champ Vallon, 1991.

EIGELDINGER Frédéric / GENDRE André : *Delahaye témoin de Rimbaud*, Neuchâtel, À la Baconnière, 1974. Ce volume regroupe un ensemble de textes de Delahaye sur Rimbaud, dont l'essentiel de *Rimbaud, L'Artiste et l'être moral* (1923) et de *Souvenirs familiers à propos de Rimbaud* (1925).

ETIEMBLE René : *Le Mythe de Rimbaud*, t. 1, Genèse du Mythe ; t. 2, Structure du Mythe , Paris, Gallimard, 1954.

FONDANE Benjamin : *Rimbaud le Voyou*, Paris, Denoël et Steele, 1933 ; réédité avec une préface de M. Carassou, Bruxelles, Complexe, coll. « Le regard littéraire », 1990.

GASCAR Pierre : *Rimbaud et la Commune,* Paris, Gallimard, coll. « Idées », 1971.

IZAMBARD Georges : *Rimbaud tel que je l'ai connu*, Nantes, Le Passeur, 1991.

LEE JOON-OH : *L'Autre de Rimbaud*, préf. de Ynhui Park, présentation de Michel Butor, Paris, Librairie-Galerie Racine, 2002.

RICHER Jean : *L'Alchimie du verbe de Rimbaud ou les Jeux de Jean-Arthur*. Essai sur l'imagination du langage, Paris, Didier, 1972.

MYSTIQUE CHRÉTIENNE :

ECKHART Maître : *Traités et Sermons*, trad., introduction et notes de Alain de Libera, Paris, GF Flammarion, 1993.

GRÉGOIRE DE NYSSE : *Vie de Moïse*, introduction, traduction et notes de Jean Daniélou, Paris, Cerf, coll. « Sources Chrétiennes » n°1 bis, 1942 et 1987.

HADEWIJCH D'ANVERS : *Lettres spirituelles*, traduites du moyen-néerlandais par Dom Porion, Genève, Ad Solem, 1972.
Lettres spirituelles, traduites du moyen-néerlandais par Paul-Marie Bernard, Paris, Le Sarment, 2002.
— *Écrits mystiques des béguines*, traduits du moyen-néer-

landais par Dom Porion, Paris, Seuil, coll. « Points Sagesses », 1994.

JEAN DE LA CROIX : *La Montée au Carmel*, trad. Père Grégoire de Saint Joseph, introd. Yvonne Pellé-Douël, Paris, Seuil, « Livre de Vie », 1947, 1972.

RUUSBROEC Jan van : *Écrits I (La Pierre brillante, Les Sept degrés de l'amour. Livre des éclaircissements)*, introd. de Paul Verdeyen, trad. Dom André Louf, Abbaye de Bellefontaine, 1990.

MYSTIQUE ORIENTALE :

Bhagavad-Gîta, trad. Shrî Aurobindo, version française de Camille Rao et Jean Herbert, Paris, Adrien Maisonneuve, 1984.

— trad. Émile Senart, Paris, Les Belles Lettres, 1944.

Brihad âranyaka Upanishad, traduite et annotée par Émile Senart, Paris, Les Belles Lettres, [1934] 1967.

Kena Upanishad, traduction française de René Daumal, Cahiers Daumal n°8, juin 1996.

SHRÎ AUROBINDO : *Trois Upanishads. Isha, Kena, Mundaka*, trad. française de Jean Herbert, Paris, Albin Michel, coll. « Spiritualités vivantes », 1972.

ÉSOTÉRISME :

CASARIL Guy : *Rabbi Siméon Bar Yochai et la Cabbale*, Seuil, coll. « Maîtres spirituels », 1981.

BAADER Franz von : *Les enseignements secrets de Martines de Pasqually*, Paris, Télétès, 1989.

MARTINEZ DE PASQUALLY : *Traité sur la réintégration des êtres dans leur première propriété, vertu et puissance spirituelle,* éd. établie et présentée par Robert Amadou, Paris, Diffusion rosicrucienne, 1995.

PAPUS : *Louis-Claude de Saint-Martin*, Paris, Demeter, 1988.

SAINT-MARTIN Louis-Claude de : *Mon livre vert*, éd. Robert Amadou, Paris, Cariscript, 1991.

— *L'Homme de désir*, Monaco, Le Rocher, 1994.

— *Le Ministère de l'Homme-Esprit*, Paris, Diffusion rosicrucienne, 1992.

Ouvrages divers :

Le Grand Jeu, reproduction anastasique des trois numéros parus, augmentée des épreuves du quatrième numéro. Paris, Jean-Michel Place, 1977.

Les Poètes du Grand Jeu, textes choisis par Zeno Bianu, Poésie Gallimard, 2003.

BAUDELAIRE Charles : *Œuvres complètes*, éd. Michel Jamet, Paris, Robert Laffont, coll. « Bouquins », 1980.

DAUMAL René : *L'Évidence absurde. Essais et Notes, I* (1926-1934), édition établie par Claudio Rugafiori, Paris, Gallimard, 1972.

— *Les Pouvoirs de la parole. Essais et Notes, II* (1935-1943), édition établie par Cl. Rugafiori, Paris, Gallimard, 1972.

GILBERT-LECOMTE Roger : *Œuvres complètes I. Proses*, édition établie par Marc Thivolet, avant-propos de Pierre Minet, Paris, Gallimard, 1974 ; *II. Poésie*, édition établie par Jean Bollery, avant-propos de Pierre Minet, Gallimard, 1977.

PLATON : *Phédon*, présentation et traduction de Monique Dixsaut, Paris, GF Flammarion, 1991.

PLOTIN : *Traités 1-6*, trad. sous la direction de Luc Brisson et Jean-François Pradeau, Paris, GF Flammarion, 2002.

VALÉRY Paul : *Variété I et II*, Paris, Gallimard, Folio Essais, 1998.

Notes

NOTE SUR L'ÉDITION

1— Le livre paraîtra finalement, grâce à l'entremise de Léon Pierre-Quint, en avril 1929 au Sans Pareil.

2 — Fonds Henri Mondor, MNR α 1162.

3 — D'autant que lorsque Henri Mondor a voulu se porter acquéreur du manuscrit de *Rimbaud le Voyant* pendant la guerre, c'est celui-là que Rolland de Renéville lui a cédé.

4 — Il s'agit d'une réédition très augmentée de celle que Berrichon avait produite en 1898.

5 — Une autre édition avait vu le jour en 1938 chez Denoël et Steele, mais sans changement.

MISE AU POINT

6 — Cette mise au point, parue sous le titre « Le Royaume de Rimbaud » dans *Les Cahiers du Sud* (n°102, juin 1928), ne sera pas reprise dans la réédition de 1947, mais remplacée par une préface donnée ici en annexe. Dans son *Mythe de Rimbaud*, Etiemble voit en cet article la « première apparition du Dieu-Rimbaud selon l'avatar occultiste » (t.I. *Genèse du Mythe*, 1869-1949, Paris, Gallimard, 1954, p. 166). Par la suite, il ne cessera de gloser sur la lecture rénévillienne de Rimbaud.

7 — Je donne ici la version parue en revue, plus limpide que celle du manuscrit autographe : «…, avant de les lancer dans l'invisible, ceux qui osent s'y abandonner » (f°61, r°).

8 — À Delphes notamment, où la célèbre pythie formulait ses oracles en vers.

9 — Le texte paru dans *Les Cahiers du Sud,* de même que le manuscrit autographe (f°145, r°), comporte une phrase supplémentaire :
« Homère dit même qu'on les voyait apparaître au milieu des combats » (p. 435).

10 — Ms. : « ... pouvoir magique » (f°145, r°).

11 — Ms. : « ... de longues histoires divertissantes peut-être, mais auxquelles il est impossible de reconnaître une qualité plus profonde » (f°145, r°).

12 — Ms. : « Jusqu'au mouvement romantique, il n'y a plus que stérilité, du moins en ce qui concerne la poésie » (f°146, r°).

13 — Ms. : « ... qui l'empêchent encore de connaître son véritable trésor » (f°147, v°).

14 — Ms. : « ... l'ancienne sagesse » (f°146, r°) ; « l'ancienne science » (f°147, v°).

15 — Baudelaire : *Les Fleurs du Mal. Spleen et Idéal. IV Correspondances.* La citation n'est pas reprise dans *Les Cahiers du Sud.*

16 — Ici se termine la première partie du « Royaume de Rimbaud », la seconde sera reprise plus avant dans *Rimbaud le Voyant.*

17 — Ms. : « ..., d'une vieille bigote » (f° 147, r°).

18 — Le manuscrit autographe (le premier) mentionne en note : « Paterne Berrichon, Isabelle Rimbaud et M. Claudel » (f° 147, r°), références non reprises dans l'édition de 1929. Quant à l'édition Thot, elle substitue Verlaine à Berrichon : s'il est tentant de voir en ce « poète symboliste » le visage de Verlaine, il est pourtant plus logique d'y voir celui de Paterne Berrichon, véritable émasculateur de Rimbaud, d'autant que la suite de l'essai montre que

Renéville n'a jamais accusé Verlaine d'avoir participé à l'entreprise initiée par Berrichon et Isabelle Rimbaud. Par ailleurs, bien que mineur, Berrichon eut, avant de se consacrer à Rimbaud, des velléités de poète symboliste. Dans sa thèse, *André Rolland de Renéville critique et théoricien : sources et développements d'une poétique* (Paris IV, Sorbonne, 2002), Jean-Philippe Guichon substitue lui aussi Verlaine à Berrichon (p. 35).
19 — Marcel Coulon, *Au cœur de Verlaine et de Rimbaud*, Le Livre, 1925.
20 — Ms. : « … quand les surréalistes » (f° 148, v°). À l'époque où il rédige son manuscrit, Renéville n'a pas encore rencontré Daumal et Gilbert-Lecomte (la rencontre aura lieu en décembre 1927) : le surréalisme lui apparaît donc comme étant alors la seule ouverture possible. Mais au moment de corriger les épreuves de son essai, il est un membre éminent du Grand Jeu, lequel s'oppose largement au surréalisme, ce qui le pousse certainement à cette substitution.
21 — Ms. : «… enfermerons ».
22 — Ms. : « Et bientôt vous crèverez en d'atroces convulsions… » (f° 148, v°).
23 — Cette diatribe ne pouvait évidemment être reprise dans l'édition de 1947, Renéville étant lui-même devenu magistrat en janvier 1931.

I. LA RÉVOLTE

24 — Éd. 1947 : la dernière phrase est supprimée, pour les raisons évoquées précédemment, et remplacée par :
« L'aspiration vers Dieu, la passion du sacrifice, et la recherche de la justice absolue lui apparaissaient brusquement sous l'aspect dérisoire et dégradé que la vie en société impose aux plus nobles élans de l'homme » (p. 17).

25 — Le manuscrit autographe porte en note la référence aux *Souvenirs familiers à propos de Rimbaud* d'Ernest Delahaye parus chez Messein en 1925. Frédéric Eigeldinger et André Gendre ont, sous le titre *Delahaye témoin de Rimbaud* (Neuchâtel, À la Baconnière, 1974), réunis les principaux textes de Delahaye portant sur Rimbaud : c'est à cet ouvrage que je me référerai à l'avenir, mentionné DTR. Tous les biographes de Rimbaud s'accordent à souligner le caractère plus qu'autoritaire de Vitalie Cuif-Rimbaud, à l'exception de Suzanne Briet (*Madame Rimbaud, essai de biographie*, Minard, 1968) qui tenta de la réhabiliter.

26 — Ms. : « ... à dix-sept ans écrire l'œuvre la plus étonnante et la plus grandiose de toutes les littératures » (f°140, v°).

27 — Ms. : « ... répulsion devant le destin promis ici-bas à tout individu qui ambitionne seulement de dominer ses semblables par sa situation. Et sur les bancs de l'institution Rossat, il écrit dans son cahier d'écolier : "Que m'importe à moi que je sois reçu... à quoi cela sert-il d'être reçu, rien, n'est-ce pas ? Si pourtant on dit qu'on n'a une place que lorsqu'on est reçu [...] Ah ! saperlipotte de saperlipopette ! sapristi moi je serai rentier ; il ne fait pas si bon de s'user les culottes sur les bancs... saperlipopettouille !" Dans la dernière phrase de ce texte nous trouvons une allusion à la

méthode que Mme Rimbaud préconisait pour l'éducation d'Arthur, et qu'elle employait sans voir "Dans les yeux bleus et sous le front plein d'éminences / L'âme de son enfant livrée aux répugnances" » (f°141, r°). Le texte ici évoqué est *Prologue* (1864) dans *Proses de collège*. Quant à l'allusion à la méthode de Mme Rimbaud, il s'agit de « soufflets » accordés pour récompense.

28 — *Les Poètes de sept ans.*

29 — Absent du manuscrit autographe, cet alinéa remplace celui-ci : « Sa mémoire est parfois traversée d'étranges souvenirs qui ne se rapportent à aucune scène de la vie qu'il a jusqu'ici vécue. Il se rappelle des rêves aux images curieusement coordonnées et s'inquiète des rapports qui semblent établis entre les sons, les couleurs et en général toutes les lettres qui composent l'alphabet du monde. Les choses visibles ne doivent-elles pas nous mener aux invisibles ? et les objets ne sont-ils pas les simples signes d'une réalité qu'il nous reste encore à découvrir, et que nous sentons en quelque manière surréelle à ce que nous nommons la réalité ? » (f°140, r°).

30 — *Cahier de Douai. Le Mal.*

31 — Le récent ouvrage du Professeur Lee Joon-Oh — *L'Autre de Rimbaud* (Librairie-Galerie Racine, 2002) — revendique clairement sa filiation avec celui de Renéville, si clairement qu'il n'hésite pas à recourir à des « emprunts » non signalés. Ainsi, en p. 10, l'on trouve : « Baignés d'ombres et de musique, "Les pauvres à l'église" se détendent et formulent leurs naïves demandes au Dieu indifférent et silencieux ».

32 — Éd. 1947 : « Ainsi donc, la plus pure doctrine que l'humanité ait connue aboutit, du fait de l'indignité des hommes, à cette religion d'esclaves… » (p. 19).

33 — *Les Premières communions. IX.*

34 — Ms. : « M. à Dieu. » (f° 139, r°) Il convient de préciser que selon Delahaye, cette inscription fut tracée sur un banc et non sur un mur ; par ailleurs, s'il mentionne à deux reprises cette anecdote, ce n'est que dans le premier texte (*Rimbaud*, 1905) qu'il écrit « Mort à Dieu ! », alors que dans le second (*Rimbaud, l'artiste et l'être moral*, 1923) il se contente d'un simple « M... à Dieu ! » qui semble plutôt indiquer « Merde à Dieu ! » (voir DTR, op. cit., p. 273.)
35 — Éd. 1947 : « Puisque là tout s'est défait, ... » (p. 20).
36 — Éd. 1947 : « Après avoir rejeté le catholicisme pour les errements pragmatiques auxquels il aboutit, ... » (p. 20).
37 — Le 4 mai 1870, Vitalie Rimbaud écrit par exemple à G. Izambard : « Il est une chose que je ne saurais approuver, par exemple, la lecture du livre comme celui que vous lui avez donné il y a quelques jours, Les Misérables de V. Hugo [...] il serait certainement dangereux de lui permettre de pareilles lectures » (OC2, pp. 235-236). Izambard a raconté lui-même l'entrevue qu'il eut ensuite avec Mme Rimbaud : « ... mes explications étaient fort simples, le difficile fut de les placer. J'eus à subir comme entrée de jeu un cours de politique au poivre : Victor Hugo, qu'elle écrivait hugot, c'était l'ennemi de l'autel et du trône, justement banni pour ses productions dépravées [...] le livre était impie et je n'avais pas le droit de rendre son Arthur complice de mes impiétés [...] Mes vingt et un ans restèrent déférents jusqu'au bout, mais une fois dehors, j'aspirai une bonne poumonnée d'air frais » (*Rimbaud tel que je l'ai connu*, Le Passeur, 1991, pp. 43-44).
38 — Ms. : « Celui-ci, malgré les reproches de Mme Rimbaud n'hésita guère à procurer à son élève les ouvrages des Encyclopédistes, la *Confession d'un enfant du siècle*, et de nombreux livres dont se nourrissait le beau feu du poète. » (f°133, r°). Éd. 1947 : « ... de Louis Blanc, de Saint-

Simon, de Babeuf… » (p.20). Le comte de Saint-Simon mentionné dans l'édition de 1947 est un lointain cousin du célèbre mémorialiste, dernier encyclopédiste du XVIIIe siècle et premier socialiste français.

39 — Dans le manuscrit autographe, l'alinéa se poursuit comme suit : « Combien dut souffrir ce grand esprit, notre feu spirituel, qui fut un des premiers à comprendre l'odieux du nationalisme, et qui plus tard ne pouvait plus apercevoir dans la rue un officier sans éclater d'un rire effrayant » (f°133, v°).

40 — Lettre à G. Izambard, 25 août 1870, OC2, p. 238.

41 — *Vers nouveaux. Mémoire.*

42 — La chronologie de cette première fugue est à rectifier. Le 29 août 1870, Rimbaud veut se rendre à Paris, mais la ligne Charleville-Paris est coupée. Il prend alors un billet pour Charleroi où il passe la journée du 30. Le 31, ne disposant plus de la somme nécessaire pour se rendre à Paris, il prend un billet pour Saint-Quentin mais reste dans le train jusqu'à Paris où il est arrêté à son arrivée Gare du Nord et incarcéré à la Maison d'arrêt de Mazas. Libéré quelques jours plus tard (le 8 septembre) grâce à l'intervention d'Izambard qui a payé la dette, il se rend non pas à Charleville mais à Douai dans la famille d'Izambard. Le 26 septembre, Izambard le ramène à Charleville où il est accueilli par une raclée magistrale.

43 — Le sénateur Xavier Bufquin des Essarts, Français exilé en Belgique, dirigeait le *Journal de Charleroi*. Il était le père de l'un des condisciples de Rimbaud : Jules des Essarts.

44 — Avant d'être reconduit à Charleville par la maréchaussée, Rimbaud avait confié à Paul Demeny un ensemble de poèmes appelé, depuis lors, « recueil Demeny » ou « Cahier de Douai », lequel comprend, entre

autres, *Soleil et chair, Ophélie, Roman, Le dormeur du val* ou *Ma bohême*, premiers chefs-d'œuvre de Rimbaud.

45 — [Note de Renéville] On trouve dans les premiers vers de Rimbaud les signes nombreux de ces préoccupations :

... paix des rides
Que l'alchimie imprime aux grands fronts studieux ;
(Sonnet des voyelles)
Mais la noire alchimie et les saintes études
Répugnent au blessé, sombre savant d'orgueil ;
(Sœurs de charité.)

[N.D.E.] Notons que si Renéville fait allusion aux premiers biographes de Rimbaud, Jean Bourguignon et Charles Houin, ceux-ci ne précisent pas les ouvrages consultés par Rimbaud, mais parlent de « vieux ouvrages introuvables et perdus dans les recoins de la bibliothèque » (*Vie d'Arthur Rimbaud*, Paris, Payot, 1991, p. 70). Tout comme Verlaine qui, dans ses *Poètes maudits* (1884), parle de « vagues bouquins scientifiques très anciens et très rares » (*L'Herne. Arthur Rimbaud*, 1993, p. 17). Dans sa réédition de 1947, Renéville augmente considérablement cette note en mentionnant une liste d'ouvrages :

[Note de Renéville] Voici quelques-uns des titres d'ouvrages d'occultisme qui existaient au catalogue que Rimbaud venait consulter, d'après M. Manquillet, bibliothécaire à Charleville (cité successivement par le colonel Godchot et par Etiemble et Yassu Gauclère) :

Bartholomei, *Faü energumenicus*, Ejusdem Alexiacus, Paris, 1571 ;

Massé, *De l'abus des devins et magiciens*, avec un fragment de l'ouvrage de R. Benoit sur les magiciens ;

P. Nodé, *Déclamation contre l'erreur exécrable des maléficiers, sorciers, etc.*, Paris, 1578 ;

J. Bodin, *De la démonomancie des Sorciers*, Paris, 1581 ;
L. Vair, *De fascino Libri*, Paris, 1583 ;
M. Del Rio, *Disquisitionum magicarum*, Lyon, 1612 ;
De l'Isle, *Des talismans ou figures faites sous certaines constellations pour faire aimer et respecter les hommes, les enrichir*, etc., Paris, 1636 ;
Abbé de Montfaucon de Villara, *Le Comte de Gabalis, ou entretiens sur les sciences secrètes*, Cologne, s.d. ;
G. Naudé, *Apologie pour les grands hommes soupçonnés de magie*, 1712 ;
M. Dangy, *Traité sur la magie, le sortilège, les possessions*, etc., Paris, 1732.
On me signale qu'il faut ajouter à ces ouvrages le *Rituel de Haute Magie*, par Eliphas Lévi.

46 — Dans leur *Rimbaud* (Paris, Gallimard, Les Essais, [1936] 1950), Etiemble et Yassu Gauclère contestent énergiquement ce qu'ils appellent les « fantaisies » émises par Renéville : « La magie, l'occultisme, la kabbale, les philosophies de l'Orient ? Ce sont précisément les doctrines qui lui sont chères. Il considère l'ésotérisme comme une "loi essentielle de la vie de l'esprit" ; il a donc été conduit à transformer Rimbaud en poète ésotérique ; il lui a prêté toutes ses espérances, tous ses désirs, et, qui sait, toutes ses déceptions » (p. 32). Voir en annexe les principales diatribes d'Etiemble contre Renéville.

47 — Ms. : « Cette réaction contre les nécessités du monde sensible au profit d'un absolu spirituel le devait entraîner logiquement à combattre les formes de civilisations occidentales. » (f° 11 v°).

48 — Toutes les éditions reproduisent l'erreur d'accord présente dans le manuscrit autographe : « avaient ».

49 — Ici encore, le Professeur Lee puise dans le texte de Renéville sans guère se cacher : « la fréquentation des textes

philosophiques de la Grèce antique, par l'intermédiaire d'auteurs comme Platon et Lucrèce, va lui permettre de découvrir la pensée orientale qu'ils véhiculaient. Le poète, séduit par le détachement du sensible et l'effort de remontée à l'Idée pure dont le nombre physique n'est que le reflet hallucinatoire, va définir en fonction de ses propres tendances, la véritable nature de l'absolu. Cette définition correspond à une fusion universelle, à une union infinie, entre tous les êtres au moyen de l'amour... » (*L'Autre de Rimbaud*, op.cit., p. 35.)

50 — « Union infinie », « fureur », « élan d'amour » : voilà un vocabulaire qui rejoint celui de la mystique rhéno-flamande. L'un des thèmes fondamentaux de celle-ci est la *fureur d'amour* : dès lors que l'âme a reçu la touche divine (*gherinen*), elle se trouve soumise à la fureur ou l'ire d'amour (*orewoet)*, ce désir violent d'une union infinie avec la déité, une union sans différence (*sonder differencie*) : « L'ire d'amour est un riche apanage / et qui l'entend, fût-ce un peu / je ne crois que de l'amour / il désire autre partage./ Ceux qui se trouvaient deux naguère / ne font qu'un désormais » (Hadewijch d'Anvers, *Écrits mystiques des béguines*, trad. Fr. Porion, Seuil, coll. « Points Sagesses », p. 123). Dans « La fureur d'aimer d'Hadewijch d'Anvers » (*Courant d'Ombres* n°5, Paris, 1998), j'ai analysé plus profondément cette thématique.

51 — *Soleil et chair III*. Ce passage, qui ne sera dévoilé qu'en 1925 dans *Les Nouvelles littéraires* par Marcel Coulon, figurait dans le texte que Rimbaud adressa le 24 mai 1870 à Théodore de Banville, mais non dans celui qu'il destinait à Paul Demeny. Dans son édition de la Pléiade, Renéville est catégorique : Rimbaud aurait supprimé ces 36 vers dans le recueil Demeny (OC1, p. 689), sans toutefois avancer une quelconque raison à cette éventuelle suppression ; Suzanne

Bernard le rejoint *(Œuvres*, Classiques Garnier, 1960 et 2000) ; plus récemment, J.-L. Steinmetz a avancé l'hypothèse d'une suppression due à une critique de Banville sur cet ensemble de vers très philosophiques (*Poésies*, GF Flammarion, 1989, pp. 231-232) ; A. Adam et L. Forestier songent plutôt à une disparition (OC2, p. 845) ou à un oubli (OC3, p. 442). Contrairement à l'édition Thot, j'ai supprimé la note de l'édition de 1929 précisant l'aspect inédit de ce passage, comme le fit lui-même Renéville en 1947.

52 — Éd. 1947 : « La matière est formée par l'union d'atomes à polarisations contraires qui constituent en s'associant la trame du monde » (p. 24).

53 — Ms. : « Le Monde est un mystère d'Amour. Les choses sont formées par l'union d'atomes contraires qui constituent en se liant la matière du Monde. Tout est dans tout. Les entités les plus dissemblables sont jointes par des ramifications secrètes » (f°65, r°).

54 — *L'étoile a pleuré rose*. A. Adam doute qu'il s'agisse réellement d'un quatrain et suggère plutôt l'idée d'un fragment appartenant à un poème perdu (OC2, p. 903), suggestion qui ne convainc guère L. Forestier pour qui l'unité et la perfection qui s'en dégagent sont de nature à constituer un tout (OC3, p. 467).

55 — Ms. : « ... s'accomplira le vœu de la loi d'Unité » (f°150, v°). A. Adam, qui ne manque jamais une occasion pour attaquer les théories de Renéville, ironise sur cette interprétation : « Contre tout bon sens, un commentateur épris de sublimités a vu dans ce quatrain la naissance de Vénus, que l'Étoile de Vénus, l'infini et la mer contribuent à former » (OC2, p. 903), et se rallie à la lecture d'Etiemble pour lequel il s'agit uniquement de notations sur le corps féminin, lecture reprise par la plupart des commentateurs.

Jean Richer, pour sa part, y voit une application des théories émises dans *Voyelles* : en s'appuyant sur le symbolisme des lames du Tarot, celui des couleurs, et celui des parties du corps, on obtiendrait une inscription latine signifiant « J'ai écrit le thrène (trône) que le dieu m'a dicté », description du mécanisme de l'inspiration. (*L'Alchimie du verbe de Rimbaud*, Didier, 1972, pp. 84-87.) Quant à Pierre Brunel, il propose de « retourner ces vers pour les lire dans le bon sens » (*Arthur Rimbaud ou l'éclatant désastre*, Champ Vallon, 1991, p. 125) !...

56 — Ms. : « ... catholicisme sous sa forme moderne » (f°8, r°). Éd. 1947 : « ... Catholicisme dogmatique » (p. 25).

57 — Ms. : « ... préoccupations et qui contribuent ainsi à déformer leur religion » (f°8, r°).

58 — Ms. : « ... disparaissant avec le paganisme, toute connaissance profonde et bienfaisante devait s'effondrer par là même » (f°8, r°). Éd. 1947 : « ... disparaissant au profit d'une opposition entre Dieu et sa créature » (p. 25).

59 — Les exemples abondent : suspectées d'hérésie, des béguines auront à subir les foudres de l'Inquisition, certaines, comme Marguerite Porete, périront sur le bûcher. Maître Eckhart lui-même n'échappera pas à cette suspicion : en 1326, l'évêque de Cologne lancera un procès d'Inquisition, lequel aboutira, le 27 mars 1329, à la condamnation de 17 de ses propositions « entachées d'hérésie » selon la bulle *In agro dominico* ; mais le prieur d'Erfurt était mort l'année précédente.

60 — Ms. : « ... mystique qui logiquement le devait conduire à l'abandon de toute expression sur le plan intellectuel, et de toute gloire ou prédominance quelconque sur le plan moral » (f°72, v°).

61 — Ernest Delahaye, *Souvenirs familiers à propos de Rimbaud*, dans DTR, op.cit., p. 88.

62 — D'abord professeur de philosophie à l'Institution Rossat, Léon Deverrière deviendra par la suite journaliste. Rimbaud l'a connu par l'intermédiaire de G. Izambard.

63 — Fonctionnaire, violoniste, caricaturiste, féru d'occultisme, Charles Bretagne (1835-1881) reconnaîtra très tôt le génie de Rimbaud. Ensemble, ils passeront de longues soirées et Rimbaud profitera de sa bibliothèque riche en ouvrages ésotériques.

64 — Éd. 1947 : « …presque nu, regagne à pied Charleville à travers les lignes ennemies, en se faisant passer pour un franc-tireur auprès des paysans qui l'hébergent » (p. 26). Parti le 25 février, Rimbaud sera de retour à Charleville le 17 mars.

65 — Éd. 1947 : phrase supprimée.

66 — L'épineuse question de la réalité du séjour parisien de Rimbaud pendant la Commune a poussé Renéville, dans la réédition de 1947, à remplacer ce paragraphe par celui-ci : « Le 18 mars 1871, la Commune éclate. À Charleville, Rimbaud rédige un *Projet de constitution communiste*, probablement inspiré des lectures qu'il avait faites des socialistes français, et en donne lecture à son ami Delahaye. Ces pages n'ont malheureusement jamais été retrouvées » (p. 26). Seul confident du récit de cette escapade, Delahaye n'a jamais mis en doute la réalité de cette présence, contrairement à Izambard qui aura été le premier à la réfuter, peut-être parce qu'il se sentait vexé de n'avoir pas été, lui aussi, dans la confidence. Aujourd'hui encore, même si l'on s'accorde généralement à admettre la présence de Rimbaud à Paris à cette période, de nombreuses imprécisions persistent : il aurait quitté Charleville à pied vers le 18 avril et serait arrivé à Paris vers le 23, logeant à la caserne Babylone avant de regagner à pied Charleville au début mai. Néanmoins, l'on ne peut négliger certains arguments

avancés par des chercheurs : Enid Starkie, considérant que la doctrine complexe proposée dans la *Lettre du Voyant* nécessita un temps d'élaboration, récuse la présence de Rimbaud à Paris à une date aussi proche de la rédaction de cette lettre (*Rimbaud*, trad. Alain Borer, Flammarion, 1982, pp. 100-101). L'on peut cependant, avec Roger Gilbert-Lecomte, imaginer que Rimbaud a fort bien pu « rédiger ce texte en quelques minutes, au courant de la plume » (*Introduction à la correspondance inédite d'Arthur Rimbaud*, dans *Œuvres complètes I. Proses*, éd. établie par Marc Thivolet, Gallimard, 1974, p. 112). Sur cette question, voir *Rimbaud et la commune* de Pierre Gascar (Gallimard, coll. « Idées », 1971), et surtout la pertinente analyse faite par MM. Eigeldinger et Gendre dans leur DTR, op.cit., pp. 304-322.

67 — *Le cœur du pitre*. Non repris dans l'édition de 1947. Si Renéville voit en ces vers une profonde désillusion de Rimbaud face à l'attitude des communards, nombre d'exégètes y ont vu, quant à eux, le récit autobiographique d'une agression sexuelle subie par le poète lors de son séjour à la caserne de Babylone. Adressé à Izambard, sous le titre du *Cœur supplicié* dans une lettre du 13 mai 1871 (deux jours avant la *Lettre du Voyant* à Demeny), ce poème, auquel Rimbaud semblait tenir beaucoup, sera parodié par Izambard, ce qui blessa Rimbaud et mit pratiquement un terme à leur amitié, même si Izambard n'a eu de cesse de nier que son pastiche ait eu un tel effet.

68 — *Une saison en enfer. Mauvais sang.*

69 — Éd. 1947 : « À la fin de mai, les troupes versaillaises entrent à Paris. La Commune est vaincue. Rimbaud qui de loin avait suivi avec passion la naissance du mouvement insurrectionnel, son développement et son échec, compose dans un sursaut de fureur inspiré l'un de ses plus grands

chefs-d'œuvre. Ses élans, ses colères, qui ne purent... » (p. 27). Ici encore Renéville élimine toute allusion à la présence de Rimbaud à Paris pendant la Commune.

70 — *L'Orgie parisienne ou Paris se repeuple.* En situant l'écriture de ce poème, dont on ne possède ni autographe ni manuscrit, après l'écrasement de la Commune (fin mai 1871), Renéville rejoint la majorité des commentateurs ; d'autres, comme A. Adam (OC2, p. 891), y voient un contresens et la situent avant, à la fin des hostilités franco-allemandes (février 1871). Pour P. Gascar, il s'agit bel et bien d'un poème communard : « *L'Orgie parisienne* et *Les Mains de Marie-Jeanne* sont postérieurs à l'écrasement de l'insurrection » (*Rimbaud et la Commune, op.cit.*, p. 45).

71 — Éd. 1947 : la phrase se termine ici.

72 — Éd. 1947 : les deux premières phrases du paragraphe sont supprimées. Delahaye évoquera à plusieurs reprises ce texte perdu qui, d'après lui, « formait la matière d'un cahier en écriture serrée », « œuvre évidemment considérable, tant par sa forme que par son esprit » (*Rimbaud*, 1905, dans DTR, op.cit., p. 184.)

73 — M. Lee, encore : « L'idée fondamentale autour de laquelle s'élabore sa métaphysique est celle-ci : l'apparente diversité de l'univers cache une profonde unité, et cette unité est accessible par la seule voie de l'Amour » (*L'Autre de Rimbaud, op.cit.*, p. 36.) Pas à pas, méthodiquement, il semble que l'auteur suive le raisonnement de Renéville à la lettre, allant même jusqu'à reproduire les mêmes citations de Rimbaud !

74 — *Les déserts de l'amour.* Éd. 1947 : ajout : « Le saint-simonisme, dont il était fortement empreint, ne séparait point ses ambitions réformatrices d'un mysticisme fort voisin de celui qu'on voit se développer dans les conceptions du poète. On sait que pour Enfantin et ses disciples le

rôle de la femme dans la société devait être considérable » (p. 27).
75 — *Une saison en enfer. Vierge folle.*
76 — Il convient de noter que P. Petitfils n'accorde que peu de crédit à cette éventuelle aventure en laquelle il voit plutôt une « mystification : Rimbaud s'est vanté d'avoir connu une aventure sentimentale à Paris, cela le posait dans l'esprit de ses amis » (*Rimbaud, op.cit.*, p. 99).
77 — *Les premières communions.*
78 — *À la musique.*
79 — *Paris se repeuple.*
80 — Ms. : « Il sent que l'Homme n'est pas limité à ses pouvoirs actuels. Des possibilités ignorées dorment en lui. L'Homme fait partie de la Nature, il doit donc posséder toutes les puissances et toutes les grandeurs qu'il pressent » (f°118, v°).
81 — Ms. : « ... sont parvenus à la vérité » (f°118, v°).
82 — Ms. : « ... obéissent à la loi d'amour » (f°118, v°).
83 — [Note de Renéville] « L'univers est construit sur un plan dont la symétrie profonde est, en quelque sorte, présente dans l'intime structure de notre esprit. L'instinct poétique doit nous conduire aveuglément à la vérité. » (Valéry, Au sujet d'Eurêka.) [N.D.E.] Paul Valéry, « Au sujet d'Eurêka », Variété I, Folio Essais, p. 104.
84 — Ms. : « Nous savons que le monde sensible existe parce que nos sens sont adaptés à sa découverte. Il est donc permis de penser que des sens nouveaux nous permettraient de connaître des mondes inconnus. Or le fait de pouvoir remonter du sensible à l'idée suffit à prouver que ces sens inconnus ne sont point de simples possibilités mais existent en nous à l'état latent. Sinon nous n'évoluerions que dans le monde sensible et par des procédés purement empiriques. La réalité de ces sens intellectuels à l'état

embryonnaire nous permet d'infinis espoirs. Il suffit de trouver le système spécifique de développement pour avoir la possibilité d'explorer un domaine encore interdit. Ce système ne nous est pas complètement inconnu. L'expérience a démontré que le sensible, point de départ nécessaire, devient ensuite un poids mort pour l'idée. C'est en ce sens qu'on a pu écrire : la matérialité met en nous l'oubli. Il est donc essentiel de mourir aux choses visibles pour remonter aux invisibles. Nous pourrons ensuite revenir de l'Idée au sensible, et saisir la création en sa raison profonde » (f°11 8, r° et v°).

85 — Ms .: « ... sait qu'il n'est qu'une étincelle de... » (f°107, r°).

86 — Éd. 1947 : « Rimbaud, tout possédé de cette science qu'il puisa tant dans l'étude des philosophes de l'antiquité grecque que dans celle des ouvrages qui présentaient un message identique sous une forme ésotérique et que, selon ses biographes, le poète consultait à la bibliothèque de Charleville, ... » (p. 29).

87 — *Souvenirs familiers à propos de Rimbaud.* DTR, op.cit., p. 132.

88 — Le manuscrit autographe indique de manière erronée Izambard comme destinataire de cette lettre, erreur reproduite dans la première édition, mais corrigée dans celle de 1947.

II. L'ÉLABORATION D'UNE MÉTHODE

89 — 1er octobre 1912. La *Lettre du Voyant* était accompagnée d'une autre lettre à Demeny, d'une à Delahaye, ainsi que de la préface de Claudel à l'édition des *Œuvres* par P. Berrichon. Bien évidemment, en 1947, Renéville modifie son texte en supprimant cette phrase (p. 33).

90 — Éd. 1947 : parenthèse supprimée.

91 — Ms. : « La Voyance prise isolément doit être étudiée en tant qu'instrument de connaissance avant que de passer aux justifications dont je viens de parler » (f°63, r°).

92 — Je rappelle que la version ici donnée est conforme aux dernières éditions.

93 — Dans *L'Homme qui rit* de Hugo, les *comprachicos* sont des voleurs d'enfants mutilant leurs victimes afin de les transformer en monstres et de les exhiber.

94 — *Stella. Les Châtiments, livre VI.*

95 — Louis Belmontet (1799-1879), auteur de vers pompeux à la louange de l'Empire. Rimbaud le parodiera dans l'*Album zutique.*

96 — Hyppolyte Taine (1828-1893) avait rédigé une thèse sur La Fontaine, publiée en 1860 sous le titre *La Fontaine et ses fables.*

97 — *Rolla* (1833), poème évoquant le désespoir de la foi perdue, est un appel à l'amour total. Rimbaud en exècre le lyrisme.

98 Si les premiers éditeurs, y compris Renéville dans la Pléiade, lisaient « panadis », il est aujourd'hui établi qu'il s'agit de « panadif ». Mais quel sens ce terme forgé par Rimbaud peut-il avoir ? Son origine pourrait venir de « panade » qui, au figuré, a le sens de « sans énergie, sans consistance » (Littré), auquel cas Rimbaud l'aurait forgé à la manière de « maladif » dérivé de « malade ». Une autre lecture le ferait dériver du verbe « se padaner » (Furetière, 1690) qui signifiait « marcher avec ostentation » et dont « se pavaner » est issu. Les deux hypothèses se valent et peuvent même se conjuguer, Musset pouvant être, aux yeux de Rimbaud, sans consistance tout en se pavanant.

99 — La plupart des auteurs cités étant aujourd'hui totalement oubliés, en voici la liste : Armand Renaud (1836-

1895), parnassien ; Léon Grandet, pseudonyme de Léon-Henri Barracand (1844-1919), romancier du terroir et poète narratif ; Georges Lafenestre (1837-1891), auteur d'ouvrages sur l'histoire de l'art, au même titre que Claudius Popelin (1825-1892) ; Charles Coran (1814-1901), parnassien ; Joséphin Soulary (1815-1891) connut le succès avec ses Sonnets humoristiques salués par Sainte-Beuve ; Louis Salles ; Gabriel Marc (1840-1909), collaborateur du *Parnasse contemporain* ; Jean Aicard (1848-1921), auteur du célèbre roman régionaliste, *Maurin des Maures* (1908) ; André Theuriet (1833-1907), romancier régionaliste ; Joseph Autran (1813-1877), auteur de recueils réalistes ; Jules Barbier (1825-1907), auteur dramatique, on lui doit aussi de nombreux livrets d'opéras-comiques ; Léon Laurent-Pichat (1823-1886) ; Camille-André Lemoyne (1822-1907), poète paysagiste ; Émile (1791-1871) et Antony (1800-1869) Deschamps qui créèrent avec Hugo *La Muse française* ; Alfred Des Essarts (1813-1893) et son fils Emmanuel (1839-1909), ami de jeunesse de Mallarmé ; Léon Cladel (1835-1892), auteur des *Martyrs ridicules* (1862), préfacé par Baudelaire ; Robert Luzarches (1845-1871) ; Louis-Xavier de Ricard (1843-1911), pastiché dans l'*Album zutique*, fondateur, avec Catulle Mendès (1842-1909), du *Parnasse contemporain*. Moins oubliés, « les talents » : Léon Dierx (1838-1912), disciple de Leconte de Lisle ; Sully Prudhomme (1839-1907), qui recevra le Nobel en 1901, et François Coppée (1842-1908), ami de Verlaine, que Rimbaud brocardera pourtant dans l'*Album zutique*. Enfin, étonnamment classé parmi les voyants, Albert Mérat (1840-1909) qui participa au *Parnasse contemporain*.

100 — Ce passage a paru sous le même titre dans *Le Grand Jeu* n°2, printemps 1929, pp. 10-16. Les variantes sont indiquées par l'abréviation GJ. Il est à remarquer

qu'Etiemble, passant en revue les diverses pages consacrées à Rimbaud dans ce numéro du *Grand Jeu*, « omet » de mentionner la contribution de Renéville... (*Le Mythe de Rimbaud*, T. I., o*p.cit.*, pp. 170-171).
101 — Éd. 1947 : « Depuis les débuts de l'ère moderne, ... » (p. 39).
102 — *Lettre du Voyant*.
103 — Éd. 1947 : « ... individualistes, ne pouvait que concéder à la poésie un rôle humilié et restreint, puisque toute conception dualiste a pour premier effet d'interdire à l'homme de tenter par ses seules forces de franchir l'abîme qui le sépare d'une réalité inaccessible à son entendement » (pp. 39-40). Le manuscrit autographe ajoute un alinéa non repris : « L'Église est responsable de cette impuissance à tout effort de dialectique. Quand dès le IIIe siècle les conciles instituèrent les dogmes à tendance individualiste et la notion de salut personnel, ils engagèrent le monde occidental dans une voie d'errements et de désastres dont il n'est point encore sorti » (f°152, v°).
104 — Éd. 1947 : « sa méfiance » (p. 40).
105 — Paragraphe non paru dans le *Grand Jeu*.
106 — GJ : « ..., dont il retrouva les échos dans ses lectures cabalistiques » (p. 11). Et en note, une citation de Berrichon : « Il faisait de longues stations à la bibliothèque de la Ville, où, disent tous ses biographes, il dévorait de vieux bouquins d'alchimie et de cabale. »
107 — Très important ajout dans l'édition de 1947 : « L'on a pu historiquement établir que le berceau des religions et des philosophies de l'Asie et de l'Europe orientale se trouvait situé en Extrême-Orient. Dans le monde antique, les échanges spirituels entre l'Inde et les civilisations méditerranéennes se perpétuèrent de sanctuaire en sanctuaire, et de collèges philosophiques à groupements de

même nature. La critique moderne a signalé le parallélisme et les analogies qu'elle a relevées entre certains passages des dialogues de Platon et tels développements des Upanishads. De sorte qu'il est non seulement possible, mais encore nécessaire d'étudier la position moniste que Rimbaud adopta à l'issue de ses méditations sur la sagesse de la Grèce antique, en se référant à la somme philosophique dans le courant de laquelle cette sagesse est située : celle de l'Extrême-Orient.

Rimbaud n'eut sans doute pas l'occasion de la connaître directement, bien que les allusions fréquentes à la pensée orientale que l'on trouve dans son œuvre soient de nature à justifier une opinion inverse. Quoi qu'il en soit, ses conclusions rejoignent trop fréquemment la teneur de cette pensée pour que l'on puisse éviter de se pencher sur les phases de leur rencontre.

Au reste, cet appel de l'Orient que Rimbaud devait entendre résonner en lui au cours de sa crise poétique ne disparaîtra pas avec elle, mais continuera de dicter ses impulsions lorsque l'homme d'action se sera substitué au poète, et l'entraînera à consumer ses dernières années sous un ciel de feu. » (pp. 40-41).

Tout en qualifiant l'ouvrage de Renéville d'« étude ingénieuse », Enid Starkie, dont le *Rimbaud* doit pourtant beaucoup à Renéville, suggère que les connaissances de Rimbaud en matière d'Orient et de sources occultes de la philosophie sont, sinon superficielles, du moins uniquement basées sur des compilations, des « synthèses de seconde main » qu'il a pu lire sans pour autant avoir accès aux sources. C'est, à mon sens, oublier que Rimbaud a très bien pu avoir connaissance de certaines de ces sources par l'intermédiaire de son ami Bretagne. Par ailleurs, je m'étonne de voir cet auteur considérer que Rimbaud n'a pas pu penser « plus de deux mois » à sa théorie, « puisqu'il se trouvait à Paris de la fin février au 10 mars [1871], et que rien ne permet sérieusement de prétendre qu'il se soit intéressé à l'occultisme avant la fin de la guerre franco-prussienne » (*Rimbaud, op.cit.*, pp. 123-126) : c'est oublier un peu vite la fabuleuse faculté d'assimilation du jeune prodige, sa puissance de travail louée par ses professeurs, ainsi que sa prodigieuse mémoire.

108 — Éd. 1947 : « ... forme dogmatique » (p. 41).

109 — Paragraphe non paru dans le Grand Jeu.

110 — La suite du paragraphe ne paraîtra pas dans le Grand Jeu.

111 — *Maitrayana Upanishad*.

112 — *Mundaka Upanishad*, II, 1. 1. « Voilà la vérité. De même que d'un feu flambant, jaillissent par milliers des étincelles de même nature, de même, mon cher, de l'Impérissable naissent les êtres divers, et c'est en Lui aussi qu'ils retournent » (trad. Jacqueline Maury, Paris, Adrien Maisonneuve, 1981).

113 — Éd. 1947 : « essentiellement » (p. 42).

114 — Dans une lettre à Roger Gilbert-Lecomte, René Daumal cite cette phrase qu'il met en regard de l'une des siennes afin de montrer la parenté existant entre Renéville et lui : « Il n'y a de vraie conscience que par l'oubli de soi-même... La conscience, c'est le suicide perpétuel » (lettre du 16 décembre 1927, dans *Correspondance I. 1915-1928*, éd. H. J. Maxwell, Paris, Gallimard, coll. «Les Cahiers de la NRF », 1992, p. 220.) Éd. 1947 : « La vraie conscience ne peut se retrouver que par deux méthodes : soit par l'oubli de ce que nous nommons ici-bas la conscience, de sorte que la totalité de l'esprit n'apparaisse plus scindée en deux zones que, par opposition de l'une à l'autre, nous nommons le conscient et l'inconscient, soit à l'inverse par un

renforcement du centre de conscience qui absorbe peu à peu la zone dite inconsciente jusqu'à la faire disparaître dans sa progression, et réaliser de la sorte l'unité de l'esprit. Rimbaud opta pour la première méthode, tout au moins si l'on se réfère à la théorie qu'il expose dans la *Lettre du Voyant*. En fait, l'étude des brouillons que nous possédons de la *Saison en Enfer* prouve que Rimbaud corrigeait ses manuscrits et ne parvenait qu'à force de reprises à la forme définitive. Toutefois, cette observation n'est peut-être valable que pour la récapitulation d'événements précis dont le poète s'est plu à retracer dans la *Saison* le déroulement. Dans la privation où nous sommes des brouillons des *Illuminations*, nous ne pouvons assurer que Rimbaud n'appliqua pas à leur composition la méthode dont il nous confie les points de départ. Il nous reste à étudier le contenu de cette dernière en la confrontant aux textes d'une philosophie qui semblent la préfigurer et qui l'éclairent. » (pp. 42-43).

115 — [Note de Renéville] Sans doute en est-il de la vérité comme du nom vainement cherché dans la conversation : elle apparaîtrait d'un seul coup à l'esprit si l'angoisse métaphysique pouvait disparaître une seconde de la conscience humaine. Cette angoisse se manifeste principalement sous la forme du désir. Notre âme garde en elle le souci de l'unité et le transporte sur l'objet qui est à sa portée dans le monde sensible. C'est ainsi que Freud a pu dire que l'amour est la pensée perpétuelle de toute créature. D'où l'ascétisme des religions.

116 — La suite du paragraphe ne paraîtra pas dans le *Grand Jeu*.

117 — Ces trois paragraphes ont été supprimés dans la réédition de 1947.

118 — Ms. : « En effet les esprits, ai-je dit, baignent en

Dieu » (f°77, r°); GJ : « Nous avons vu que les esprits sont réellement en Dieu » (p. 12); éd. 1947 : « Nous avons vu que pour l'antique courant de pensée orientale les esprits existent en Dieu » (p. 43).

119 — Éd. 1947 : « D'où cette assertion des Védas... » (p. 43).

120 — Éd. 1947 : « Bien qu'il n'eut sans doute pas l'occasion de lire le Bhagavad-Gîta, Rimbaud expose une conception du Moi qui lui fait curieusement écho » (p. 43).

121 — *Lettre du Voyant.*

122 — *Bhagavad-Gîta. Des œuvres, III-27.* La traduction française d'après Shrî Aurobindo est : « Alors que les actions sont faites entièrement par les modes de la nature, l'homme dont le moi est égaré par l'égoïsme pense : "c'est moi qui les fais" .» Et Shrî Aurobindo de commenter ainsi ce passage : « Qu'est-ce donc ce moi qui est égaré par la Nature, cette âme qui lui est sujette ? La réponse est qu'ici nous parlons, selon le langage courant, de notre conception inférieure ou mentale des choses ; nous parlons de l'âme apparente, non du vrai Moi [...] Il y a en nous deux Moi. Il y a le moi apparent, qui n'est que l'ego, ce centre mental en nous qui s'empare de cette action changeante de *Prakriti* [énergie créatrice], de cette personnalité instable [...] ; et il y a le véritable Moi qui est en réalité le soutien, le possesseur et le seigneur de la Nature, et qui est figuré en elle, mais n'est pas lui-même la personnalité naturelle instable. Pour être libre, il faut donc se débarrasser des désirs de cette âme de désir et de la fausse conception de soi de cet ego.» (Trad. Jean Herbert, Albin Michel, coll. « Spiritualités vivantes », 1970, pp. 87-88.) La « signification fausse du moi » évoquée par Rimbaud s'inscrit donc parfaitement dans l'optique de la Gîta.

123 — Ms. : « philosophie mystique » (f°162, r°).

124 — [Note de Renéville] De même la religion catho-

lique : Dans le principe était le Verbe et le Verbe était avec Dieu, et le Verbe était Dieu... Toutes choses ont été faites par Lui, et rien de ce qui a été fait n'a été fait sans Lui. (Saint Jean, I-1,3). [N.D.E.] Le manuscrit autographe comprend une note différente : « Cette dernière conception fut adoptée par la religion catholique ainsi que le dogme de la Trinité qui s'y rattache. En effet, le Védisme enseigne que Dieu crée le monde en prononçant le AUM, dont chaque lettre désigne un des trois aspects de la divinité : aspect créateur, aspect conservateur, et aspect destructeur. » (f°117, r°).

125 — Dans le *Grand Jeu*, le paragraphe se termine ici.

126 — *Illuminations. Barbare.* Devant une phrase aussi alambiquée, A. Adam avoue son envie de la corriger et de lire « ces feux à la pluie de diamants », conjecturant que « du vent » aurait glissé de la ligne précédente par mégarde au moment d'une éventuelle correction. Mais il faut bien avouer que son argumentation est peu convaincante, d'autant qu'il transforme « les feux » en « ces feux ». Etiemble, pour sa part, considérant que la perfection du langage poétique ne s'atteint qu'en faisant fi de « toute considération grammaticale », ne cherche aucun sens à cette phrase, parce que « cela ne veut rien dire. Cela ne prétend rien dire. Ces mots créent des spectacles ; chacun d'eux fait surgir une image : c'est là sa seule fonction » (*Rimbaud, op.cit.*, pp. 207-208). Mieux inspiré, P. Brunel, partant du principe que pour changer la vie il convient de revenir au Chaos originel pour engendrer une nouvelle Genèse, voit dans *Barbare* la volonté de Rimbaud de retrouver le feu vivant, « principe du monde » : seul « un déluge de feu, analogue à celui qui se déversa sur les cités maudites et qui s'associe aux rafales de givre » annoncera cette création pure (*Arthur Rimbaud ou l'éclatant désastre, op.cit.*, pp. 169-

170). Margaret Davies adopte elle aussi cette lecture : « Le feu se change en eau, puis en glace, puis en vent, et finalement en diamants, qui sont ce que la terre possède de plus précieux » («Le thème de la voyance dans *Barbare* », *La Revue des lettres modernes*, n°323-326, 1972, p. 37.)
127 — Ms. : « ... métaphysique orientale » (f°46, v°).
128 — Baudelaire, *Les Fleurs du mal. Spleen et Idéal. IV Correspondances.*
129 — Ms. : «... monde sans forme (*aroûpa*) et monde de la forme (*roûpa*)» (f°112, v°). Cette distinction entre « aroûpa » et « roûpa » ne sera finalement pas retenue par Renéville à la suite d'une critique de Daumal qui, dans une lettre du 24 octobre 1928, écrit : « Est-il légitime d'assimiler la distinction entre *roûpa et aroûpa* à la distinction entre sensible et spirituel ? Je crois que ces termes, « formel » et « non-formel » s'appliquent uniquement aux idées — au mental — ; « roûpa » qualifiant l'idée en tant qu'elle est pensée en un être particulier, donc sous une certaine forme, et « aroûpa » se disant de l'idée considérée comme pur acte de l'esprit, se saisissant par soi-même. » (*Correspondance I. op.cit.*, p. 275.) Le lendemain, Renéville tient compte de la remarque de Daumal : « La distinction que vous me signalez entre « roûpa » et « aroûpa » est parfaitement juste, et c'est sciemment que j'avais employé ces termes dans un sens un peu à côté, en me faisant le raisonnement suivant : « roûpa » *qualifiant l'idée en tant qu'elle est pensée par un être particulier* (je reprends vos termes) je puis appliquer ce terme de roûpa au monde sensible, puisqu'il n'existe que dans l'esprit du sujet, en qualité de simple « dharma ». Le monde extérieur est un état de conscience, une idée personnelle que se crée un être particulier. Si j'applique à cette idée personnelle le qualificatif de « roûpa», je puis aussi l'appliquer à l'illusion qu'elle crée, c'est-à-dire au

monde sensible. (J'opérais la confusion de l'objet et du sujet…) Toutefois comme un de mes amis, bouddhiste érudit, avait été comme vous arrêté par mon emploi un peu irrégulier de « roûpa » et « aroûpa », je pense que je ferais mieux d'y renoncer, d'autant plus que cela est sans grande importance dans mon texte. » (Lettre du 25 octobre 1928, dans Daumal, *Correspondance I, op.cit.*, p. 277.)

130 — *Lettre du Voyant.*

131 — [Note de Renéville] Rimbaud indique bien que, pour lui, la pensée participe au monde de la forme lorsqu'il écrit : … *de la pensée accrochant la pensée et tirant.*

132 — *Lettre du Voyant.*

133 — Pour Edouard Schuré, une même philosophie se transmet de siècle en siècle par les grands initiés que sont Krishna, Rama, Hermès, Moïse, Orphée, Pythagore, Platon, Jésus : « les sages et les prophètes des temps les plus divers sont arrivés à des conclusions identiques pour le fond, quoique différentes dans la forme, sur des vérités premières et dernières — et cela toujours par la même voie de l'initiation intérieure et de la méditation. » (*Les Grands initiés.* [1889], Perrin, 1960, p. 18.)

134 — L'enseignement de Pythagore est essentiellement orphique par son aspect religieux et la croyance en la métempsycose. Mais il y a également une dimension politique chez Pythagore qui le sépare de l'Orphisme pur : si son enseignement tend à créer un lien entre l'homme et Dieu, c'est afin de transformer la cité sur la base de ce lien.

135 — Dionysos-Zagreus. Selon le mythe orphique, il serait né de Zeus et de Perséphone, mais Héra, jalouse, l'aurait livré aux Titans qui le dévorèrent après l'avoir ébouillanté. Zeus foudroie alors les Titans dont les cendres donnent naissance à l'homme, porteur ainsi de la bestialité mais aussi d'une parcelle de divinité dans leurs âmes.

136 — Mario Meunier, Note au *Phédon*, Payot, 1922, p. 120.
137 — [Note de Renéville] Cité par Léon Robin, *La Pensée grecque* (Renaissance du Livre, Paris, 1923).
138 — Philosophe pythagoricien (v. 450 av. J.-C.), on lui devrait la première relation des doctrines de Pythagore.
139 — Philolaos, *Sur la nature*.
140 — Éd. 1947 : « De même Rimbaud conçoit... » (p. 47).
141 — *Lettre du Voyant*.
142 — Éd. 1947 : « ... de l'Ancien Testament » (p. 48).
143 — Ces deux paragraphes n'ont pas paru dans le Grand Jeu. L'édition de 1947 ajoute un paragraphe à la suite de celui-ci : « Il se peut que Rimbaud ait été confirmé dans cette dernière idée par la philosophie saint-simonienne dont nous savons qu'il se pénétra, et qui faisait une large part aux femmes dans l'organisation de la société future » (p. 48).
144 — GJ : « ... supérieures pour accéder aux domaines que l'intuition pressent » (p. 16).

III

145 — Schopenhauer.
146 — Ms. : « Védisme » (f°111, r°).
147 — Notion majeure de l'Inde, l'ātman désigne le Soi originel, celui qui est présent au plus intime de toute créature et qui le rattache à l'universel. Présent dès le Rig-Veda, c'est dans les Upanishads qu'il acquiert réellement sa portée philosophique. Avec eux, l'ātman individuel peut entrer en coïncidence avec brahman, le principe invisible. Avec le vedanta, l'ātman est à la fois immanent et transcendant, unique dans la diversité apparente des êtres.
148 — *Brihad-âranyaka Upanishad*, IV, 5-6. Version Émile Senart (1934) : « On dit : Ce *purusa* [Être, Âme] n'est que

désir : en effet, tel est son désir, tel son vouloir ; tel son vouloir, tels ses actes ; et il récolte suivant ses actes. C'est à quoi se rapporte la stance : L'homme de désir va, par la vertu du *karman*, / Au but où son esprit s'est attaché. / Quand il a épuisé les effets de son *karman*, / Quels que ceux-ci aient pu être, / Du monde où il l'avait conduit il revient / Ici-bas à ce monde de l'action.
Voilà pour celui qui désire. Quant à celui qui ne désire pas, qui est sans désir, qui est libéré du désir, qui a atteint l'objet de son désir, qui ne désire que l'atman, ses souffles, à lui, ne s'échappent pas (vers d'autres régions) ; n'étant rien que brahman, il entre en brahman. » (Paris, Les Belles lettres, 1967.)
149 — *Mundaka Upanishad*, I, 2. 7. « En vérité, ce sont de frêles esquifs que ces 18 formes du sacrifice en lesquelles est formulée l'œuvre inférieure. Les fous qui le saluent comme étant le meilleur entrent à nouveau dans la vieillesse et dans la mort » (trad. J. Maury, op. cit.)
150 — Éd. 1947 : « … qu'une faible part » (p. 50).
151 — *Katha Upanishad*.
152 — Je rends ici, de même que Renéville en 1947, le masculin à yoga qu'il féminisait dans la première édition.
153 — [Note de Renéville] Le mot *Yoga* signifie littéralement : Union.
154 — *Katha Upanishad*.
155 — *Kena Upanishad*, II, 5. « En toutes sortes de devenirs, les sages distinguent Cela, et, partant de ce monde, ils deviennent immortels » (trad. René Daumal, *Cahiers Daumal* n°8, juin 1996. Cette traduction, suivie de commentaires de Shrî Aurobindo, parut en 1943.)
156 — Le manuscrit autographe comporte une coquille — « ou » —, reprise dans l'édition de 1929, corrigée en 1947.

157 — *Bhagavad-Gîta*, IV, 3, 25-30.
158 — Commentaire de Shrî Aurobindo : « Les uns et les autres tendent vers la purification de l'être : tout sacrifice est une voie par laquelle on atteint au plus élevé. La seule chose nécessaire, le principe sauveur constant dans toute cette diversité, c'est de subordonner les activités inférieures, de diminuer l'empire du désir et de le remplacer par une énergie supérieure, d'abandonner la jouissance purement égoïste pour cette joie plus divine qui vient par le sacrifice, par le don de soi, par la maîtrise de soi, par l'abandon de ses impulsions inférieures pour une aspiration plus haute et plus grande » (*op. cit.*, p. 112).
159 — *Bhagavad-Gîta*, VI, 11.
160 — *Bhagavad-Gîta*, VI, 13.
161 — La Grèce a connu plusieurs Mystères, c'est-à-dire des cultes religieux réservés aux initiés : Mystères de Samothrace, de Dionysos, Mystères orphiques. Mais les plus célèbres sont, sans conteste, les Mystères d'Eleusis qui furent célébrés pendant près de deux mille ans : leur disparition marquera la fin du paganisme. Ils commémorent d'une part le rapt de Koré (Perséphone), fille de la déesse Déméter, par Hadès (Pluton), dieu des Enfers ; et d'autre part l'hiérogamie (union d'un dieu et d'une déesse) de Zeus et de Déméter d'où sortit l'enfant divin à qui l'initié s'identifie pour naître à une vie nouvelle. L'Orient a aussi ses religions à Mystères : ceux d'Adonis, d'Attis, d'Isis et d'Osiris, de Mithra. Dans *Sciences maudites et Poètes maudits* (éd. établie, préfacée et annotée par P. Krémer, Le Bois d'Orion, 1997), Renéville a analysé « La civilisation grecque et les Mystères ».
162 — [Note de Renéville] Tablettes d'or des IVe et IIIe siècles avant J.-C., trouvées dans l'Italie méridionale, à Thurii et à Petelia, à Rome et en Crête. (Cité par Léon

Robin, *La Pensée grecque,* La Renaissance du Livre, 1923.)

163 — Bacchos, autre nom de Dionysos, qui donnera Bacchus en latin.

164 — Éd. 1947 : «... supprimer le courant de conscience » (p. 54).

165 — Dans l'Antiquité, l'Hellade désignait une partie de la Grèce ; aujourd'hui, elle désigne la Grèce actuelle.

166 — Plotin, *Ennéades,* livre. VI, 4.

167 — Platon, *Phédon,* 64e-66a. Renéville utilise la traduction de Mario Meunier (Payot, 1923) : le lecteur pourra, par exemple, consulter celle de Monique Dixhaut (GF Flammarion, 1991).

168 — *La Montée au Carmel,* livre II, chap. IV. Jean de la Croix doit beaucoup à la mystique rhéno-flamande, et ce mariage mystique est directement inspiré de « l'union sans différence » que l'on trouve, trois siècles auparavant, sous la plume de Hadewijch d'Anvers, puis de Maître Eckhart et de Jan van Ruusbroec avec *ses Noces spirituelles.* « Qu'il vous absorbe en lui-même, écrit Hadewijch, dans les profondeurs de sa sagesse. Là en effet il vous enseignera ce qu'il est, et combien douce est l'habitation de l'aimé dans l'aimé, et comme ils se pénètrent de telle sorte que chacun ne sait plus se distinguer. C'est fruition commune et réciproque, bouche à bouche, cœur à cœur, corps à corps, âme à âme ; une même suave Essence divine les traverse, les inonde tous deux, en sorte qu'ils sont une même chose l'un par l'autre et le demeurent sans différence — le demeurent à jamais. » (Hadewijch d'Anvers, *Lettres spirituelles.* IX. Traduction J-B. Porion, Genève, Ad Solem, 1972. Une nouvelle traduction due à Paul-Marie Bernard vient de paraître aux éditions Sarment.) On voit l'audace de la béguine anversoise qui n'atténue pas son propos par un retour de l'esprit aux lois artificielles. Maître Eckhart aura

la même audace, ce qui entraînera la condamnation de plusieurs de ses propositions.

169 — *Bhagavad-Gîta*, X, 20.

170 — L'une des notions fondamentales de la mystique chrétienne est l'*extase-instase*, notion qui apparaît avec Grégoire de Nysse (330-395) pour qui la sortie de soi — *extase* — est une entrée — *instase* — au plus profond de soi, dans le sanctuaire où se tient Dieu : « ayant laissé toutes les apparences, non seulement ce que perçoivent les sens, mais ce que l'intelligence croit voir, il tend toujours plus vers l'intérieur jusqu'à ce qu'il pénètre, par l'effort de l'esprit, jusqu'à l'invisible et l'inconnaissable, et que là il voie Dieu » (*Vie de Moïse*, 377A, trad. J. Daniélou, Sources Chrétiennes, 1987.) La mystique rhéno-flamande reprend cette notion en lui adjoignant celle de l'engloutissement, de « l'immersion d'amour » selon la belle formule de Jan van Ruusbroec : « si nous sommes établis en Dieu, en *immersion d'amour*, c'est-à-dire en perte de nous-mêmes, Dieu est alors notre propriété, et nous sommes la sienne » (*La Pierre brillante* 3.65, dans *Écrits I*, trad. Dom André Louf, Abbaye de Bellefontaine, 1990.) Quant à Eckhart, sa formule est on ne peut plus limpide : « on est entièrement sorti de soi-même en Dieu » (*Entretiens spirituels I*, dans *Traités et Sermons*, trad. A. de Libera, GF Flammarion, 1993, p.111.) Enfin, la littérature visionnaire débute toujours par un rapt en esprit pour s'achever par une plongée dans l'océan de la déité, engloutissement qui symbolise l'union mystique.

171 — Marie de Valence (1576-1648) : sa grande piété lui valut l'admiration du Cardinal de Bérulle.

172 — [Note de Renéville] Brémond, *Histoire littéraire du sentiment religieux*, t. II, p. 63.

173 — Le théologien Charles de Condren (1588-1641) fut le

deuxième supérieur général de la Congrégation de l'Oratoire.

174 — [Note de Renéville] Brémond, *op.cit.*, t. III (Lettres, p. 104-108, par le Père Condren.)

175 — La récitation prolongée de mots monosyllabiques entraîne un état d'auto-hypnose : le yogi est alors saisi par une sorte d'enivrement engendré par le rythme incantatoire. À ce stade, l'union peut avoir lieu.

176 — Ernest Delahaye, *op.cit.*, p. 81.

177 — *Lettre du Voyant.*

178 — Éd. 1947 : « ... plus ou moins élevé, et dont les pouvoirs outrepassent singulièrement ceux de ce que nous nommons la conscience » (p. 60).

179 — [Note de Renéville] Dr Eugène Osty, *La connaissance supranormale*, Alcan, 1923.

180 — [Note de Renéville] Cette éclosion de nouveaux sens est familière à tous ceux qui explorèrent les plans supérieurs de l'esprit : *Selon moi, la première oraison surnaturelle que j'ai éprouvée est un recueillement intérieur qui se fait à l'âme ; elle semble avoir, au-dedans d'elle-même, de nouveaux sens à peu près semblables aux extérieurs.* (Sainte Thérèse au Père Rodrigue Alvarez). [N.D.E.] La note est légèrement modifiée en 1947 : « *Cette éclosion de nouveaux sens est familière à tous ceux qui accédèrent à la connaissance unitive...* » (p. 61).

181 — *Lettre du Voyant.* Renéville mentionne fautivement « la quintessence » : pour J.-Ph. Guichon, cette erreur n'en est pas une, elle qui « facilite considérablement l'entreprise de remontée jusqu'à l'Un qu'entrevoit Renéville pour le poète » (*op. cit.*, p. 95).

182 — *Ibidem.*

183 — [Note de Renéville] Paterne Berrichon, *A. Rimbaud, le poète*, Mercure de France, p. 154.

184 — [Note de Renéville] C'est ce phénomène que notait en 1924 André Breton : *Un soir donc, avant de m'endormir, je perçus, nettement articulée au point qu'il était impossible d'y changer un mot, mais distraite cependant du bruit de toute voix, une assez bizarre phrase qui me parvenait sans porter trace des événements auxquels, de l'aveu de ma conscience, je me trouvais mêlé à cet instant-là, phrase qui me parut insistante, phrase oserai-je dire qui cognait à la vitre. J'en pris rapidement notion et me disposais à passer outre quand son caractère organique me retint. [...] D'ailleurs elle fit place à une succession à peine intermittente de phrases qui ne me surprirent guère moins et me laissèrent sous l'impression d'une gratuité telle que l'empire que j'avais pris jusque-là sur moi-même me parut illusoire et que je ne songeai plus qu'à mettre fin à l'interminable querelle qui a lieu en moi.* Il ajoute en note : *Knut Hamsun place sous la dépendance de la faim cette sorte de révélation à laquelle j'ai été en proie, et il n'a peut-être pas tort. (Le fait est que je ne mangeais pas tous les jours à cette époque.) (Manifeste du Surréalisme,* Kra, 1924).

185 — [Note de Renéville] Cf. *Désert de l'amour.*

186 — Lettre à Ernest Delahaye, juin 1872.

187 — Delahaye témoigne dans tous ses écrits de la prise d'alcool et de stupéfiants par Rimbaud, particulièrement après la rencontre avec Verlaine. Mais, comme Renéville, il minimise l'importance de ces substances dans l'inspiration de l'auteur de *Matinée d'ivresse.*

188 — Dans sa vaste entreprise de sape contre toutes les théories émises sur Rimbaud entamée dès son *Rimbaud* (Gallimard, 1936 et 1950) et poursuivie dans son *Mythe de Rimbaud* (Gallimard, 1952 et 1954), Etiemble, ironisant sur cette interprétation du jeûne et de l'ascétisme — pure « affabulation » à ses yeux —, lui consacre tout un chapitre

de son *Rimbaud*. De larges extraits sont reproduits en annexe (Annexe II).

189 — Éd. 1947 : « au-delà » (p. 63).

190 — Contrairement à la plupart des autres éditeurs, Renéville, dans son édition de la Pléiade, a lu « annonciation ».

191 — *Lettre du Voyant*.

192 — Éd. 1947 : «... contemporaine. À ce moment les premiers romantiques ont écrit leurs œuvres maîtresses. Rimbaud décèle chez Lamartine et chez Hugo les traces de cette voyance dont il vient d'esquisser le système, mais croit pouvoir dire que, s'ils furent voyants, ce fut sans trop bien s'en rendre compte. Selon lui, Lamartine demeura prisonnier d'une forme « vieille » qui ne lui permit pas de traduire toutes ses visions ; quant à Hugo, sa personnalité gigantesque, le culte de sa propre individualité, ce côté cabochard que le jeune Rimbaud dénonce, ont privé trop souvent le grand aîné d'entendre la voix de ce Je qui s'est découvert un autre au poète ardennais. Le sens visionnaire de Hugo, de plus en plus manifeste dans ses dernières œuvres, ne lui échappe pas. Toutefois, Rimbaud ne voit que hasard et tâtonnement de la part des deux grands romantiques dans leur progression vers un but dont ils n'ont pas pris conscience : *la culture de leurs âmes s'est commencée aux accidents : locomotives abandonnées, mais brûlantes, que prennent quelque temps les rails. Nulle trace chez eux d'une ascèse, d'une culture méthodique des pouvoirs de l'esprit dans le but d'acquérir et de développer la voyance.* » (p. 64).

193 — Ce paragraphe ainsi que les cinq suivants seront considérablement remaniés dans l'édition de 1947. Voir note 198.

194 — Lettre à Ernest Delahaye, juin 1872.

195 — [Note de Renéville] C'est Delahaye qui parle.
196 — L'essentiel des souvenirs de Delahaye sur Rimbaud et les Allemands est regroupé dans DTR, *op.cit.*, pp. 287-289.
197 — *Lettre du Voyant.*
198 — Vaste remaniement des cinq derniers paragraphes dans la réédition de 1947 :
« Quant à Musset, notre théoricien voit en lui le type même du poète romantique qui ne sut pas rompre avec l'esprit de mesure et de légèreté françaises qui furent les attributs de ses prédécesseurs. Alors que les civilisations antiques concevaient la poésie comme un mode de connaissance, et plaçaient les poètes aux côtés des hiérophantes, les sociétés modernes se montrèrent impuissantes à voir dans l'art des vers autre chose qu'un jeu conventionnel et raffiné. La Littérature française, dont la suprématie fut indiscutable dans l'Europe des trois derniers siècles, imposa la notion desséchante d'une raison et d'un équilibre qui, dans l'esprit des masses, restent inséparables du génie français, et dont Musset paraît l'héritier, en dépit de sa participation au mouvement romantique. Tandis que les pays anglo-saxons et germaniques apportaient au patrimoine poétique de l'humanité un message dont la nouveauté consistait justement tant dans le sens du merveilleux et du fantastique que dans la volonté de faire éclater les bornes de l'entendement humain qu'ils appuyaient sur la découverte d'une Grèce hallucinée et mystique, dominée par une religion de Mystères, la France ne se détachait qu'avec réticence de la conception que ses écrivains des XVIIe et XVIIIe siècles se firent de la poésie. Pour Racine comme pour Chénier, la Grèce dont ils avaient eux-mêmes revendiqué l'exemple, était une Grèce intérieure, plus imaginaire que réelle, une sorte de France idéale dont les législateurs et les logiciens préfiguraient à leurs regards ceux que le génie de notre race se devait de produire.

Ainsi donc, la *Lettre du Voyant* qui, selon les propres termes de son auteur, décrit le cycle de la poésie de la *Grèce au mouvement romantique*, s'attache avant tout à ruiner une certaine conception erronée du message grec, et à en faire ressurgir le véritable sens. Selon Rimbaud, les premiers romantiques firent effort pour se dégager de ces conventions et retrouver leur âme, mais il est nécessaire de se reporter à la génération qui les suit pour trouver les premiers fruits de ce labeur. La plupart des esprits qui la composent se tournent sans doute vers la Grèce antique, ultime dépositaire de la sagesse orientale, mais ne parviennent guère à y découvrir d'autre enseignement qu'une perfection plastique dont ils ne cherchent point à déterminer les lignes de force, et en sont encore à prendre le mot *raison* comme synonyme de bon sens. » (pp. 64-65).

199 — *Lettre du Voyant*.

200 — Éd. 1947 : « L'idéalisme platonicien de Baudelaire, son effort pour découvrir derrière les aspects du monde sensible la réalité unique que la loi aristotélicienne des Correspondances, rénovée par Swedenborg, permet d'entrevoir, son pressentiment d'une vie antérieure qui suppose la foi dans les métempsychoses, son culte de l'analogie comme mode de connaissance, font de lui l'héritier de la véritable sagesse qui rayonne de la Grèce antique. Lorsque Rimbaud… » (pp. 65-66).

201 — Ms. : « …: il le voit Dieu comme les brahmanes de l'Inde voient tout homme, entré dans "la plénitude du grand songe". » (f° 28 r°)

IV. LA CARRIÈRE PROPHÉTIQUE

202 — *Fêtes de la faim*.
203 — *Ibidem*.

204 — Il s'agit bien entendu de la *Lettre du Voyant* à Paul Demeny, et non à Izambard, erreur non corrigée dans l'édition de 1947.

205 — Éd. 1947 : une note ajoutée : « On remarquera la concordance entre le symbolisme employé par Rimbaud lorsqu'il exprime l'obtention de la connaissance pure par l'image d'une soif apaisée avec le symbolisme dont use Rabelais lorsqu'il traite de la Dive Bouteille. Ce symbolisme se retrouve par ailleurs dans tous les poèmes d'amour mystique de l'Asie » (p. 73).

206 — Les termes latins, qui figuraient dans le texte publié par La Vogue (1886), ne sont plus reproduits dans les éditions modernes de Rimbaud.

207 — *Illuminations. Vies II.*

208 — Verlaine aurait reçu la *Chasse*, probablement rédigée après mars 1872, au début juillet. Mais lors de son départ, le 7 du même mois, pour la Belgique, en compagnie de Rimbaud, il abandonna de très nombreuses affaires au domicile de son beau-père, parmi lesquelles le manuscrit de la *Chasse* que Rimbaud n'avait pas eu le temps de recopier. Par la suite, il semble que le manuscrit ait été livré accidentellement aux flammes par Mathilde Meauté-Verlaine, en même temps que certaines lettres « compromettantes » échangées entre Verlaine et Rimbaud. En 1949, le *Mercure de France* publia à grand fracas ce fameux texte perdu et prétendument retrouvé : ce faux était l'œuvre de deux comédiens, Nicolas Bataille et Melle Viala. Parmi les rares érudits à ne pas croire à ce faux, Breton et Renéville qui, dans *Combat*, écrit : « Il semble ici que l'on surprenne les fabricateurs de *La Chasse* en plein travail, c'est-à-dire de grappiller de ci de là dans l'œuvre du poète des images qu'ils déforment et vulgarisent. Je ne crois pas que l'on puisse soutenir sérieusement que Rimbaud ait pu accepter

de faire dans *La Chasse* ce qu'il n'a jamais fait ailleurs, c'est-à-dire de se recopier lui-même...» (26 mai 1949). La revue *Le Pont de l'épée* a fort intelligemment republié cette fausse *Chasse* accompagnée d'un florilège de réactions d'époque (n°76, 1982).

209 — *Illuminations. Angoisse.*
210 — *Ibidem.*
211 — *Ibidem.*
212 — *Chanson de la plus haute tour.*
213 — *Illuminations. Jeunesse I. Dimanche.*
214 — Ms. : «... doué : il n'y a qu'une question d'avance ou de retard dans l'état présent d'un esprit vis à vis d'un autre » (f°99, r°).
215 — *Illuminations. Jeunesse III. Vingt ans.*
216 — C'est à tort que Renéville, dans les deux éditions parues de son vivant, situe Guerre comme quatrième pièce de *Jeunesse*, celle-ci étant sans titre.
217 — *Illuminations. Guerre.*
218 — « À présent l'inflexion éternelle des moments et l'infini des mathématiques me chassent par ce monde où je subis tous les succès civils... » (ibid.)
219 — L'édition de 1929 mentionne « psychique » corrigé en « physique » en 1947 : le folio du manuscrit autographe étant inexistant, et le contexte de la phrase aidant, je suis la version de 1929.
220 — *Illuminations. Génie.*
221 — [Note de Renéville] Le mot logos signifie à la fois parole et raison.
222 — *Ô saisons, ô châteaux.*
223 — L'interprétation de Renéville s'écarte bien évidemment de toutes les autres. À la suite d'Etiemble, S. Bernard parle d'une interprétation délirante, mais est bien en peine de donner à « châteaux » un sens moins

délirant lorsqu'elle suggère de rattacher ce terme à l'expression « châteaux en Espagne » ! (*Œuvres, op.cit.*, p. 485). Elle est rejointe dans cette lecture par A. Adam qui évoque lui aussi « les bonheurs rêvés » symbolisés par les châteaux en Espagne (OC2, p. 948). Quant à L. Forestier, il y voit une reconstruction de certains moments de la vie symbolisés par les saisons (OC3, p. 486), lecture que fait aussi J.-L. Steinmetz (op.cit., p. 188). Seule Enid Starkie propose une lecture assez voisine de celle de Renéville : pour elle, les châteaux sont comparables « au château, tout intérieur, de sainte Thérèse » (*Rimbaud, op.cit.*, p.246) ; en revanche, s'agissant des saisons, elle les relie au processus alchimique censé produire l'or du philosophe.

224 — *L'espoir revient quand chante le coq* (Laudes). A. Adam écrit à propos de cette lecture qu'il juge divaguante : « Pour Rolland de Renéville, Rimbaud accède à la sagesse suprême de l'Inde, comme l'indique clairement le coq gaulois ! » (OC2, p. 946) ; où a-t-il vu que Renéville évoquait la sagesse hindoue, lui qui parle seulement de l'antiquité ? Il préfère adopter le sens gaillard qu'a donné Robert Goffin (*Rimbaud vivant*, Corrêa, 1937) à ces vers, ce coq gaulois représentant, selon cet auteur, le phallus de Verlaine...

225 — *Que comprendre à ma parole ? / Il fait qu'elle fuie et vole* ! Jean Richer voit dans ce poème « une complète remise en question », « un retour au chaos » (*L'Alchimie du Verbe de Rimbaud, op.cit.*, p. 123.)

226 — *Illuminations. Matinée d'ivresse.*

227 — *Ibidem.*

228 — *Une saison en Enfer. Délires I. Vierge folle.*

229 — Éd. 1947 : « Sans doute sa volonté de dévouement eut-elle à soutenir une lutte contre la tentation d'un isole-

ment orgueilleux » (p. 83).

230 — Éd. 1947 : « Le reste de la période, fort difficile à saisir, se laisse cependant pénétrer si l'on accepte de lui appliquer une interprétation que viennent renforcer les dires de ses biographes, selon lesquels le poète étudia à la bibliothèque de Charleville des livres d'occultisme, et fut encore entretenu dans des spéculations de cet ordre par son camarade Bretagne, féru de tradition secrète. On sait que les vies de nombreux saints font état des odeurs suaves qu'ils répandaient naturellement, et qui paraissaient la contrepartie physique de leur évolution spirituelle. Les ouvrages d'hermétisme usent couramment du même symbole. En voici un exemple tiré de… » (p. 83).

231 — [Note de Renéville] *Le grand livre de la Nature ou l'Apocalypse philosophique et hermétique*. Vu par une Société de Philosophes inconnus et publié par D… depuis I jusqu'à l'an 1790. A Midi et de l'imprimerie de la Vérité. (Réédité par Durville, Paris, 1910).

232 — Éd. 1947 : « Il est possible, il est vraisemblable même que Rimbaud ait voulu exprimer que les esprits de ses interlocuteurs, ne pouvant se saisir sur-le-champ de l'éternité qu'il leur faisait entrevoir, manifestaient cependant le progrès qu'il les avait entraînés à accomplir, par un phénomène bien connu en mystique : …» (pp. 83-84).

233 — *Illuminations. Matinée d'ivresse.*

234 — [Note de Renéville] Déjà la *Lettre du Voyant* nommait les poètes à venir *les grands Criminels et les grands Maudits*.

235 — Depuis Enid Starkie (*Rimbaud, op.cit.*, p. 245), les commentateurs de *Matinée d'ivresse* estiment que ce poème est inspiré par une séance de haschich : le terme assassins dériverait de « haschichin » (consommateur de haschich) et ferait référence à la secte des Haschischins

(Perse, XIᵉ siècle) dont les membres devaient accomplir des assassinats pour lesquels ils étaient mis en condition par la prise de haschich.

236 — Ms. : « ...académiques et les compilations de texte » (f°14, v°).

237 — Éd. 1947 : « ... bientôt battu en brèche... » (p. 85).

238 — Ms. : « ... à la veille de sa Royauté » (f°14, v°).

239 — C'était déjà l'interprétation de Delahaye, mais nombre de commentateurs ont voulu voir en ces deux êtres le couple Rimbaud-Verlaine, sauf, pour une fois détaché de la biographie, A. Adam, pour qui cette hypothèse est dérisoire, avouant que la signification symbolique de ce poème est difficile à dégager (OC2, p. 987).

240 — *Illuminations. Royauté.*

241 — *Illuminations. Vies III.*

242 — L'édition de 1947 corrige l'erreur présente à la fois sur le manuscrit autographe et dans la première édition : « concerne ».

243 — Ms. : « ... l'Idée-type de l'Amour » (f°16, r°).

244 — Ms. : « ...accord premier qu'il convient de découvrir. » (Ibid.)

245 — *Illuminations. Conte.*

246 — Ms.: « ... qu'en tant que signes d'une réalité que... » (f°15, v°).

247 — Éd. 1947 : « ... le conduire à la source de cette énergie de... » (p. 87).

248 — Ms. : « ... créatrice dont les choses ne sont que des reflets » (f°15, v°). La suite de la phrase manque.

249 — Ms. : « Cette Âme universelle qui rayonne sans les masques des personnalités et les formes de l'univers, tout homme... » (ibid.)

250 — *Illuminations. Conte.*

V

251 — Dans l'occultisme, l'esprit rendu tangible est une mémoire consciente et inconsciente formant un corps astral qui aurait la faculté de quitter l'autre corps pour des expériences extra-corporelles : le voyage astral. Cette notion de corps astral est présente en Inde, en Egypte, en Grèce, etc.

252 — *Illuminations. Being Beauteous*. A. Adam veut, une fois encore, voir en ces lignes un aspect sexuel, les blessures écarlates et noires étant pour lui « très simplement la pointe des seins et […] le sexe » (OC2, p. 985).

253 — André Guyaux, le premier, a considéré que ces lignes pouvaient constituer un poème indépendant de *Being Beauteous*, suivi depuis par de nombreux exégètes. Quant à leur interprétation, A. Adam, qui les considère comme faisant partie de *Being Beauteous*, y voit la symbolisation du plaisir solitaire, mais L. Forestier montre fort bien qu'en fonction de l'accord choisi — le jeune homme se jetant sur le canon et non pas sur le sol comme le pense A. Adam —, cette interprétation ne tient plus (OC3, p. 507).

254 — Éd. 1947 : « … la Révolution jusqu'à l'ère de la civilisation industrielle, génératrice de guerres mondiales dans laquelle nous sommes entrés » (p. 90).

255 — *Illuminations. Phrases*. La cloche de feu rose est donc pour Renéville la prémonition du feu qui s'abattra sur la France en 1914 : nous sommes très loin du feu d'artifice qu'a voulu y voir A. Adam (OC2, p. 990), hypothèse reconnue absurde par la majorité des commentateurs.

256 — *Vertige* est un titre inventé par Paterne Berrichon dans son édition de 1912, et correspond aujourd'hui au poème *Qu'est-ce pour nous mon cœur...* Renéville ne le

reprend pas dans son édition de la Pléiade.
257 — Ms. : « ... entière vaut comme initiatrice à de nouveaux domaines » (f°97, v°).
258 — Jacques Rivière, « La Crise du concept de littérature », *La Nouvelle Revue Française*, février 1924.
259 — Ms. : « Vies I » (f°97, v°). Il s'agit bien entendu de *Vies*, poème dans lequel on trouve le célèbre : « Je suis un inventeur bien autrement méritant que tous ceux qui m'ont précédé... »
260 — Étrangement, l'édition de 1947 conjugue le verbe au singulier.
261 — Ms. : «... précisions comportent par elles-mêmes un intérêt particulier » (f°97, r°).
262 — *Ophélie II*.
263 — *Une saison en enfer. Mauvais sang.*
264 — Ms. : « ... écrasé sous les quarante mille francs en or... » (f° 123, r°).
265 — Pour une fois, A. Adam rejoint Rolland de Renéville lorsqu'il observe qu'il « est frappant de voir, dessinée à l'avance, la fin de la vie de Rimbaud » (OC2, p. 955). Mais pouvait-il en être autrement ? En revanche, Etiemble, rarement bien inspiré dans ses attaques portant aussi bien sur les exégètes de Rimbaud que sur le poète lui-même, ironise sur ces vers et sur la prédiction qu'ils comportent : « Une remarque d'abord : "Je reviendrai avec des membres de fer." Il reviendra, hélas ! avec une jambe en pourriture ! C'est, pour un prophète, fort mal prévoir ! » (*Rimbaud, op.cit.,* p. 30). Un autre universitaire, auteur d'une thèse sur Rolland de Renéville dont, à la lecture, on se demande quelles motivations l'ont engendrée, ne voit en ces lignes qu'une « plage étonnante », « de celles qu'on n'ose plus imaginer aujourd'hui dans un essai critique » : « la chronique d'une mort annoncée qu'il [Renéville] décrypte dans *Mauvais sang* lui

permet d'achever avec tout le pathos voulu ce curieux chapitre des prophéties » (Guichon, *op. cit.*, pp. 116-117).

V I

266 — Il s'agit ici de la seconde partie du texte paru sous le titre « Le royaume de Rimbaud » dans *Les Cahiers du Sud* n°102 (juin 1928).
267 —Ms. : « ... vocation de guide, ... » (f°80, r°).
268 — Ms. : « ... par un calcul » (f°80, v°).
269 — « J'espère que vous voudrez bien m'indiquer un signe simple, toujours le même, un critérium au moyen duquel on puisse distinguer nettement, une fois pour toutes, ce qui est imagination et ce qui est souvenir. Indiquez-moi ce signe. » (Pierre Janet : *L'évolution de la mémoire et de la notion du temps*, éd. Chahine, 1928.)
270 — Éd. 1947 : «... Selon ce dernier, l'esprit... » (p. 94).
271 — Ms. : « ... l'omniscience résulte du fait qu'il n'a cessé de baigner en Dieu » (f°74, r°).
272 — *Cahiers du Sud* : « ... la vie actuelle se présentent les premiers au centre de l'esprit » (p. 438).
273 — *Illuminations. Jeunesse I. Dimanche.*
274 — *Illuminations. Jeunesse IV.* Les éditions de 1929 et 1947 mentionnent à tort *Veillées*.
[Note de Renéville] La séparation si nette qu'établit Rimbaud entre la mémoire et les apports des sens a pu lui être suscitée par la lecture qu'il fit d'Helvétius, mais il convient de ne pas oublier l'extension platonicienne que le poète apporta, lui-même, aux deux termes de la distinction. On trouve dans le livre *De l'Esprit* : « Nous avons deux facultés, ou si j'ose dire, deux puissances passives dont l'existence est généralement et distinctivement reconnue. L'une est la faculté de recevoir les impressions différentes

que font, sur nous, les objets extérieurs ; on la nomme sensibilité physique. L'autre est la faculté de conserver l'impression que ces objets ont faite sur nous ; on l'appelle mémoire, et la mémoire n'est autre chose qu'une sensation continuée, mais affaiblie. »
(*Discours I*, chap. I.)
275 — *Une saison en enfer. Délires II*. Il s'agit ici d'une variante de *Larmes* : *Le vent, du ciel, jetait des glaçons aux mares...*
276 — Orthographié « devaient » dans le manuscrit autographe, dans l'édition de 1929 et dans *Les Cahiers du Sud*, mais corrigé en 1947.
277 — Ms. : « ... et d'animaux étranges » (f°37, r°).
278 — Pour Delahaye, qui se souvient d'un cirque américain « fourvoyé » à Charleville, Rimbaud, en écrivant *Ornières*, « n'a guère ajouté à la vision réelle d'autrefois. Ce qu'il avait vu un jour à Charleville, ce qu'il avait oublié pendant au moins quatre ans, il le revoyait tout à coup dans les miroitements d'un chemin mouillé » (*Souvenirs familiers à propos de Rimbaud*, dans DTR, *op.cit.*, p. 75).
279 — *Illuminations. Ornières*. Dans la Pléiade, Renéville mentionne clairement que la source possible de cette *Illumination* peut être trouvée dans les *Souvenirs familiers* de Delahaye (OC1, pp. 793-794).
280 — *Une saison en enfer. Délires II*.
281 — Delahaye, qui relate cet épisode, conclut lui aussi à une « réminiscence » on ne peut plus « évidente » (DTR, op.cit., p. 95). Toutefois, à consulter les brouillons de la *Saison*, on constate que le Général évoqué ici n'est autre que le Soleil, ce Dieu du feu auquel le poète s'offre : « les yeux fermés, je m'offrais au Dieu du feu, qu'il me renversât. Général, roi, disais-je, s'il reste un vieux canon sur tes remparts qui dégringolent, bombarde les hommes avec des

morceaux de terre sèche ». Faut-il, en ce cas, accorder crédit à la conclusion de Delahaye ? Dans *Rimbaud et ses témoins,* ouvrage inédit destiné à réfuter la thèse de Bouillane de Lacoste quant à la datation des *Illuminations,* Renéville modifie sa lecture en estimant « que le Général qui fait l'objet de cette invocation singulière n'est autre que l'astre dont dépend notre système ».

282 — Éd. 1947 : la phrase se termine ici.

283 — Ms. : « L'assonance poussée jusqu'au jeu de mots suffit à diriger subitement la pensée… » (f°100, r°).

284 — *Vers nouveaux. Bruxelles.*

285 — *Illuminations. Métropolitain.* À l'instar de nombre d'éditeurs, A. Adam lit « langueur », mais S. Bernard et P. Brunel donnent plus justement « longueur », leçon que j'ai suivie.

286 — Le manuscrit autographe (f° 100, r°) hésite entre « inconsciente », « sans contrôle », avant d'opter pour « involontaire », sans doute à défaut d'écrire « automatique » à connotation trop surréaliste.

287 — Éd. 1947 : « … partie extérieure » (p. 98).

288 — *Illuminations. Vies I.*

289 — Éd. 1947 : « Cette dernière phrase constitue un rappel de la conscience que Rimbaud eut toujours d'être à lui seul un opéra fabuleux, l'héritier des grands poètes de tous les temps et de toutes les races, et le Voyant qui possède la faculté de considérer le déroulement à venir de l'évolution humaine : *Je vous indiquerais les richesses inouïes. J'observe l'histoire des trésors que vous trouvâtes. Je vois la suite* ! Bien que Rimbaud n'eût encore rien publié (à part deux ou trois poésies dans des feuilles éphémères) à l'époque où il écrivait les *Illuminations,* il semble y prédire son propre échec, et le triomphe du message dont il s'est voulu le prophète, dans les lignes suivantes : *Ma sagesse est aussi dédai-*

gnée que le chaos. Qu'est mon néant, auprès de la stupeur qui vous attend ? » (p. 98).

290 — Ms. : « ... de ces mouvants points d'essors... » (f°102, r°).

291 — Cet adjectif rare fait référence aux perspectives qui s'ouvrent sur les scènes d'opéra.

292 — *Illuminations. Nocturne vulgaire.*

293 — Ms. : « ... annonciateur de nos recherches » (f° 102, n°). Renéville semble, par cette substitution, s'agréger au surréalisme.

294 — *Illuminations. Veillées I.* « Steerage » : entrepont arrière d'un navire.

295 — *Illuminations. Veillées III.*

296 — *Illuminations. Veillées II.*

297 — Ms. : « Les images qui se succèdent avant le sommeil devant les yeux fermés, semblaient encore au poète capables d'apporter avec elles des révélations non négligeables : ... » (f°101, v°).

298 — *Illuminations. Phrases.*

299 — Éd. 1947 : « Que Rimbaud nomme ses pensées : *mes filles ! mes reines !* qu'il distingue des fées dans les rayons du soleil ou des anges dans la clarté des nuages, à chaque fois on le voit retrouver la tendance à la personnification des phénomènes et des forces abstraites, qui est la marque de la mentalité mystique et prélogique » (p. 100).

300 — *Jeune ménage.*

301 — *Mémoire.*

302 — Éd. 1947 : phrase supprimée.

303 — *Saison en enfer. Délires II.*

304 — Ms. : « L'effort du Voyant pour retrouver la plénitude de son esprit... » (f°98, r°).

305 — Éd. 1947 : « ... à travers le dépassement systématique de sa conscience de veille » (p. 101).

VII

306 — Ce texte a paru, sous le titre « Arthur Rimbaud et l'Amour », dans *Sagesse,* 5e cahier, automne 1928, pp. 3-5.
307 — Éd. 1947 : « ... sa vie et qui se rencontre avec les... » (p. 103).
308 — Éd. 1947 : « Rimbaud accepta la puissance de l'Amour sous... » (p. 103).
309 — [Note de Renéville] « Toutes les formes d'amour, de souffrance, de folie ». *Lettre du Voyant.*
310 — *Illuminations. H.* Les différentes versions de ce passage (l'édition de 1929, celle de 1947, comme l'extrait paru dans Sagesse) mentionnent à tort « Antique ». Signalons qu'Etiemble ne découvre pas en ce texte le portrait de la courtisane, mais plutôt « l'aveu » d'une masturbation « qui fut, pendant longtemps, la seule issue offerte » aux désirs de Rimbaud... (*Rimbaud, op.cit.,* pp. 101-102).
311 — *Illuminations. Fairy I.*
312 — Ms.: « Il n'y a pas même de sens au goût du néant. » (f°38, v°).
313 — *Illuminations. Phrases.*
314 — *Illuminations. Mouvement.*
315 — Éd. 1947 : «... plans dont les modalités de l'Univers sont constituées » (p. 105).
316 — Ms. : « Le Bouddhisme en compte dix si l'on détaille les quatre états du plan physique (minéral, végétal, animal, humain) et qu'on y ajoute les six plans de l'évolution (astral, mental, bouddhique, atmique, arupadaka et adi) que l'âme doit traverser dans sa montée jusqu'à Dieu. Ce nombre se retrouve dans tous les systèmes empruntés aux métaphysiques orientales. » (f°38, r°).
317 — L'extrait paru dans Sagesse arrête le paragraphe à cet endroit et ne reprend pas les six qui suivent.

318 — *Illuminations. Scènes.*

319 — Ms. : « Cette image, en même temps qu'elle annonce un thème amoureux, fait pressentir une distinction que précisera la dernière période de la pièce. » (f°35, v°).

320 — Ms. : « ... (d'où le titre de Scènes)... » (f°35, r°).

321 — Éd. 1947 : «... souvenirs a pu ici encore aider...» (p. 106).

322 — Éd. 1947 : « ... sans doute... » (p. 106).

323 — [Note de Renéville] *Clef des œuvres de saint Jean et Michel de Nostredame*, par M. A. (Nantes, chez Mazeau, rue Saint-Pierre, 1872). Je ne cite ce texte que comme exemple des descriptions qui durent, à cette époque, se trouver dans tous les journaux, et que put lire Rimbaud.

324 — Éd. 1947 : « Lorsque l'on se reporte à *Scènes*, l'on découvre une similitude entre les images dont... » (p. 106).

325 — Depuis les travaux d'A. Guyaux sur le manuscrit des *Illuminations (Illuminations,* La Baconnière, 1986), il est admis de modifier l'ordre des poèmes intitulés jusqu'à lui « Villes I » et « Villes II » ; celui cité ici (Ce sont des villes !) est désormais « Villes II ».

326 — *Illuminations. Villes I* (selon la nouvelle disposition).

327 — *Illuminations. Scènes.*

328 — Ms. : «... parvenir à la soi-conscience où toutes vérités sont devenues subjectives » (f°86, v°).

329 — Selon le *Séfer Yetsirah* (« *Livre de la Création* »), dix énonciations divines donnèrent existence au cosmos. Cette puissance des nombres combinée avec celle des lettres de l'alphabet hébraïque contient en elle toute existence. Voir Guy Casaril, *Rabbi Siméon Bar Yochai et la Cabbale*, Seuil, coll. « Maîtres spirituels », 1981.

330 — Éd. 1947 : « Une telle interprétation est d'autre part corroborée... » (p. 107).

331 — Éd. 1947 : « ... concevoir... » (p. 108).
332 — *Illuminations. Soir historique.*
333 — Ici reprend l'extrait paru dans Sagesse.
334 — *Illuminations. Dévotion.*
335 — Ms. : « ... naïvetés... » (f°85, r°).
336 — Éd. 1947 : « ... antérieures aux religions sémites... » (p. 108).
337 — Ms. : « ... raisonnement commun aux métaphysiques qui nous occupent. » (f°83, r°).
338 — Ms. : « Rimbaud l'adopta et ... » (f°83, r°).
339 — L'extrait paru dans Sagesse se termine ici.
340 — Éd. 1947 : « Le revirement du pauvre Lelian se reconnaît en ce que la fin de ce poème est un reniement de l'ange révolté. » (p. 109).
341 — Éd. 1947 : « ... lui paraît responsable » (p. 109).
342 — Paul Verlaine, *Jadis et Naguère. Crimen amoris.* J'adopte le texte amélioré par l'auteur lui-même en 1891. Renéville, pour sa part, a utilisé une édition plus ancienne, ce qui donne « ... qui sera Dieu ».
343 — Éd. 1947 : ajout d'un paragraphe : « Il ne semble pas que ce soit par hasard que la pièce soit dédiée à Villiers de l'Isle-Adam : on sait que ce dernier fut pendant la plus grande partie de sa vie un adepte de la Science Hermétique, du Martinisme, et des Théosophies orientales, puis revint finalement au Christianisme dont il s'était éloigné. Une telle démarche parut sans doute à Verlaine fort voisine de celle qui fut la sienne, et dont la première phase se déroula sous l'influence d'un Rimbaud voyant et prophète, et la seconde sous celle de l'aumônier de la prison de Mons, qui le convertit. Enfin, notons que le poème qui relate l'aventure spirituelle de Rimbaud comme un crime d'amour mystique, est écrit en vers de onze pieds. Or, le chiffre onze est pour les occultistes celui de l'effort

satanique de l'homme qui tente de modifier l'ordre de la création divine. » (p. 109).

344 — Éd. 1947 : « Qu'on veuille donc relire attentivement ce poème depuis son début » (p. 109).

345 — *Illuminations. Matinée d'ivresse.*

346 — *Illuminations. Vagabonds.* Mais, comme le fait observer Pierre Brunel, « il est clair, à lire *Vagabonds*, que c'est Verlaine qui n'est pas à la hauteur de l'entreprise. Par ses plaintes, par ses insomnies, par ses cauchemars où il voit, hélas, sa véritable image, il prouve qu'il n'a rien d'un fils du soleil » (*Arthur Rimbaud ou l'éclatant désastre, op.cit., p. 29.*)

347 — Éd. 1947 : « …pour la plupart des religions primitives le… » (p. 114).

348 — Éd. 1947 : « Les mystiques » (p. 114).

349 — [Note de Renéville] *Du Ciel et de ses merveilles, et de l'Enfer, d'après ce qui a été entendu et vu*, par Emmanuel Swedenborg. Traduit du latin par I.F.E. Le Boys des Guays sur l'édition princeps (Londres, 1758). Treuttel et Wurtz, libraires, 17 rue de Lille, Paris, 1850.

350 — [Note de Renéville] Ce vers de *Patience* corrobore mon explication : *C'est rire aux parents qu'au soleil.*

VIII

351 — [Note de Renéville] *La Revue de France*, 1er déc. 1926.

352 — *Illuminations. Angoisse.*

353 — Sorti de l'hôpital le 20 juillet 1873, Rimbaud ne sera de retour à Roche que quelques jours plus tard puisque la plupart des biographes mentionnent qu'il rentra à pied.

354 — P. Petitfils propose une autre version de cette arrivée de Rimbaud à Roche : « Il arriva à la gare de Voncq, près de

Roche, un jour vers midi. Sa mère, prévenue, l'attendait » (*Rimbaud, op.cit.*, p. 223.)

355 — Selon P. Berrichon, Rimbaud, effondré sur une chaise, se serait mis à sangloter tout en répétant « Ô Verlaine ! Verlaine ».

356 — Éd. 1947 : « À la suite du retour qu'il venait d'accomplir sur lui-même, il comprit... » (p. 118).

357 — Ms. : « ... haine d'une religion sans grandeur, ... » (f°130, r°). Éd. 1947 : « ... sa méfiance d'une religion qui le laissait insatisfait, ... » (p. 118).

358 — *Lettre du Voyant.*

359 — Ms. : « Et très objectivement, ... » (f°130, v°).

360 — Éd. 1947 : «... contrepartie » (p. 119).

361 — [Note de Renéville] Catherine de Jésus Ranquet, religieuse ursuline (1670), cité par l'abbé Brémond.

362 — Ms. : « thèse » (f°127, v°).

363 — *Une saison en enfer. Mauvais sang.*

364 — *Ô saisons, ô châteaux !*

365 — *Une saison en enfer. Matin.*

366 — Contrairement à toutes les éditions, je donne logiquement la minuscule, d'ailleurs présente dans le manuscrit autographe.

367 — Éd. 1947 : « ... organiser sous une forme littéraire... » (p. 120).

368 — *Lettre du Voyant.*

369 — *Une saison en enfer. Adieu.*

370 — *Ibidem.*

IX

371 — Ms. : « Nous voici donc en présence d'un testament littéraire. Son apparente confusion vient de la volonté qu'eut Rimbaud d'y retracer son combat spirituel sur le

rythme même de la vie. » (f°131, r°).

372 — Éd. 1947 : « ... découverte d'une sagesse issue de l'Orient et antérieure à l'Ancien et au Nouveau Testament, ... » (p. 121).

373 — « Jadis, si je me souviens bien, ma vie était un festin où s'ouvraient tous les cœurs, où tous les vins coulaient. Un soir, j'ai assis la Beauté sur mes genoux. — Et je l'ai trouvée amère. »

374 — *Une saison en enfer. Mauvais sang.*

375 — Ms. : « Cette fiévreuse recherche de la pureté conduit Rimbaud à exalter l'état de civilisation qui se rapproche le plus du néant : l'homme sauvage lui paraît plus digne. » (f°124, r°).

376 — Éd. 1947 : « Cette remise en cause de la morale courante, des acquisitions de la raison et des principes fondamentaux de la civilisation moderne, conduisit Rimbaud à exalter l'être primitif qui ne s'est point séparé de la nature et n'a pas découvert la notion de péché. Notre sens de l'action lui semble risible et de nature à conduire l'homme à l'asservissement :... » (p. 122).

377 — *Une saison en enfer. Mauvais sang.*

378 — *Une saison en enfer. Délires I. Vierge folle.*

379 — *Une saison en enfer. Mauvais sang.*

380 — *Une saison en enfer. L'impossible.*

381 — *Ibidem.*

382 — Dans l'édition de 1947, ces trois paragraphes, profondément remaniés, n'en forment plus qu'un seul : « Une telle conception du "bon sauvage" marque peut-être chez Rimbaud un souvenir des théories de Jean-Jacques Rousseau, dont il eut l'occasion d'étudier les prolongements chez les premiers socialistes français. Mais la révision des valeurs accomplie par le Voyant, son aspiration à la redécouverte d'une pureté originelle ne s'arrêteront pas

au simple espoir d'une société meilleure. Elles ont pour point de départ une méditation sur la condition de l'homme dans l'univers. L'instauration d'un Dieu anthropomorphique et personnel dont l'homme doit demeurer à jamais séparé est à la base d'une forme de civilisation contre laquelle le poète se dresse. L'homme lui paraît en réalité un Dieu en devenir, ainsi que l'ont proclamé les civilisations de l'antiquité orientale dont la Grèce mystique et hallucinée, la Grèce des Mystères, représentait, tout près de nous, le dernier relais. Toutefois, le Voyant prend conscience, à la suite de son échec personnel, que l'humanité occidentale ne saurait être détournée de l'expérience qu'elle a commencé de poursuivre à travers les religions sémites : *M'étant retrouvé deux sous de raison – ça passe vite !* — *je vois que mes malaises viennent de ne m'être pas figuré assez tôt que nous sommes à l'Occident. Les marais occidentaux ! Non que je croie la lumière altérée, la forme exténuée, le mouvement égaré… Bon ! voici que mon esprit veut absolument se charger de tous les développements cruels qu'a subis l'esprit depuis la fin de l'Orient… Il en veut, mon esprit !* Et plus loin : *je retournais à l'Orient et à la sagesse première et éternelle.* » (pp. 122-123).

383 — *Une saison en enfer. L'impossible.*

384 — Éd. 1947 : « Dorénavant, les phases de la *Saison* seront constituées par une alternance entre le rappel de la conception orientale d'un moi immergé dans une Conscience universelle que l'étude et la culture de la conscience individuelle doivent permettre de retrouver par un processus d'identification, et la conception d'une âme individuelle permanente qui peut accéder par la grâce à la contemplation d'une Conscience absolue avec laquelle elle ne peut espérer se confondre. Dans la pièce intitulée *L'Impossible*, le poète fait état de sa recherche frénétique

d'une issue qui mène vers un royaume de l'Homme d'où la suprématie de toute autre entité serait exclue. Mais *par l'esprit on va à Dieu* quelle que soit la voie qu'on emprunte : Déchirante infortune ! » (p. 123).

385 — Ms. : « ... et l'empêchaient de... » (f°121, r°).

386 — *Une saison en enfer. L'impossible.* Ms. : « ... La conviction de Rimbaud est donc faite : Dieu existe et il faut le gagner. Le goût du néant n'est qu'un élan vers la perfection qui se trompe d'objet. » (f°121, r°).

387 — Éd. 1947 : « Placé entre ces deux conceptions de la destinée humaine qui aboutissent l'une et l'autre à la même réalité que son orgueil prométhéen lui fit rêver d'égaler, le poète se débat comme un mortel pris au piège de l'éternité. S'il admet maintenant que la sagesse première et éternelle de l'Orient n'est pas valable pour l'humanité enlisée dans les marais occidentaux, et risque d'aboutir à faire seulement régresser l'homme de nos contrées vers le sommeil des bêtes, il ne peut toutefois se résoudre à accepter les réponses d'une religion qu'il a si longtemps repoussée, et qui lui paraît responsable d'une conception de la vie contre laquelle il s'est tout d'abord révolté. » (p. 124).

388 — Éd. 1947 : « Si la doctrine exposée dans la *Lettre du Voyant*, et les tentatives d'application de ce système que constituent les *Illuminations* coïncident avec l'accession du poète au point culminant de son triomphe sur les enseignements dont son enfance reçut l'empreinte, et purent nous donner à penser que ce triomphe était sans trouble et sans remords, la *Saison en enfer* nous dévoile les luttes incessantes que Rimbaud eut en fait à soutenir contre les souvenirs de son éducation première. Il nous a laissé dans ses premiers vers le témoignage des contraintes qui pesaient sur ses jeunes années:... » (p. 124).

389 — *Les poètes de sept ans.*
390 — Éd. 1947 : « Au moment où le Voyant renonce à ses ambitions prophétiques, et délaisse une conception de l'homme issue des messages philosophiques ou religieux antérieurs au Christianisme, il subit le retour en force de ses souvenirs, et se retrouve placé devant le message millénaire de l'Église. Les images bibliques qui foisonnent dans la *Saison en enfer* suffiraient à elles seules à nous indiquer le climat spirituel dans lequel le poète se trouva replongé au moment où il cessa brusquement de se croire mage ou ange. Cependant Rimbaud nous a retracé avec précision les phases de ses retours momentanés vers le Christ. Chacun de ses mouvements apparaît suivi d'une reprise ou d'un refus : … » (pp. 124-125).
391 — *Une saison en enfer. Mauvais sang.*
392 — Éd. 1947 : « Il n'en est pas qui n'expriment à la fin l'éloignement : … » (p. 125).
393 — *Mauvais sang.*
394 — *Ibidem.*
395 — *Ibidem.*
396 — *Une saison en enfer. Nuit de l'enfer.*
397 — Éd. 1947 : « … subit et refuse » (p. 125).
398 — *Nuit de l'enfer.*
399 — *Une saison en enfer. L'Impossible.*
400 — *Ibidem.*

X

401 — *Une saison en enfer. Nuit de l'enfer.*
402 — Orthographié « ils » dans l'édition de 1929.
403 — Éd. 1947 : « Si Rimbaud se complait tout d'abord à décrire une série d'actes magiques par opposition aux actes mystiques dont il fait état aux paragraphes suivants de sa

confession, c'est qu'il a entrepris de retracer fidèlement l'évolution qui fut la sienne à partir du moment où il se voulut un primitif, un nègre, jusqu'à l'heure où il se crut, à la faveur de l'étude de son âme, et du développement de ses pouvoirs psychiques, un nouveau prophète, un messie : » (p. 127).
404 — *Une saison en enfer. Nuit de l'enfer.*
405 — *Ibidem.*
406 — *Une saison en enfer. Délires I. Vierge folle. L'époux infernal.*
407 — Éd. 1947 : « ... son comportement » (p. 128).
408 — *L'époux infernal.*
409 — *Une saison en enfer. Délires II. Alchimie du verbe.*
410 — Ms. : « ... formelle... » (f°160, v°).
411 — Ms. : « L'Alchimie du Verbe reste consacrée à la première. » (f°160, v°).
412 — Ms. : « ... génie non particularisé, et qui sont réellement les produits spontanés d'un peuple au moment où nul souci d'art ne vient troubler sa sincérité... » (f°160, v°).
413 — Ms. : « Son horreur du particulier le poussait encore à rechercher avec ferveur les élans collectifs dont aucun trait original ne subsiste, et dont l'action même n'a point marqué dans la mémoire humaine. » (f°160, r°).
414 — *Lettre du Voyant.*
415 — Avocat puis militaire, Louis-Claude de Saint-Martin (1743-1803), après sa rencontre avec Martines de Pasqually (cf. *infra*) en 1765, se consacra exclusivement à la réflexion et à la rédaction de nombreux ouvrages publiés sous le pseudonyme du Philosophe inconnu. Devenu secrétaire de Martines de Pasqually dont il a rejoint l'Ordre des Élus Cohens fondé par ce dernier, son œuvre littéraire débute par *Des Erreurs et de la Vérité, ou les Hommes rappelés au principe de la science* (1775), ouvrage qui divulgue au grand

public l'Illuminisme. Même s'il demeurera fidèle à la pensée de Martines de Pasqually, sa démarche évolue pourtant vers une recherche intérieure qui s'écarte du rituel voulu par Martines. Avec *L'Homme de désir* (1790), il est beaucoup plus proche de Jakob Böhme que de Martines. Néanmoins, sa volonté de concilier les deux enseignements qui auront marqué sa vie apparaît très nettement dans *Le Ministère de l'Homme Esprit* (1802). Admiré par Joseph de Maistre, son influence sur le *Seraphita* de Balzac est incontestable. Voir Papus, *Louis-Claude de Saint-Martin*, Paris, Demeter, 1988.

416 — La personnalité de Martines de Pasqualis, dit de Pasqually, est encore mal connue. Il serait né vers 1710 (encore que son exégète, Robert Amadou, situe sa naissance à Grenoble en 1727) et serait apparu brusquement sur la scène historique en 1754, époque à laquelle il conçoit la doctrine qui portera son nom : le martinisme. La base doctrinale est intégralement contenue dans son *Traité sur la Réintégration des êtres* rédigé en 1771 mais publié seulement en 1899. Succinctement, elle voit en l'homme un être émané de Dieu, doué d'immenses pouvoirs, mais qui, par la faute d'Adam, se trouve prisonnier de la matière. Par la perfection intérieure associée à des rituels stricts, l'homme peut réintégrer sa propriété première. L'Ordre des Élus Cohens — c'est-à-dire des Prêtres élus en qui l'être spirituel et la forme corporelle opèrent une jonction — comporte nombre de degrés, le plus élevé étant celui de Réau-Croix, l'homme réintégré dans les pouvoirs premiers d'Adam. Ordonné réau-croix en 1772, Saint-Martin se séparera quelque peu de Martines en préférant la recherche de la perfection intérieure aux rituels imposés par son maître. Martines de Pasqually trouvera la mort en 1774, lors d'un séjour à Saint-Domingue. Voir : Martines

de Pasqually, *Traité sur la Réintégration des êtres dans leur première propriété, vertu et puissance spirituelle divine*, éd. établie par Robert Amadou, Paris, Diffusion Rosicrucienne, 1995 ; Franz von Baader, *Les enseignements secrets de Martines de Pasqually*, Paris, Télétès, 1989 ; André Rolland de Renéville, *Sciences maudites et Poètes maudits*, *op.cit.*

417 — Éd. 1947 : très importante modification de ce paragraphe :

« Une portée véritablement créatrice attribuée à la parole se trouve à la fois dans les grands mythes religieux de l'humanité qui nous désignent soit le Logos, soit le Verbe et sa projection la Parole, comme la source des mondes, et dans toutes les formes de mystique primitive à tendance magique qui sont généralement basées sur le pouvoir incantatoire et opératif du mot. On sait que la Kabbale fait un grand état des sens superposés et des pouvoirs qu'elle attribue non seulement aux mots, mais encore aux lettres qui les composent, et qu'elle conçoit comme des émanations directes de la Divinité. Des traditions en apparence étrangères les unes aux autres se rejoignent dans la croyance à l'existence d'une langue unique qui aurait été l'apanage d'une humanité primitive. Le mythe de la Tour de Babel construite dans le but d'escalader le ciel, et d'attenter à la majesté divine, et la perte de la langue unique qui s'en serait suivie ne sont sans doute que des masques symboliques dont une certaine spéculation métaphysique sur l'origine, la nature, et la portée du langage, s'est recouverte au cours des âges pour se manifester dans les messages philosophiques et religieux de l'humanité. Le mythe du Saint-Esprit descendant à la Pentecôte sous la forme d'une langue de feu sur chacun des apôtres constitue l'aspect chrétien de la même tradition. Elle s'est prolongée dans les temps modernes à travers différents groupes à prétention initiatique dont le plus célèbre est l'Ordre Martiniste, fondé au XVIII siècle par Martines de Pasqually, et prolongé sous une forme différente par son plus célèbre disciple Claude de Saint-Martin. On trouve dans les ouvrages de Claude de Saint-Martin la description d'une doctrine propre à ramener par la charité et l'amour universel un âge d'or qui coïnciderait avec la redécouverte de la langue unique. Enfin la recherche de la Parole perdue qui apparaît l'un des symboles les plus intéressants de la Franc-Maçonnerie spéculative se rapporte sans aucun doute à la conception d'une langue unique et divine dont l'univers est issu mais que l'humanité prévaricatrice et déchue a oubliée.

Une curieuse coïncidence se fait jour entre cette recherche traditionnelle d'un langage parlé par tous les hommes, et qui symboliserait leur retour à l'Unité perdue, et l'annonce prophétique faite par Rimbaud d'un temps où *un langage universel viendra.*

Le poète qui se voulut un primitif et un fils du Soleil (c'est-à-dire du Logos de notre système), et cultiva en lui ce qu'on devait nommer un demi-siècle plus tard « l'esprit de participation », retrouva-t-il par la logique même de son expérience cette conception d'une langue unique coïncidant avec la communion de tous les hommes dans l'Idée pure de l'Amour universel, ou fut-il aidé par ses lectures dans l'élaboration d'un tel système ? L'on ne peut, en l'absence de preuves, choisir avec certitude entre ces hypothèses. Peut-être doit-on les accepter toutes les deux, et admettre que Rimbaud trouva dans ses études la confirmation de ses découvertes. » (pp. 130-132).

418 — Éd. 1947 : « *Toute parole étant idée* selon sa propre expression, Rimbaud poursuivait en profondeur ses recherches sur la nature et la portée du langage sans aban-

donner pour autant l'approfondissement du mécanisme psychique dont le fonctionnement restait pour lui inséparable de la production des idées. Convaincu qu'il n'existait pas de rupture entre l'Idée et la Parole non plus qu'entre l'Esprit et le Verbe, il estimait que l'accession à une Parole absolue devait aller de pair avec un élargissement indéfini du domaine de la conscience dont l'empire devrait enfin rejoindre celui de la Conscience divine. Au moment où il écrivait des *silences* et notait *l'inexprimable*, il s'attachait à détruire la limitation qu'apporte au véritable moi ce qu'on nomme le centre de conscience : » (p. 132).

419 — *Une saison en enfer. Délires II. Alchimie du verbe.*
420 — *Ibidem.*
421 — *Une saison en enfer. Délires II. Faim.*
422 — Éd. 1947 : « L'éclatement progressif du centre de conscience amène l'esprit à... » (p. 133).
423 — Mundaka Upanishad, II, 1-1.
424 — Dans l'édition de 1947, la citation de la Mundaka Upanishad est déplacée en fin de paragraphe, et la phrase qui la suit n'est pas reprise.
425 — *Une saison en enfer. Délires II. Faim.* Éd. 1947 : ajout : « Un parallélisme frappant existe entre la nature de cette démarche spirituelle, dans l'expression que Rimbaud lui en donna, et le contenu de celle dont la philosophie mystique de l'Extrême-Orient nous rapporte l'inéluctable accomplissement, en usant d'une image fort voisine de celle qui devait hanter quelques milliers d'années plus tard l'imagination du poète occidental : *Comme d'un feu éclatant jaillissent de toutes parts des milliers d'étincelles de nature identique, ainsi les créatures innombrables procèdent de l'Être indestructible et y retournent.* » (p. 134).
426 — *Une saison en enfer. Délires II. Faim.*
427 — *Ibidem.*

428 — Ms. : « Exprimer l'absolu, ce serait créer le monde une seconde fois — proposition contradictoire puisque l'absolu ne souffre rien qui s'oppose à lui. Il n'y a donc pas de révélation possible. » (f°96, r°).

429 — Ms. : « La seule manière de réaliser l'absolu est de s'y intégrer.» (f° 96, r°).

430 — *Une saison en enfer. Délires II.*

431 — [Note de Renéville] Art et Poésie sont ici synonymes.

432 — Ms.: « L'évolution poétique et messianique de Rimbaud devait l'amener à un résultat bien différent de celui qu'il prévoyait. Il avait en somme jusqu'ici vécu de sophismes et d'erreurs. » (f° 93, r°).

433 — Éd. 1947 : «… est pour l'homme…» (p. 135).

434 — *Lettre du Voyant.*

435 — *Illuminations. Génie.*

436 — *Une saison en enfer. Délires II.*

437 — *Ibidem.*

438 — Éd. 1947 : « Mais la ruine de ses convictions antérieures ne s'avérait pas complète. Il avait trop longtemps prôné la relativité des notions morales, cette pierre angulaire de son système, pour retourner désormais à une doctrine qui confère une valeur absolue aux actions humaines, et maintient entre les catégories du Bien et du Mal une distinction irréductible : … » (p. 136).

439 — *Délires II.*

440 — Éd. 1947 : « À présent encore, il ne parvenait point à embrasser une religion qui pose la nécessité de la vie en vue de l'éternité.» (p. 136).

441 — Éd. 1947 : « Alors que la conception occidentale de l'existence entraîne l'homme à continuer le mouvement créateur dans lequel il est intégré, et à s'individualiser de plus en plus dans le culte de la *force* et d'une certaine *beauté*

formelle, Rimbaud, à la faveur de ses méditations personnelles et sans doute aussi de ses lectures, s'était imprégné d'un message selon lequel l'acte constitue une limitation qu'il convient d'abolir pour retrouver, par l'identification du moi et des réalités qui paraissent lui être extérieures, l'Unité momentanément perdue. Il ne parvenait pas à concevoir que la vie et la perfection puissent être conciliées. Comme l'avait reconnu la philosophie grecque, la loi... » (p. 136).
442 — *Délires II*.
443 — Ms.: «... possible de s'approcher du Bonheur...» (f°59, v°).
444 — *Ibid*.
445 — *Ibid*.
446 — Éd. 1947 : la phrase change de sens : « Après avoir franchi successivement les degrés de la Beauté jusqu'à ne plus se retrouver devant son Idée pure, ... » (p. 137). On penche bien évidemment pour un oubli du « que » indispensable dans le contexte.
447 — *Délires II*.
448 — Brouillons d'*Une saison en enfer*.
449 — *Délires II*.

XI

450 — Lettre à Delahaye, mai 1873.
451 — Ms. : « ... justification qui la fasse pardonner. Enfin il lui fallait en quelque sorte faire le point de son existence avant de lui assigner une direction définitive. » (f°89, v°).
452 — Éd. 1947 : « Toutefois l'étude de ses pouvoirs psychiques, et leur développement entraînaient la perception d'un passé antérieur à celui du moment. » (p. 139).
453 — Ms. : «... il connut la vanité de ses prétentions littéraires et prophétiques » (f°89, r°).

454 — *Une saison en enfer. Mauvais sang.*
455 — Ms. : « Il avait bientôt abandonné ce mysticisme scientiste pour les …» (f°91, v°).
456 — *Une saison en enfer. L'impossible.*
457 — *Une saison en enfer. L'éclair.*
458 — Éd. 1947 : « … paraît inacceptable. » (p. 141).
459 — *L'éclair.*
460 — *Ibidem.*
461 — Phrase supprimée dans l'édition de 1947.
462 — Éd. 1947 : « Mais dans cet instant extraordinaire où il exprime une vue prophétique de sa fin chrétienne, il se rebelle contre sa vision :…» (p. 141).
463 — Éd. 1947: « qui soit…» (p. 141). Nouvelle coquille, probablement, sans quoi la phrase prend un sens complètement différent.
464 — *L'éclair.*
465 — *Ibidem.*
466 — *Ibidem.*
467 — *Une saison en enfer. Matin.*
468 — Éd. 1947 : «… une religion qu'il ne put se résoudre à rejoindre définitivement.» (p. 142).
469 — *Matin.*
470 — L'édition de 1929 mentionne « la », erreur corrigée en 1947.
471 — *Matin.*
472 — *Une saison en enfer. Adieu.*
473 — Éd. 1947 : « Il nous souvient que sa révolte contre les conceptions du Catholicisme… » (p. 143).
474 — Éd. 1947 : « Aussi la phrase suivante fait-elle entendre un cri de désespoir et une protestation devant l'idée d'une divinité qui crée l'homme pour le péché :… » (p. 143).
475 — Renéville a écrit « confort », mais le manuscrit de Rimbaud mentionne bien la graphie anglaise : « comfort ».

476 — Ms. : « ... période où les ambitions prophétiques de Rimbaud se donnèrent libre cours. » (f°53, r°).
477 — Ms. : « Et après qu'il a de cette manière exprimé ses désillusions, ... » (f°56, v°).
478 — Ms. : « En songeant que c'est par amour pour l'humanité qu'il s'est laissé entraîné à des prétentions si vastes, il pousse une... » (f°56, v°).
479 — *Illuminations. Matinée d'ivresse.*
480 — Mai 1873.
481 — *Une saison en enfer. Adieu.*
482 — Ms. : « ... comprendraient enfin et pardonneraient » (f°54, r°).
483 — [Note de Renéville] Le souci de se cacher, de fuir ceux qui furent témoins de son ambition démesurée, apparaît d'une manière émouvante dans ces quelques lignes que j'extrais d'une lettre écrite à Aden, le 10 septembre 1884, et adressée à ses parents : *Enfin, vous le penserez comme moi, je crois : du moment que je gagne ma vie ici, et puisque chaque homme est esclave de cette fatalité misérable, autant à Aden qu'ailleurs; mieux vaut même Aden qu'ailleurs, où je suis inconnu, où l'on m'a oublié complètement et où j'aurais à recommencer !*
484 — Ms. : « ... une incroyable rigueur... » (f°54, v°).
485 — Lettre aux siens, Harar, 6 mai 1883.
486 — Éd. 1947 : la suite du paragraphe est remplacée par : « Si l'on connaît les tribulations d'Arthur Rimbaud au Harar, les échecs commerciaux qu'il essuya, et auxquels l'Intelligence Service ne fut sans doute pas étrangère, la réussite qu'il connut en tant qu'explorateur, mais qui ne devait entraîner pour lui aucun avantage matériel ou honorifique, rien ne nous permet seulement de penser que sa vie intérieure fut différente de celle que reflète sa correspondance. Il n'existe aucun signe qu'il se départit à un

moment donné de la volonté de rejoindre la masse anonyme de ses contemporains, et de se plier désormais à leurs conventions. Ses lettres adressées à sa famille, ou à son ami Delahaye, et les témoignages des gens qui le connurent, ne portent aucune marque d'un retour de Rimbaud à des préoccupations d'ordre littéraire ou philosophique. Il ne manifeste ni hostilité ni attirance à l'égard du culte catholique, et lorsqu'il lui arrive de parler des prêtres qui vivent dans les mêmes lieux que lui, ses propos sont empreints de la déférence désintéressée d'un homme qui n'a rien de commun avec eux, mais ne ressent aucune prévention à l'égard des valeurs qu'ils représentent. » (p. 147).

487 — [Note de Renéville] Lettre à P. Berrichon, 10 juillet 1897. *Vie de Rimbaud*, par P. Berrichon.

488 — [Note de Renéville] Lettre citée par Isabelle Rimbaud.

489 — Éd. 1947 : le texte de ce dernier paragraphe est profondément remanié et augmenté comme suit :

« Je n'ai point à reprendre après les biographes du poète sa vie en Afrique, et sa fin à l'hôpital de la Conception, à Marseille. Sa sœur Isabelle rapporte que, sur ses instances, il accepta de recevoir quelques jours avant de mourir la visite de l'aumônier qui le trouva trop faible pour communier, mais fut édifié par sa foi. La conversion d'Arthur Rimbaud fut-elle antérieure à son agonie ? Une réponse affirmative à cette question serait suffisante, mais reste nécessaire, à la justification de l'interprétation catholique de l'œuvre, ou d'une partie de l'œuvre rimbaldienne. Il semble que le témoignage d'Isabelle, que l'on peut suspecter peut-être d'une pieuse partialité, mais dont on peut assurer qu'il ne fait point état de réticences à l'égard de la religion que son frère n'ait point manifestées, détruit à l'avance les commentaires qui tenteront d'assimiler à une conversion la crise dont le poète transcrivit les phases dans la Saison en enfer. Voici les paroles d'Isabelle : « *Quand je suis rentrée près d'Arthur, il était très ému, mais ne pleurait pas ; il était sereinement triste, comme je ne l'ai jamais vu. Il me regardait dans les yeux comme il ne m'a jamais regardée. Il a voulu que je m'approche tout près, il m'a dit : "Tu es du même sang que moi : crois-tu, dis, crois-tu ?" J'ai répondu : "Je crois ; d'autres plus savants que moi ont cru, croient ; et puis je suis sûre à présent, j'ai la preuve, cela est !" Et c'est vrai, j'ai la preuve aujourd'hui ! Il m'a dit encore avec amertume : "Oui, ils disent qu'ils croient, ils font semblant d'être convertis, mais c'est pour qu'on lise ce qu'ils écrivent, c'est une spéculation !* » *J'ai hésité, puis j'ai dit : "Oh ! non, ils gagneraient davantage d'argent en blasphémant !" Il me regardait toujours avec le ciel dans les yeux ; moi aussi. Il a tenu à m'embrasser, puis : "Nous pouvons bien avoir la même âme, puisque nous avons un même sang. Tu crois alors ?" Et j'ai répété : "Oui, je crois, il faut croire." Alors, il m'a dit : "Il faut tout préparer dans la chambre, tout ranger : il va revenir avec les sacrements. Tu vas voir, on va apporter les cierges et les dentelles : il faut mettre des linges blancs partout. Je suis donc bien malade !..." Il était anxieux, mais pas désespéré comme les autres jours, et je voyais très bien qu'il désirait ardemment les sacrements, la communion surtout.* » Que devons-nous retenir du récit que nous rapporte cette âme débordante de foi qui, par moments, semble verser à son insu, dans l'affabulation ? Certainement tout ce que la pieuse Isabelle nous confie à regret, et avec une sorte d'horreur, notamment le sursaut de résistance de Rimbaud à l'égard des certitudes dont elle veut le munir dans ses derniers instants. Il est vraisemblable que les paroles amères que prononça Rimbaud à propos des écrivains qui se convertissent par esprit de spéculation, concernaient tout spécialement Verlaine dont la conversion n'avait provoqué en son temps que les sarcasmes de son ancien compagnon. Sur son lit de mort, il oppose aux arguments d'Isabelle l'exemple de Verlaine dont le souvenir lui reste odieux. Toutefois, il s'en prend davantage à la sincérité de ce dernier qu'à l'objet de sa foi. Rimbaud restait évidemment partagé, comme il le fut toute sa vie, entre une farouche révolte à l'égard de la religion d'enfance et une inclination secrète à lui céder. Nous l'avons vu reproduire dans la *Saison en enfer* la succession de ces mouvements contradictoires. Il n'était point absolument imprévisible qu'à l'heure de la mort, celui qui avait, en pleine possession de ses forces, rejeté avec sa coutumière violence les conceptions qu'il avait érigées en face de la doctrine catholique, ne laissât cette dernière revenir prendre la place qu'elle avait dû leur céder si longtemps. Le triomphe d'Isabelle (quelqu'une des voix toujours angélique…) inaugure la vie chrétienne de Rimbaud. Il n'aura lieu que dans les jours qui précèderont sa disparition, et si aux yeux des croyants il signifie que Rimbaud est sauvé, l'on ne peut expliquer par lui les ressorts d'une œuvre que son auteur dut renier à deux reprises : tout d'abord pour reprendre sa place auprès des hommes "avec un devoir à chercher et la réalité rugueuse à étreindre", puis pour retrouver, au moment de mourir, "appétit du festin ancien."

La si nette coupure qui apparaît dans la vie et le comportement d'Arthur Rimbaud, après qu'il eut décidé de rompre avec l'expérience poétique conçue par lui comme une méthode de voyance, s'accompagna-t-elle d'une transformation de son être même, au point que le commerçant que l'on retrouve au Harar n'eut plus aucun lien avec le poète qui s'était antérieurement attribué un rôle messianique ? Bien des commentateurs et des biographes de Rimbaud l'ont cru, et se sont laissés aller à assimiler à une crise d'adolescence la période pendant laquelle se manifesta son génie poétique et mystique. Deux témoignages donnent cependant à penser que la seconde attitude de Rimbaud, celle dont il ne devait jamais se départir, après avoir renié la poésie et les erreurs où, selon lui, elle l'avait amené, n'était que l'effet d'une volonté inattaquable. Le premier de ces témoignages se rapporte à la puissance d'attraction que l'extraordinaire personnalité de Rimbaud exerçait sur les populations du Harar, et au caractère mystique de cet involontaire pouvoir de séduction. Il s'agit de la curieuse lettre que M. Lagarde, ancien gouverneur d'Obock, écrivit à Paul Claudel : *Rimbaud devait être au Harar en effet, lors de mon arrivée sur les côtes de la mer Rouge. Il y luttait d'une part pour la vie (quelle rude vie !) et rêvait ensuite de choses que les indigènes et les chefs musulmans de l'entourage de l'Émir du moment ne comprenaient point... Ils le considéraient cependant comme d'inspiration céleste, tant et si bien que des « fidèles » s'empressèrent autour de lui, suscitant les jalousies et les haines des cadis et des muphtis menacés dans leurs affaires par le nouveau prophète qu'ils essayèrent, du reste, de faire tuer sur place.*

Si ce premier témoignage nous montre les indigènes du Harar découvrir chez Rimbaud, et à son insu, une destinée mystique et messianique, et se presser autour de lui en tant que « fidèles », le second, qui émane d'Isabelle Rimbaud, et fut rapporté par elle à un moment où elle ignorait tout de l'œuvre de son frère, nous incite à penser que le don poétique et visionnaire de ce dernier ne s'était point dissipé avec le parti qu'il avait arrêté de ne le plus manifester. Au chevet d'Arthur mourant, elle note le 28 octobre 1891,

treize jours avant sa fin : *Il reconnaît tout le monde. Moi, il m'appelle parfois D-jami, mais je sais que c'est parce qu'il le veut, et que cela rentre dans son rêve voulu ainsi ; au reste, il mêle tout… et avec art.* Et pendant la même période, s'efforçant de transcrire les confidences et les paroles du poète, au cours de ses dernières journées, elle écrit : *Sans perdre un instant connaissance (j'en suis certaine), il a de merveilleuses visions. Il voit des colonnes d'améthystes, des anges de marbre et de bois, des végétations et des paysages d'une beauté inconnue, et pour dépeindre ses impressions, il trouve des expressions d'un charme pénétrant et bizarre.*
Ce n'est que quelques semaines après la mort de Rimbaud que sa sœur eut l'occasion de connaître l'existence des *Illuminations*, et de les lire "en tressaillant de surprise et d'émotion" devant leur ressemblance avec les visions qu'elle lui entendit décrire dans ses jours ultimes.
La lettre de l'ancien gouverneur d'Obock, et les notes d'Isabelle Rimbaud projettent sur la personnalité du poète, pendant la seconde partie de son existence, une lumière qui la montre semblable à elle-même : celle d'un homme doué des tendances et des dons qu'il manifesta dans son adolescence, mais qui tenta de les anéantir en se consumant avec eux, dans la volonté farouche de se soustraire à leur fatalité. »
490 — Notes non reprises dans l'édition de 1947.
491 — Ms. : « Davantage il convient aux lecteurs… » (f°7, r°).
492 — *Une saison en enfer. Matin.*
493 — « Plutôt qu'un frère, il serait plus juste de dire un père, en ôtant à ce mot le sens vénérable et respectueux qu'il comporte : je veux dire, comme je l'ai dit d'ailleurs, que Rimbaud a exercé sur moi une influence séminale, et je ne vois pas ce que j'aurais pu être si la rencontre de Rimbaud ne m'avait pas donné une impulsion absolument

essentielle» (*Mémoires improvisés*, éd. Louis Fournier, Gallimard, coll. « Idées », 1969, p. 31).
494 — *Les premières communions VII.*
495 — *Lettre du Voyant.*

ANNEXES

496 — Etiemble est ici évidemment visé en particulier. Voir dans l'annexe suivante les principales diatribes du professeur Etiemble.
497 — René Daumal, « De l'attitude critique devant la poésie », *Les Cahiers du Sud*, décembre 1929, repris dans *L'Évidence absurde. Essais et Notes I (1926-1934)*, éd. établie par Cl. Rugafiori, Gallimard, 1972, p. 33.
498 — Préface aux *Illuminations*, La Vogue, 1886. Repris dans *L'Herne. Arthur Rimbaud*, 1993, p. 27.
499 — Dans une note parue dans *La Nouvelle Revue Française* (n°214, juillet 1931), Renéville compare les deux éditions et se montre particulièrement virulent envers J.-M. Carré. En voici les principaux extraits : « L'œuvre d'Arthur Rimbaud vient de passer dans le domaine des lecteurs moyens. Les conséquences qui en apparaissent, me renforcent dans cette opinion que l'ésotérisme est une loi essentielle à la vie de l'esprit. Les philosophies et les religions de l'antiquité furent dominées par la nécessité du silence. Celles qui ne la connurent pas y ont risqué jusqu'à leur signification. Le même phénomène se produit à l'égard des œuvres poétiques, et leur divulgation s'effectue bientôt au détriment de leur intégrité. Le personnage de l'auteur, sa vie même, prennent les sales couleurs des mains qui les touchent. L'examen des ouvrages parus depuis peu sur Arthur Rimbaud permet de vérifier les rigueurs de cette loi. M. J.-M. Carré vient de réunir les lettres de la vie littéraire

de Rimbaud. Depuis que la correspondance falsifiée par Paterne Berrichon et par Isabelle Rimbaud avait paru au *Mercure de France*, quelques hommes attendaient qu'un écrivain probe et fervent se saisisse de la tâche de leur restituer ces lettres [...] Voici, hélas ! sur quel mode J.-M. Carré ose présenter des pages toutes traversées par les tempêtes de l'esprit, la manière dont il se permet de désigner leur auteur : *La correspondance de Rimbaud n'a certes rien de bien édifiant, et ceux qui s'attachent aux apparences extérieures seront choqués par sa grossièreté, son allure sarcastique, son vocabulaire ordurier... Qu'on le veuille ou non, Rimbaud est entré hirsute, loqueteux, insolent et la pipe aux lèvres dans le temple de la poésie française.* Mis en humeur par un départ qui l'honore à ses propres yeux, M. J.-M. Carré nous confie qu'il a cru bien faire en ajoutant aux lettres de Rimbaud *les éclaircissements indispensables à leur compréhension.* Qu'on me permette de reproduire l'une des lumières que nous devons de cette sorte à M. J.-M. Carré. Au cours de la célèbre *lettre du Voyant*, Rimbaud attaque la conception occidentale du Moi, et résume son opinion dans cette phrase : *Je est un autre*. Le contexte éclaire suffisamment cette proposition qui signifie que lorsqu'un être croit agir et penser, c'est en réalité la Conscience universelle qui agit et pense à travers lui. La personnalité n'est qu'un phénomène illusoire et de surface, un masque. Mais voici le sens profond que M. J.-M. Carré a trouvé à la formule *Je est un autre* au cours de ses méditations critiques : *Opposition entre le Rimbaud élève, courbé sous la férule de sa mère, réservé et hermétique, sauvagement fermé, et le Rimbaud poète, hardi, ivre de liesse intellectuelle, de défi et de liberté, le confident de M. Izambard.*
[...] Malgré ces signes d'incompréhension ou de lassitude, je me résigne à désespérer. Dès 1929, R. Gilbert-Lecomte

réunissait la *Correspondance inédite d'Arthur Rimbaud*, et la faisait précéder d'une étude dont la teneur m'assure que toute révélation trouve des hommes dignes de la transmettre. R. Gilbert-Lecomte situe le message de Rimbaud à la suite de ceux de William Blake, d'Edgar Poe, et de Baudelaire, au cœur de la grande tradition mystique [...] Il dégage la méthode de connaissance à laquelle Rimbaud s'achemina à travers les monstrueuses souffrances de l'ascèse, et reconstruit pour nous le labeur du Voyant, acharné à la destruction d'une conscience qui le limite et l'empêche de se sentir Dieu. »

Vexé, J.-M. Carré répliquera dans le numéro suivant, accusant Renéville de confisquer Rimbaud, de n'admettre que sa propre interprétation : éternelle querelle entre écrivains et universitaires. Signalons que cette édition est celle qui a été retenue pour la collection L'Imaginaire de chez Gallimard, et que l'interprétation de la formule rimbaldienne incriminée par Renéville s'y trouve reproduite (p. 39).

500 — [Note de Renéville] Peu après nos visites (les 16 et 22 mai 1944), le Dr Lucien-Graux fut arrêté chez lui par les Allemands. Nous avons appris avec peine, par la suite, qu'il avait été bientôt déporté en Allemagne, où il ne put supporter les rigueurs des camps de concentration : il est décédé à Dachau le 10 octobre 1944.

501 — Cet avertissement est inachevé, Rolland de Renéville étant décédé avant cette réédition.

502 — *Rimbaud et ses témoins*, ouvrage inédit sur lequel Renéville a longuement travaillé sans le mener à terme, se veut une réfutation de la thèse d'Henri de Bouillane de Lacoste (1948) selon laquelle les *Illuminations* seraient postérieures à la *Saison en enfer*. Je reproduis ici un extrait analysant la *Lettre du Voyant*.

503 — *Delahaye, Rimbaud, l'artiste et l'être moral*, dans

DTR, op. cit., p. 42.
504 — « Notre pâle raison nous cache l'infini ! », *Soleil et chair III.*
505 — *Poèmes latins. Ver erat.* Il s'agit d'une composition latine rédigée le 6 novembre 1868. Dans son édition des *Œuvres complètes* dans la Pléiade, Renéville note : « Rimbaud, à quatorze ans, a l'intuition de sa vocation poétique : il se la fait prédire par Apollon, au pied de la haute montagne où l'on a transporté les Muses sous la forme de colombes. En relisant la maigre "matière" donnée aux concurrents, quelques vers d'Horace, on admire mieux l'invention et la composition du jeune poète » (O.C.1, p. 673).
506 — Baudelaire, *Les Fleurs du Mal, IV*, Correspondances.
507 — Baudelaire, *Les Fleurs du Mal, XLI, Tout entière.*
508 — Baudelaire, *Les Fleurs du Mal, Projets de préfaces.*
509 — [Note de Renéville] Le mot abnégation est évidemment employé ici dans son sens latin : abnégation : action de nier.
510 — Paul Verlaine, *Jadis et Naguère. Crimen amoris.*
511 — Bien plus que celle d'autres socialistes de son temps, la pensée de Pierre Leroux (1797-1871) a davantage influencé certains milieux littéraires que le monde ouvrier.
512 — [Note de Renéville] C'est à l'époque où il adressait à Paul Demeny la *Lettre du Voyant* que Rimbaud composait, selon le témoignage d'Ernest Delahaye, un *Projet de Constitution communiste* qui ne nous a pas été conservé.
513 — Renéville a longuement analysé « Les thèmes de Louis Lambert » dans *Sciences maudites et Poètes maudits, op. cit.*
514 — [Note de Renéville] Et même influence possible des philosophies orientales (allusion dans les *Illuminations*) dont les idées de paganisme méditerranéen ne sont que des échos.

515 — Montaigne, *Essais. Livre II*, chap. XII, « Apologie de Raimond de Sebonde ».
516 — « Martyr lassé des pôles et des zones », *Le Bateau ivre*.
517 — « Si je désire une eau d'Europe, c'est la flache / Noire et froide où vers le crépuscule embaumé / Un enfant accroupi plein de tristesses, lâche / Un bateau frêle comme un papillon de mai », *ibid*. La « flache » renvoie à « flaque ».
518 — Dans sa recension, A. Thibaudet établit trois groupes bien distincts d'études rimbaldiennes : la série universitaire, les biographies polémiques (Berrichon, par exemple), et enfin le « rimbaldisme intégral », groupe dans lequel il range les auteurs pour qui Rimbaud est un monde à lui seul.
519 — Il s'agit bien sûr de la lettre à P. Demeny et non à Izambard.
520 — Dans sa *Vie aventureuse de Jean-Arthur Rimbaud* (Plon, 1926), J.-M. Carré ne prouve pas la présence de Rimbaud à Paris lors de la Commune, incline même à douter : « on est bien obligé de conclure qu'il n'a pas eu le temps matériel de "brûler" Paris, ni même de s'enrôler parmi les pétroleurs » (p. 58), admettant cependant qu'il « se peut fort bien qu'il se soit mis en route », sans pour autant parvenir à Paris.
521 — Dans l'édition ici recensée, Renéville ne remet pas en cause la présence de Rimbaud à Paris lors de la Commune ; ce n'est que dans la réédition de 1947 qu'il gomme cet aspect. Quant au fait qu'A. Thibaudet ne croit guère aux inspirations gnostiques de Rimbaud, cela peut-il l'autoriser à déplorer une documentation insuffisante ?
522 — Pour Henri Brémond (1865-1933), l'expérience poétique, au même titre que l'expérience mystique ou religieuse, permet d'entrevoir le fond de l'âme. Sa théorie de la

poésie pure pose qu'elle procède du divin, et que le poète est l'intercesseur entre l'essence universelle et les apparences particulières d'ici-bas. Le critique Paul Souday (1869-1929), farouche rationaliste, fut son adversaire. La remarque de Thibaudet situe l'ouvrage de Renéville dans la ligne de pensée de l'abbé Brémond.
523 — René de Planhol, « La conversion du Surréalisme », L'Action française, 6 juin 1929. Dans cette leçon d'élégance, on relèvera que l'auteur attribue à Renéville des mots qui ne sont pas siens : cet « odieux génie français » est de la plume de Rimbaud dans la *Lettre du Voyant*.
524 — Il est assurément comique de lire, quelques années plus tard, les lignes que voici, écrites par Aragon après la parution des *Œuvres complètes* de Rimbaud dans la Pléiade établies par Renéville en collaboration avec Jules Mouquet : « L'interprétation mystique, dernier refuge de la bigoterie, et qui vient encore obscurcir la pensée rimbaldienne de toutes sortes de comparaisons et de références à Novalis, à Swedenborg, au taoïsme, à la philosophie hindoue, fait, à la lecture des *Œuvres complètes*, assez comique figure. Il est assez drôle de trouver en tête de cet ouvrage à côté de celui d'un érudit sérieux comme Jules Mouquet, le nom d'un Rolland de Renéville, spécialiste de ce genre de confusionnisme critique ; il faut dire que de bout en bout du volume, nulle part, fût-ce dans la plus insignifiante des notes, il ne serait possible de retrouver l'accent si particulier, le style si brillant de cet auteur. C'est là un phénomène d'effacement dont, dans l'ignorance où nous sommes de l'étendue de sa participation à ce remarquable travail, il faut vraiment le féliciter, et nous féliciter. » (« Chronique du Bel Canto », *Europe* n°11, novembre 1946.) Cette diatribe n'est pas, comme certains commentateurs l'ont cru, engendrée par la lecture de *L'Expérience poétique* qu'Aragon aurait détesté,

mais simplement la manifestation, un peu stupide, d'une rancune remontant à 1932, lorsque Renéville avait refusé de signer une pétition en faveur d'Aragon inculpé pour son poème « Front rouge ».

525 — Fondane attribue ces lignes à Renéville alors qu'il s'agit, en réalité, d'une mise au point collective parue dans Le Grand Jeu n°2, numéro comportant, entre autres contributions sur Rimbaud, l'important extrait de *Rimbaud le Voyant* : « L'élaboration d'une méthode ».

526 — Fondane cite bien mal Renéville : « *Cela commença sous les rires des enfants, cela finira par eux.* D'abord enfants par incompréhension, les hommes deviendront enfants par la pureté qu'ils auront recouverte. Avec cette phrase change l'exposition du discours. La parole passe aux auditeurs du Voyant : quand il nous aura quittés, disent-ils, et que l'harmonie de ses enseignements ne nous exaltera plus, le souvenir de ses paroles empruntera suffisamment de leur puissance pour nous régénérer : *Ce poison va rester dans toutes nos veines même quand, la fanfare tournant, nous serons rendus à l'ancienne inharmonie.* »

Index

A

ABSOLU : 10, 26, 31, 51, 52, 60, 75, 137, 139, 140, 143, 148, 149, 152, 154, 215, 239, 240, 293 ;
ACTION FRANÇAISE : 208, 307 ;
ADAM, ANTOINE : 15, 188, 225, 241, 245, 255, 270, 272, 273, 274, 277 ,281, 289 ;
ADEN : 185, 296 ;
ÂGE D'OR : 89, 91, 97, 149, 291 ;
AICARD : 49, 249 ;
ALBUM ZUTIQUE : 181, 158, 248, 249 ;
ALCHIMIE DU VERBE : 145, 149, 182, 188, 198, 210, 227, 242, 270, 288, 292 ;
ALLEMAGNE : 77, 179, 209, 304 ;
ÂME UNIVERSELLE : 47, 64, 76, 95, 103, 110, 151, 193, 194, 197, 200, 272 ;
ANGLETERRE : 179 ;
APOCALYPSE : 99, 271 ;
APOLLON : 66, 305 ;
ARAGON, LOUIS : 209, 210, 220, 307, 308 ;
ARISTOTE : 58 ;
AROÛPA : 256, 257 ;
ARTAUD, ANTONIN : 219, 220 ;
ASCÉTISME : 61, 63, 65, 70, 73, 74, 84, 103, 105, 151, 158, 210, 253, 264 ;
ATMAN : 62, 157, 258, 259 ;
AUDARD, PIERRE : 220 ;

B

Babeuf : 29, 237 ;
Bacchos : 66, 261 ;
Balzac, Honoré de : 199, 289 ;
Banville, Théodore de : 49, 195, 240, 241 ;
Bardey, Alfred : 165 ;
Bateau ivre (Le) : 10, 39, 108, 200, 306 ;
Baudelaire, Charles : 9, 20, 49, 78, 174, 191, 192, 193, 194, 199, 206, 229, 232, 249, 256, 267, 304, 305 ;
Belgique : 179, 237, 268 ;
Berrichon, Paterne : 14, 179, 180, 181 ,182, 183, 184, 198, 231, 232, 239, 247, 250, 263, 273, 283, 297, 303, 306 ;
Bhagavad-Gîta : 54, 63, 65, 70, 228, 254, 260, 262 ;
Blake, William : 172, 211, 304 ;
Blanc, Louis : 29, 236 ;
Bouddha : 207 ;
Bouddhisme : 66, 279 ;
Bouillane de Lacoste, Henri de : 13, 180, 181, 182, 185, 187, 188, 223, 226, 277, 304 ;
Bourguignon, Jean : 226, 238 ;
Brahma : 51 ;
Brahman : 54 ;
Brahmanisme : 51, 62, 208 ;
Brémond, Abbé : 207, 262, 263, 283, 306, 307 ;
Bretagne, Charles : 35, 39, 198, 243, 251, 271 ;
Breton, André : 216, 226, 264, 268 ;
Brihad âranyaka Upanishad : 228 ;
Brunel, Pierre : 226, 242, 255, 277, 282 ;
Bruxelles : 136, 184, 207, 209, 211, 227, 277 ;

C

CABALE... voir KABBALE ;
CAHIERS D'HERMÈS (LES) : 222 ;
CAHIERS DE LA PLÉIADE (LES) : 222 ;
CAHIERS DU SUD (LES) : 15, 219, 231, 232, 275, 276, 302 ;
CARRÉ, JEAN-MARIE : 182, 183, 207, 226, 302, 303, 304, 306 ;
CATHOLICISME : 28, 33, 125, 139, 144, 159, 161, 166, 236, 242, 295 ;
CHANSON DE LA PLUS HAUTE TOUR : 150, 269 ;
CHARLEROI : 30, 237 ;
CHARLEVILLE : 8, 25, 28, 30, 34, 36, 39, 44, 51, 74, 113, 173, 221, 237, 238, 243, 247, 276 ;
CHASSE SPIRITUELLE (LA) : 92, 136, 226, 268 ;
CHÂTIMENTS (LES) : 48, 248 ;
CHRIST : 28, 71, 142, 143, 144, 154, 168, 213, 287 ;
CHRISTIANISME : 59, 125, 281, 287 ;
CLADEL, LÉON : 49, 249 ;
CLAUDEL, PAUL : 166, 168, 179, 207, 210, 232, 247, 300 ;
CŒUR DU PITRE (LE) : 244 ;
COMÉDIE DE LA SOIF (LA) : 75, 84, 85 ;
COMMUNE (LA) : 35, 36, 130, 160, 178, 207, 227, 243, 244, 245, 261, 306 ;
COMTE, AUGUSTE : 117 ;
CONTE : 101, 272 ;
COPPÉE, FRANÇOIS : 49, 249 ;
COULON, MARCEL : 179, 183, 233, 240 ;
COURANT D'OMBRES : 223, 240 ;
COURT DE GÉBELIN : 199 ;
CRIMEN AMORIS : 125, 126, 172, 196, 281, 305 ;

D

DARZENS, RODOLPHE : 180, 185 ;
DAUMAL, RENÉ : 6, 8, 175, 176, 219, 220, 221, 222, 228, 229, 233, 252, 256, 259, 302 ;
DELAHAYE ERNEST : 15, 34, 39, 75, 77, 111, 164, 180, 181, 183, 185, 188, 189, 190, 197, 200, 217, 227, 234, 236, 242, 243, 245, 247, 263, 264, 265, 266, 272, 276, 277, 294, 297, 304, 305 ;
DELAVIGNE, CASIMIR : 45, 189 ;
DÉLIRES I : 146, 270, 284, 288 ;
DÉLIRES II : 147, 276, 278, 288, 292, 293, 294 ;
DELONS, ANDRÉ : 220 ;
DEMENY, PAUL : 39, 181, 183, 185, 189, 190, 191, 194, 197, 200, 237, 240, 244, 247, 268, 305, 306 ;
DÉMOCRATIE : 106 ;
DES ESSARTS : 30, 49, 237, 249 ;
DEVERRIÈRE, LÉON : 35, 243 ;
DIERX, LÉON : 49, 249 ;
DIEU : 21, 27, 28, 31, 34, 38, 39, 49, 51, 52, 53, 54, 55, 56, 58, 61, 63, 64, 66, 70, 71, 78, 92, 94, 95, 96, 112, 121, 124, 127, 129, 130, 131, 136, 137, 139, 141, 143, 151, 153, 158, 162, 163, 164, 168, 174, 192, 194, 195, 197, 206, 207, 214, 215, 216, 231, 234, 235, 236, 242, 254, 255, 257, 260, 262, 267, 275, 276, 279, 281, 285, 286, 289, 304 ;
DIONYSOS : 58, 257, 260 ;
DOCTRINE DES CORRESPONDANCES : 192 ;
DOSTOÏEVSKI, FIODOR : 212 ;
DRIEU LA ROCHELLE, PIERRE : 221 ;
DUALITÉ : 34, 51, 52, 100, 103, 104, 126, 137, 205 ;

E

ECKHART, MAÎTRE : 227, 242, 261;
ÉGLISE : 27, 33, 34, 51, 77, 125, 142, 144, 148, 176, 208, 235, 250, 287;
EIGELDINGER, FRÉDÉRIC : 15, 227, 234, 244 ;
ÉLUARD, PAUL : 186 ;
ETIEMBLE, RENÉ : 205, 216, 226, 227, 231, 238, 239, 241, 250, 255, 264, 269, 274, 279, 302 ;
EXPÉRIENCE POÉTIQUE : 172, 173, 175, 220, 221, 222, 223, 225, 299, 306, 307 ;

F

FÊTES DE LA FAIM (LES) : 84, 267 ;
FLEURS DU MAL (LES) : 196, 232, 256, 305 ;
FONDANE, BENJAMIN : 212, 308 ;
FOURIER, CHARLES : 198, 199 ;
FRANCE : 29, 45, 48, 77, 107, 164, 185, 208, 214, 266, 273 ;
FRANCE, ANATOLE : 219 ;

G

GASCAR, PIERRE : 235, 250, 251 ;
GAUCLÈRE, YASSU : 224, 234, 245, 246 ;
GAUTIER, THÉOPHILE : 50, 203 ;
GENDRE, ANDRÉ : 15, 234, 241, 250 ;
GHEORGHIU, ION : 13, 15, 231, 240 ;
GILBERT-LECOMTE, ROGER : 191, 227, 228, 229, 237, 241, 250, 258, 304 ;
GILL, ANDRÉ : 35 ;
GRAND JEU (LE) : 6, 15, 227, 228, 237, 241, 255, 256, 257, 259, 260, 263, 308 ;

GRÈCE : 10, 11, 31, 39, 45, 46, 52, 57, 59, 69, 81, 180, 182, 197, 198, 200, 225, 231, 246, 256, 265, 270, 271, 276, 287 ;
GRÉGOIRE DE NYSSE : 235, 266 ;
GUYAUX, ANDRÉ : 33, 234, 276, 283 ;

H

HADEWIJCH D'ANVERS : 227, 240, 261 ;
HARAR : 165-166, 184, 296, 209, 300 ;
HARFAUX, ARTÜR : 220 ;
HEGEL, GEORG FRIEDRICH : 175 ;
HÉLÈNE : 120 ;
HENRY, MAURICE : 220 ;
HÉRACLITE : 10 ;
HERMÈS : 221, 257 ;
HOUIN, CHARLES : 226, 238 ;
HUGO, VICTOR : 48, 76, 135, 172, 194, 199, 211, 236, 248, 249, 265 ;

I

IDÉE : 38, 55, 56, 57, 58, 59, 75, 96, 98, 102, 103, 106, 124, 125, 154, 227, 240, 244, 247, 272, 291, 292, 294, 302 ;
ILLUMINATIONS (LES) : 7, 10, 13, 55, 92, 102, 107, 109, 111, 113, 115, 117, 119, 179, 180, 185, 188, 200, 211, 223, 226, 253, 255, 268, 269, 270, 271, 272, 273, 275, 276, 277, 278, 279, 280, 281, 282, 286, 293, 296, 301, 302, 304, 305 ;
INDE : 10, 55, 56, 250, 258, 267, 270, 273 ;
IZAMBARD, GEORGES : 29, 30, 86, 181, 191, 197, 206, 227, 236, 237, 243, 244, 247, 268, 303, 306 ;

J

JANET, PIERRE : 110, 275 ;
JE EST UN AUTRE : 45, 54, 70, 95, 190, 213, 214, 217, 303 ;
JEAN DE LA CROIX : 70, 228, 261 ;
JÉSUS-CHRIST... voir CHRIST ;

K

KABBALE : 8, 30, 175, 176, 218, 239, 290 ;
KABBALISTES : 124, 130, 175 ;
KARMAN : 259 ;
KENA UPANISHAD : 228, 259 ;
KIERKEGAARD, SØREN : 212 ;
KRÉMER, PATRICK : 14, 225, 260 ;
KRISHNA : 63, 64, 70, 208, 214, 257 ;
KRISHNAÏSME : 63, 65, 208, 214 ;

L

LA FONTAINE, JEAN DE : 48, 208, 248 ;
LA NOUVELLE REVUE FRANÇAISE : 15, 43, 182, 206, 210, 274, 302 ;
LAMARTINE, ALPHONSE DE : 48, 76, 265 ;
LAMENNAIS, ROBERT DE : 48 ;
LAO-TSEU : 173, 175 ;
LECONTE DE LISLE : 195, 249 ;
LEIBNIZ, WILHELM : 197 ;
LELIAN : 125, 135, 147, 179, 281 ;
LEROUX, PIERRE : 197, 200, 305 ;
LETTRE DU BARON DE PETDECHÈVRE : 185, 187 ;
LETTRE DU VOYANT : 9, 14, 39, 43, **44** à **49**, 55, 107, 153, 173, 174, 183, 189, 195, 198, 199, 200, 244, 247, 250,

253, 254, 257, 258, 263, 265, 266, 26,7, 268, 271, 279, 283, 286, 288, 293, 302, 303, 304, 305, 307 ;
Lévi, Eliphas : 239 ;
Louis Lambert : 199, 305 ;
Lucien-Graux : 180, 185, 304 ;
Lucrèce : 31, 240 ;

M

Magie : 6, 8, 18, 30, 36, 39, 116, 145, 157, 176, 218, 239 ;
Maistre, Joseph de : 199, 289 ;
Maitrayana Upanishad : 252 ;
Mal (Le) : 34, 98, 99, 125, 129, 130, 150, 153, 193, 196, 211, 235, 293 ;
Mallarmé, Stéphane : 207, 221, 249 ;
Marseille : 108, 166, 185, 297 ;
Martinisme : 281, 289 ;
Matarasso, Henri : 182, 185, 187 ;
Matinée d'ivresse : 98, 102, 130, 264, 270, 271, 282, 296 ;
Mauvais sang : 157, 182, 244, 274, 283, 284, 287, 295 ;
Mendès, Catulle : 49, 249 ;
Mérat, Albert : 49, 249 ;
Mercure de France : 14, 179, 180, 181, 182, 183, 184, 187, 263, 268, 303 ;
Michaux, Henri : 220, 221, 225 ;
Miracovici, Cassilda : 220, 221 ;
Misérables (Les) : 48, 236 ;
Moïse : 227, 257, 262 ;
Mondor, Henri : 186, 221, 231 ;
Monisme : 198 ;
Mont Analogue (Le) : 222, 223 ;

Montaigne, Michel de : 200, 306 ;
Mouquet, Jules : 14, 15, 185, 187, 188, 222, 225, 307 ;
Mundaka Upanishad : 43, 157, 214, 228, 252, 259, 292 ;
Musset, Alfred de : 48, 49, 76, 77, 208, 248, 266 ;
Mystique : 10, 34, 39, 40, 64, 65, 66, 67, 70, 96, 109, 117, 136, 137, 138, 174, 178, 192, 206, 211, 217, 227, 228, 240, 242, 254, 261, 262, 266, 268, 271, 278, 281, 285, 290, 292, 300, 304, 306, 307 ;
Mythe de Rimbaud (Le) : 205, 227, 231, 250, 264 ;

N

Nadeau, Maurice : 226 ;
Naissance de Vénus : 33, 241 ;
Napoléon III : 30 ;
Nef (La) : 222 ;
Nerval, Gérard de : 172, 199 ;
Nostradamus : 122 ;
Nouveau Testament : 173, 284 ;
Novalis : 211, 307 ;

O

Ô saisons, ô châteaux : 97, 184, 214, 269, 283 ;
Occident : 10, 38, 51, 141, 158, 163, 175, 199, 285 ;
Occultisme : 9, 30, 39, 99, 146, 176, 198, 199, 211, 218, 238, 239, 243, 252, 271, 273 ;
Œuvres complètes : 13, 14, 15, 177, 185, 187, 205, 221, 222, 225, 226, 229, 244, 305, 307 ;
Olympiodore : 66 ;
Ordre des Élus Cohens : 288, 289 ;
Orient : 10, 31, 38, 51, 57, 60, 83, 84, 114, 119, 123, 136, 139, 140, 141, 142, 144, 158, 168, 172, 174, 175, 208, 211,

217, 218, 239, 250, 251, 260, 284, 285, 286, 292 ;
ORNIÈRES : 112, 113, 276 ;
ORPHÉE : 257 ;
ORPHISME : 57, 66, 211, 257 ;

P

PAPUS : 229, 289 ;
PARIS : 15, 28, 30, 35, 36, 47, 49, 74, 135, 184, 185, 189, 196, 197, 200, 219, 220, 221, 223, 225, 226, 227, 228, 229, 231, 233, 237, 238, 239, 240, 243, 244, 245, 246, 252, 258, 259, 271, 282, 289, 290, 306 ;
PARIS SE REPEUPLE : 36, 245, 246 ;
PASQUALLY, MARTINES DE : 149, 221, 228, 288, 289, 290, 291 ;
PAULHAN, JEAN : 220, 223, 226 ;
PAUVRES À L'ÉGLISE (LES) : 27, 33, 235 ;
PETITFILS, PIERRE : 185, 226, 246 ;
PIA, PASCAL : 181, 226 ;
PIERRE-QUINT, LÉON : 135, 219, 231 ;
PLATON : 31, 51, 58, 59, 60, 67, 95, 110, 175, 197, 211, 214, 217, 229, 240, 251, 257, 261 ;
PLOTIN : 67, 229, 261 ;
POE, EDGAR ALLAN : 172, 304 ;
PREMIÈRES COMMUNIONS (LES) : 33, 235, 246, 302 ;
PROJET DE CONSTITUTION COMMUNISTE : 36, 243, 305 ;
PSYCHÉ : 93 ;
PYTHAGORE : 51, 57, 59, 60, 67, 197, 198, 200, 208, 211, 214, 217, 257, 258 ;

Q

QUATRAIN : 33, 119, 241 ;

R

RABELAIS, FRANÇOIS : 48, 208, 268 ;
RACINE, JEAN : 19, 45, 227, 235, 266 ;
RELIQUAIRE : 180 ;
REVUE BLANCHE (LA) : 182 ;
REVUE EUROPÉENNE (LA) : 182 ;
RICHER, JEAN : 227, 242, 270 ;
RIMBAUD ET SES TÉMOINS : 13, 189, 222, 277, 304 ;
RIMBAUD, ISABELLE : 166, 185, 232, 233, 297, 298, 299, 300, 301, 303 ;
RIMBAUD, VITALIE : 234, 236 ;
RIVIÈRE, JACQUES : 107, 274 ;
ROCHE : 136, 282, 283 ;
ROÛPA : 256, 257 ;
ROUSSEAU, JEAN-JACQUES : 140, 284 ;
ROYAUTÉ : 101, 272 ;
RUUSBROEC, JAN VAN : 228, 261, 262 ;

S

SAINTE THÉRÈSE D'AVILA : 91, 263, 270 ;
SAINT-MARTIN, LOUIS CLAUDE DE : 149, 199, 229, 288, 289, 291 ;
SAINT-POL-ROUX : 219 ;
SAINT-SIMON : 198, 236 ;
SAINT-SIMONIENS : 196, 199 ;
SAISON EN ENFER (UNE) : 113, 114, 117, 138, 139, 142, 143, 146, 157, 164, 175, 226, 244, 246, 274, 276, 283,

284, 286, 287, 288, 292, 293, 295, 296, 301, 304, 305 ;
SCHOPENHAUER, ARTHUR : 258 ;
SCHURÉ, EDOUARD : 257 ;
SCIENCES MAUDITES ET POÈTES MAUDITS : 222, 223, 225, 260, 290, 305 ;
SHRÎ AUROBINDO : 228, 254, 259 ;
SOCRATE : 68, 213 ;
SOIR HISTORIQUE : 124, 281 ;
SOLDE : 107 ;
SOLEIL ET CHAIR : 190, 191, 238, 240, 305 ;
SONNET DES VOYELLES : 33, 242 ;
SOUDAY, PAUL : 207, 307 ;
SOUPAULT, PHILIPPE : 219, 225 ;
STARKIE, ENID : 226, 244, 251, 270, 271 ;
STUPRA : 182, 218 ;
SULLY-PRUDHOMME : 49 ;
SURRÉALISME : 208, 209, 233, 264, 278, 307 ;
SWEDENBORG, EMMANUEL : 130, 192, 221, 267, 282, 307 ;

T

TAINE, HYPPOLYTE : 48, 248 ;
THEROLDUS : 45, 189 ;
THIBAUDET, ALBERT : 205, 306, 307 ;

U

UNITÉ : 8, 10, 20, 33, 34, 38, 39, 50, 52, 53, 54, 61, 66, 71, 84, 95, 97, 111, 113, 121, 130, 137, 153, 154, 176, 192, 208, 210, 216, 241, 245, 253, 291, 294 ;
UPANISHADS : 62, 63, 151, 173, 210, 228, 251, 259 ;

V

Valentin, Albert : 207, 209, 210 ;
Valéry, Paul : 168, 229, 246 ;
Védas : 173, 175, 254 ;
Védisme : 51, 255, 258 ;
Veille d'ivresse : 100, 163 ;
Veillées : 116, 180, 275, 278 ;
Vénus : 33, 86, 119, 190, 241 ;
Verlaine : 21, 49, 92, 125, 126, 130, 131, 146, 147, 171, 179, 180, 181, 182, 196, 211, 218, 223, 232, 233, 238, 249, 264, 268, 270, 272, 281, 282, 283, 299, 305 ;
Vierge folle (La) : 146, 218, 246, 270, 284, 288 ;
Vigny, Alfred de : 196, 197 ;
Villes I : 109, 123, 280 ;
Villes II : 123, 280 ;
Villiers de l'Isle Adam : 126 ;
Vogue (La) : 179, 268, 302 ;
Voltaire : 48, 214 ;
Voyance : 60, 105, 114, 115, 192, 200, 248, 256, 265, 299 ;

W

Wahl, Jean : 210 ;
Wirth, Oswald : 99 ;
Wronski, Hoéné : 221 ;

Y

Yoga : 64, 259 ;

Chez le même éditeur :

André Rolland de Renéville
L'expérience poétique
ou le feu secret du langage, *2004.*

Michel Random
Le Grand Jeu
nouvelle édition augmentée, 2003.